KB273784

How to
新
HSK
모의고사 해설집

3급

How to 新HSK 모의고사 해설집 3급

지은이 한국중국어교육개발원
펴낸이 안용백
펴낸곳 (주)넥서스

초판 1쇄 발행 2010년 11월 25일
초판 4쇄 발행 2015년 10월 15일

출판신고 1992년 4월 3일 제311-2002-2호
04044 서울시 마포구 양화로 8길 24
Tel (02)330-5500 Fax (02)330-5555

ISBN   978-89-5795-190-3 13720
        978-89-5795-183-5 (세트)

저자와 출판사의 허락 없이 내용의 일부를 인용하거나
발췌하는 것을 금합니다.
저자와의 협의에 따라서 인지는 붙이지 않습니다.

가격은 뒤표지에 있습니다.
잘못 만들어진 책은 구입처에서 바꾸어 드립니다.

www.nexusbook.com
넥서스CHINESE는 (주)넥서스의 중국어 전문 브랜드입니다.

How to 新 HSK

모의고사 해설집

한국중국어교육개발원 지음

3급

넥서스 CHINESE

序言

　　这套《How to 新HSK模拟考试》是为想通过中国新汉语水平考试一级到六级的外国学习者编写的辅导材料。它可以用作考前辅导班培训教材，也可作自测用书。

　　本套书以中华人民共和国国家汉办制定的《新汉语水平考试大纲》为依据，在模拟《新汉语水平考试样卷》的基础上写成的。本套书分为《六级试题集》、《六级解说集》、《五级试题集》、《五级解说集》、《四级试题集》、《四级解说集》、《三级试题集》、《三级解说集》、《一、二级试题集》、《一、二级解说集》共十册，是迄今为止最新最全的新HSK试题集和解说集。

　　《六级试题集》、《五级试题集》、《四级试题集》、《三级试题集》各由五套模拟题组成。《一、二级试题集》由一级四套题和二级四套题组成。每套题又包含三部分内容：试题（听力、阅读、书写）、参考答案及听力文本。《六级解说集》、《五级解说集》、《四级解说集》、《三级解说集》、《一、二级解说集》包含试题翻译和答案说明。

　　试题在词汇的选择上紧紧围绕着新考试词汇大纲，旨在帮助考生扩大词汇量、掌握新HSK相关词汇，为考生扫清词汇上的障碍。本书的语法点是参照样题及真题的语法项目进行设计的，突出考试重点。听力材料丰富、话题新颖、贴近生活，是当下人们感兴趣的话题，也是新汉语水平考试极易选择的话题。阅读部分的模拟题相对听力要难一些，这正是阅读题的特点，考生不要畏惧，只要坚持，必有成效。总体说来，这套《How to 新HSK模拟考试》，难度适宜、题量适中、取材广泛、内容丰富、体裁多样、测试点明确、覆盖面广。解说集的试题翻译和答案说明也很有实用价值。说明的内容具体周到，说明用语浅显易懂，易于理解。

　　该套书每个主编都具有多年的对外汉语教学经验，熟悉汉语水平考试的内容，主编过多部汉语水平考试著作。相信这本书一定能为您顺利通过各级考试助一臂之力！

作者

머리말

새롭게 바뀐 新HSK 시험의 특징 중 하나는 단기 학습자를 위한 시험이 많아졌다는 것입니다. 그 중 新HSK 3급은 학습자의 수요가 많지만 그 수요를 충족시킬 만한 교재가 턱없이 부족했던 것이 사실입니다. 이러한 상황에서 〈How tc 新HSK 모의고사 해설집 3급〉는 학습자들이 효과적으로 HSK에 적응하고 이를 마스터하여 좋은 결과를 낼 수 있도록 심혈을 기울였습니다. 해설 중점 사항은 다음과 같습니다.

1 정확함과 충실함을 기본으로 하되 3급 학습자의 눈높이를 고려하여 쉽게 설명하였습니다. 중국어 기본 구조에 근거한 분석을 통해 철저히 해설하였고, 이를 따라오다 보면 자신도 모르게 중국어를 더욱 확실하게 이해하게 될 것입니다.

2 듣기, 독해, 쓰기 영역의 유형이 다르기 때문에 영역별로 해설을 조금씩 다르게 집필하였지만, 큰 틀에서 봤을 때 일관성 있는 해설을 하여 중국어의 맥락을 알 수 있게 하였습니다.

3 우리말 해석은 직역 위주로 하여 문장의 정확한 뜻을 이해하는 데 도움을 주었습니다.

4 듣기와 독해 영역은 문제 풀이의 핵심이 되는 표현 위주로 설명하였습니다.

5 쓰기 영역은 어법과 관련지어 '기본 구조 잡기', '꾸밈말 채우기' 등의 체계적인 방법으로 설명하였습니다.

6 꼭 필요한 어법이나 어휘에는 팁을 넣어 다른 책을 찾아보지 않고도 충분히 이해할 수 있도록 하였습니다.

이 책을 통하여 중국어를 체계적으로 공부하고 좋은 결과를 얻게 될 수험생들을 응원합니다. 출간에 이르기까지 아낌없는 도움과 조언을 주신 넥서스 편집진, 박용호 선생님께 깊은 감사의 말씀을 전합니다.

이지혜

이 책의 특징 및 활용법

문제

문제집을 다시 보지 않고 해설집만으로도 학습할 수 있도록 문제집의 문제를 그대로 다시 한번 수록하였습니다.

정답 표시

정답을 한눈에 바로 체크할 수 있도록 굵은 글씨로 표시하였습니다.

해설

문제에 대한 해설을 상세히 달아 이해를 돕도록 하였습니다.

해석

원문과 해석을 대조하기 편하도록 문제 바로 옆에 해석을 제시하였습니다.

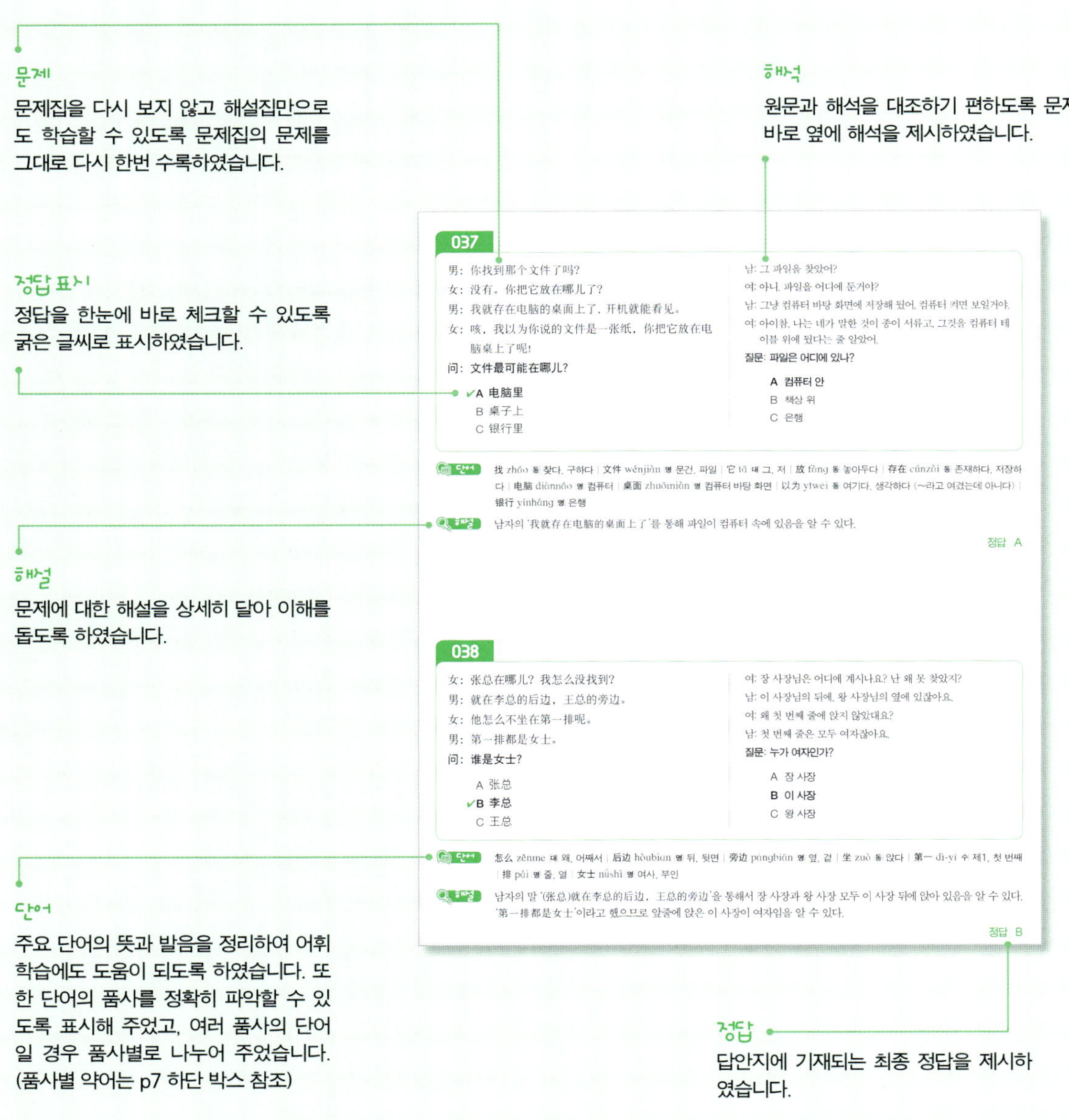

단어

주요 단어의 뜻과 발음을 정리하여 어휘 학습에도 도움이 되도록 하였습니다. 또한 단어의 품사를 정확히 파악할 수 있도록 표시해 주었고, 여러 품사의 단어일 경우 품사별로 나누어 주었습니다. (품사별 약어는 p7 하단 박스 참조)

정답

답안지에 기재되는 최종 정답을 제시하였습니다.

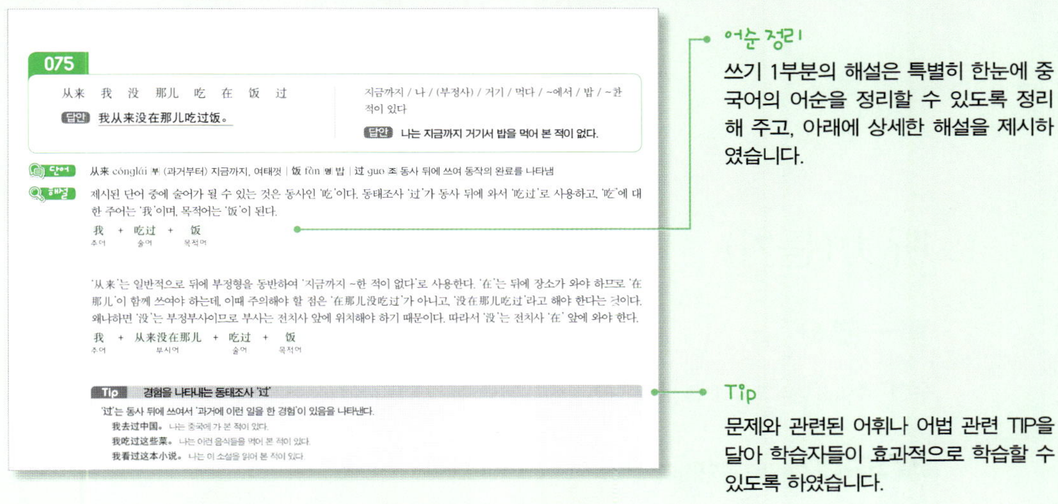

075

从来　我　没　那儿　吃　在　饭　过

답안 我从来没在那儿吃过饭。

지금까지 / 나 / (부정사) / 거기 / 먹다 / ~에서 / 밥 / ~한 적이 있다

답안 나는 지금까지 거기서 밥을 먹어 본 적이 없다.

단어 从来 cónglái 부 (과거부터) 지금까지, 여태껏 | 饭 fàn 명 밥 | 过 guo 조 동사 뒤에 쓰여 동작의 완료를 나타냄

해설 제시된 단어 중에 술어가 될 수 있는 것은 동사인 '吃'이다. 동태조사 '过'가 동사 뒤에 와서 '吃过'로 사용하고, '吃'에 대한 주어는 '我'이며, 목적어는 '饭'이 된다.

我　+　吃过　+　饭
주어　　술어　　목적어

'从来'는 일반적으로 뒤에 부정형을 동반하여 '지금까지 ~한 적이 없다'로 사용한다. '在'는 뒤에 장소가 와야 하므로 '在那儿'이 함께 쓰여야 하는데, 이때 주의해야 할 점은 '在那儿没吃过'가 아니고, '没在那儿吃过'라고 해야 한다는 것이다. 왜냐하면 '没'는 부정부사이므로 부사는 전치사 앞에 위치해야 하기 때문이다. 따라서 '没'는 전치사 '在' 앞에 와야 한다.

我　+　从来没在那儿　+　吃过　+　饭
주어　　부사어　　술어　　목적어

Tip　경험을 나타내는 동태조사 '过'

'过'는 동사 뒤에 쓰여서 '과거에 이런 일을 한 경험'이 있음을 나타낸다.

我去过中国。 나는 중국에 가 본 적이 있다.
我吃过这些菜。 나는 이런 음식들을 먹어 본 적이 있다.
我看过这本小说。 나는 이 소설을 읽어 본 적이 있다.

080

liú
你汉语说得比他**流**利多了。

당신의 중국어 회화는 그보다 **유창** 합니다.

단어 汉语 Hànyǔ 명 중국어 | 比 bǐ 전 ~에 비해, ~보다 | 多 duō 형 많다

해설 '流利'는 '말이나 문장이 유창하다'는 뜻을 가진 형용사이다.

🖉 따라 써 보세요

流 利	流 利	流 利		

정답_ 流

Tip　자주 출제되는 어휘

① 跑步 pǎobù 동 달리다
② 超市 chāoshì 명 슈퍼마켓
③ 复习 fùxí 동 복습하다
④ 明白 míngbai 형 분명하다, 이해하다
⑤ 校长 xiàozhǎng 명 교장
⑥ 星期 xīngqī 명 요일

어순 정리

쓰기 1부분의 해설은 특별히 한눈에 중국어의 어순을 정리할 수 있도록 정리해 주고, 아래에 상세한 해설을 제시하였습니다.

Tip

문제와 관련된 어휘나 어법 관련 TIP을 달아 학습자들이 효과적으로 학습할 수 있도록 하였습니다.

따라 써 보세요

쓰기 2부분에서는 정답 단어를 직접 쓰면서 연습해 볼 수 있도록 하였습니다.

● 약어

명 → 명사	동 → 동사	대 → 대명사	형 → 형용사	부 → 부사	전 → 전치사
접 → 접속사	조 → 조사	양 → 양사	조동 → 조동사	수량 → 수량사	

新HSK 3급 유형별 공략법

1. 听力(듣기)

第一部分

유형 주어진 여러 그림 중 들려주는 대화 내용과 일치하는 그림을 선택하는 문제이다.

공략법1 그림을 파악하라.

⇒ 녹음과 그림을 일치시키는 문제이므로 그림이 나타내고자 하는 것을 잘 파악하는 것도 중요하다. 그림의 포인트가 되는 부분이 무엇인지 먼저 파악한 후, 관련된 내용이 나오면 바로 선택해야 한다.

공략법2 그림과 연관되는 핵심 단어를 찾아라.

예

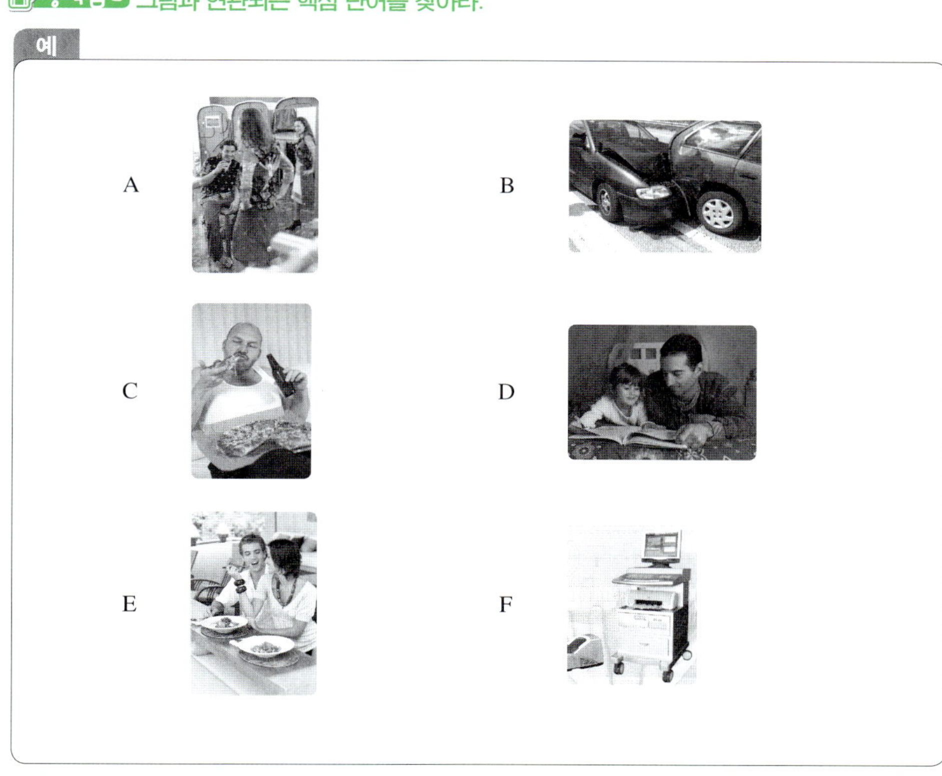

| 男: 你能把那份材料借给我看看吗? | 남: 그 자료 나한테 빌려 줄 수 있어? |
| 女: 我电脑里存了, 我打印出来, 送给你一份吧。 | 여: 내 컴퓨터에 저장되어 있으니까 프린트해서 한 부 줄게. |

⇒ 문제를 해결할 수 있는 핵심 단어는 '电脑'와 '打印'이그, 보기 중에 컴퓨터와 관련된 그림은 하나뿐이므로 답을 어렵지 않게 찾을 수 있다. 이렇듯 듣기 1부분은 핵심 단어만 파악해도 해당 그림을 찾을 수 있는 문제가 많기 때문에 핵심 단어 파악에 주력해야 한다.

 장소, 상황별로 단어를 정리하라.

예

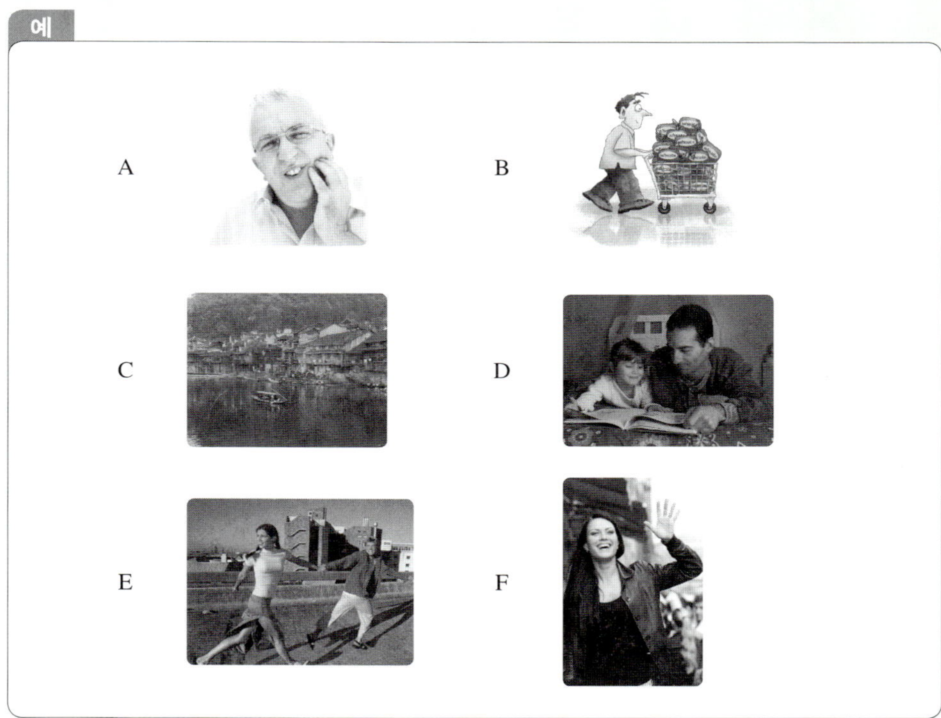

| 女: 你要塑料袋吗? | 여: 비닐봉지를 드릴까요? |
| 男: 给我拿个大的, 买的东西太多了。 | 남: 큰 것으로 주세요. 물건을 너무 많이 사서요. |

⇒ 위 보기에서는 쇼핑과 관련된 '塑料袋'와 '买', '东西'라는 단어가 나왔다. 이러한 단어를 통하여 들려준 대화가 쇼핑과 관련이 있음을 알 수 있으며, 이 부분에서는 산책을 하는 그림, 신문이나 책을 보고 있는 그림, 쇼핑을 하는 그림 등 많은 상황이 제시되므로 평소에 장소와 관련된 단어나 상황에 맞는 단어를 정리해 두어야 한다. 이때 어려운 단어 위주로 공부하는 것보다는 일상적으로 일어나는 일, 즉 실제 회화에 관련된 단어 위주로 공부하는 것이 효과적이다.

第二部分

유형 제2부분은 한 문장의 녹음을 듣고, 제시된 문장과 일치하는지 아닌지를 판단하는 문제이다.

공략법1 보기를 먼저 파악하라.

⇨ 2부분의 보기는 단어가 아니고 문장이므로 내용이 길다. 녹음을 듣고 보기를 해석하면 두 번째에 들려주는 녹음을 놓칠 수 있으므로 녹음을 듣기 전에 보기의 내용을 먼저 파악해야 한다.

공략법2 긍정형과 부정형을 잘 구별하라.

예	
并不是那里的商品有什么特别，吸引顾客的主要是商品的价格。 ★ 那里的商品很特别。（×）	그 상점이 고객을 <u>끄</u>는 것은 상품이 특별해서가 아니라 상품의 가격 때문이다. 질문: 그곳의 상품은 특별하다.

⇨ 위 예문에서 '并不是那里的商品有什么特别'라며 그 상점이 고객을 <u>끄</u>는 것은 상품이 특별해서가 아니라고 했으나 보기에서는 '那里的商品很特别'라며 그곳의 상품은 특별하다고 했으므로 의미가 완전이 상반된다. 그러나 앞부분의 '并不是'을 놓쳤다면 두 내용이 완전히 일치한다고 생각할 수 있으므로 주의해야 한다.

공략법3 두 번째 녹음을 들으면서 확인해야 한다.

⇨ 공략법3은 3급의 모든 듣기 영역에 해당되는 내용이다. 3급 듣기 문제는 녹음을 두 번씩 들려주므로 첫 번째 들을 때에는 문제를 풀고, 두 번째 들을 때에는 답을 제대로 골랐는지 확인해야 한다.

第三部分

유형 제3부분은 두 사람의 대화를 듣고 질문에 알맞은 답을 고르는 문제이다.

공략법1 보기를 먼저 보고 문제를 예상하라.

예	

女：请问邮局怎么走？
男：你看，前面那家医院的旁边有个小商店，那个商店对面就是。
 	
问：**女的想要去哪儿？**
 	
  A 商店   B 医院   ✔C 邮局
	여: 실례하지만 우체국에 어떻게 가나요？
	남: 자, 보십시오. 앞쪽 병원 옆에 작은 상점이 있는데 그 상점 맞은편이 바로 우체국입니다.
	
	질문: 여자는 어디에 가려고 합니까？
	
	  A 상점 B 병원 C 우체국

⇨ 위 예문의 보기는 각각 '상점', '병원', '우체국'이므로 이를 보고 장소와 관련된 문제가 나올 것임을 알 수 있다. 장소 관련 문제는 '대화가 이루어진 곳은?'이나 '그들이 가고자 하는 곳은?' 등이 주를 이룬다. 하지

만 보기가 한 가지 방면으로 통일되어 문제를 예측할 수 있는 이러한 문제들은 답이 아닌 보기도 대화 내용 중에 나올 수 있으므로 이러한 문제를 극복하기 위해서는 보기 옆에 간단하게 메모를 하거나 녹음을 들으면서 보기를 하나씩 지워 나가며 문제를 풀어야 한다.

공략법 2 역접을 나타내는 접속사 뒷부분을 주의해서 들어라.

'可是', '但是', '不过' 등 역접의 뜻을 가진 접속사를 이용하여 화제의 전환을 나타내는 경우가 많은데, 이러한 단어 뒷부분이 화자가 정말 하고 싶은 말인 경우가 많다. 따라서 역접을 나타내는 접속사 뒤를 주의해서 들어야 한다.

예

男: 爱华, 你为什么换了公司?	남: 아이화, 왜 회사를 옮겼니?
女: 工资少点也就算了, 至少工作还算轻松, 可那个老板我实在受不了。	여: 월급이 적은 것은 견딜만 했어. 적어도 일은 어렵지 않았으니까. 그렇지만 그 사장은 정말 참을 수 없었어.
问: 爱华为什么换了公司?	질문: 아이화는 왜 회사를 옮겼나?
A 工资少　B 工作轻松　✔C 老板不好	A 월급이 적어서　　B 일하기가 수월해서 C 사장이 나빠서

⇨ 위 보기는 왜 회사를 옮겼냐는 질문에 대한 답인데, 세 가지 다 여자가 언급한 내용이기는 하나 여자가 회사를 옮긴 진짜 이유는 여자의 말 '可那个老板我实在受不了'에서 역접을 나타내는 접속사 '可'의 뒷부분에 나타나 있다.

공략법 3 남녀의 대사를 구별해서 들어라.

남자와 여자의 대화이므로 두 남녀의 관점이나 상황이 다를 수 있다. 그러나 문제에서는 '여자가 한 말의 의미는?', '남자가 한 말의 의미는?'과 같이 한 사람의 관점이나 상황을 묻는 경우가 많으므로 남자와 여자 중 누구의 상황을 묻고 있는지 구별해서 들어야 한다.

예

女: 一共是三十五块钱, 这是找您的十五块钱, 请您拿好。再见!	여: 고두 35위안입니다. 이것은 거스름돈 15위안이에요. 잘 챙기시고, 안녕히 가십시오!
男: 谢谢你, 再见!	남: 감사합니다. 안녕히 계세요!
问: 男的给女的多少钱?	질문: 남자는 여자한테 얼마를 주었나?
✔A 50块钱　B 35块钱　　C 15块钱	A 50위안　　　B 35위안　　　C 15위안

⇨ 여자의 말을 통해 물건 값이 35위안이고 15위안이 거스름돈이라는 것을 알 수 있다. 그러나 문제는 '남자가 여자에게 얼마를 주었나?'이므로 물건 값과 거스름돈을 합한 50위안이 남자가 여자에게 준 금액이라는 것을 알 수 있다. 보기에 15위안이 있고 녹음에서도 15위안을 거슬러 준다며 직접적으로 언급하고 있으나 이것은 여자가 남자에게 거슬러 주는 금액이므로 답이 아니다.

第四部分

유형　제4부분은 두 사람의 대화로 4~5개 문장으로 구성되어 있다. 맨 마지막에 대화와 관련된 질문이 나오면 응시자는 질문에 알맞은 답을 고른다.

공략법 1 전체적인 주제를 파악하라.

4부분에서는 대화를 듣고 대화 주제를 파악하는 문제가 많이 출제되므로 숲을 보듯 전체 주제 파악에 주의를 기울여야 한다.

예

女: 这个音乐听起来怎么这么耳熟?	여: 이 음악은 왜 이렇게 귀에 익을까?
男: 女儿跳舞用的就是这个曲子。	남: 딸아이가 춤출 때 쓰는 곡이 바로 이 곡이잖아요.
女: 香港有个歌手唱过这个歌儿吧?	여: 홍콩의 어느 가수가 이 노래를 불렀었지?
男: 词是她写的, 曲子是日本的。	남: 가사는 그녀가 썼고, 곡은 일본 거예요.
问: 他们在谈论什么?	질문: 그들은 무엇을 말하고 있나?
✔A 一首歌	**A** 노래
B 孩子的跳舞问题	**B** 아이의 춤추는 문제
C 香港和日本的区别	**C** 홍콩과 일본의 차이

➡ 위 보기에서는 아이가 춤을 춘다는 내용이 나왔고, 홍콩과 일본이라는 단어도 직접적으로 언급되었다. 그러나 문제는 '그들은 무엇을 말하고 있나?', 즉 그들이 말하고 있는 주제를 파악하는 문제이고, 그들의 대화를 통해 말하고 있는 주제는 '노래'임을 알 수 있다.

공략법 2 보기를 이용해 메모하라.

선택 문항으로 주어진 보기에서 직접적으로 들리는 단어가 있다면, 그 옆에 무엇을 말하고 있는지 메모를 하면서 들어야 한다. 여러 가지 상황 중에서 어떤 부분이 문제로 나올지 모르기 때문에, 긴 대화로 이루어진 4부분에서는 메모를 하며 듣는 것이 효과적이다.

예

女: 咱们几点去他家好?	여: 우리가 몇 시에 그의 집에 가는 게 좋을까?
男: 他六点下班, 七点估计正在吃晚饭, 再晚一个小时吧。	남: 그는 6시에 퇴근해서 7시면 한창 식사 중일 테니 한 시간 더 늦게 가자.
女: 好, 再晚人家就该睡觉了。	여: 좋아. 더 늦어지면 주무셔야 하니까.
男: 他以前倒是说过睡得比较晚, 可是太晚去别人的家里也没有礼貌啊!	남: 그는 전에 늦게 잔다고 하셨어. 하지만 너무 늦게 남의 집에 가는 것도 예의가 아니지.
问: 他们几点去别人的家?	질문: 그들은 남의 집에 몇 시에 가나?
✔A 6:00　　**B** 7:00　　**C** 8:00	**A** 6시　　**B** 7시　　**C** 8시

➡ 그는 6시에 퇴근한다고 했으며, 7시에는 저녁 식사 중일 거라고 했으므로 보기 A의 '6:00' 옆에는 '퇴근', 보기 B 7:00 옆에는 '식사'라고 메모해 놓을 수 있다. 또한 한 시간 늦게 가자는 말을 듣고 보기 C 8:00 옆에는 '가는 시간' 정도로 메모를 해 둘 수 있는데, 문제에서는 그들이 그의 집에 가는 시간을 묻고 있으므로 C를 답으로 선택할 수 있다.

2. 阅读(독해)

第一部分

유형   보기에 제시된 문장과 상응하는 문장을 고른다.

공략법1 주제를 파악하라.

문장과 문장은 보통 대화체로 구성되어 있으며, 같은 주제를 가지고 말한다. 그러므로 각 문장에서 이야기하고자 하는 바를 신속하게 파악해 내야 한다.

공략법2 관련된 단어를 연결하라.

주제를 빨리 파악하기 위해서는 관련된 단어를 파악하는 것이 중요하다. 독해 1부분에서는 일반적으로 한 가지 주제에 관한 대화체의 문장이 제시되기 때문에 빠르게 문제를 풀기 위해서는 핵심 단어를 찾아 연결해야 한다.

예

A 你知道刘阳的电话号码吗？	A 리우양의 전화번호를 아니?
B 当然。我们先坐公共汽车，然后换地铁。	B 당연하지. 먼저 버스를 타고 그 다음에 전철로 갈아타.
C 奶奶对她那么好，她怎么还是想跟你走呢？	C 할머니께서 그녀에게 그렇게 잘 대해 주는데 그녀는 왜 당신하고 가려고 하죠?
D 故事没什么，画面挺值得一看的！	D 스토리는 별로인데 화면은 한번 볼 가치가 있어!
E 参加活动的申请表都要寄给张教授吗？	E 활동 참가 신청서를 모두 장 교수님께 부쳐 드려야 해?
F 真是孩子！一点儿小事就兴奋成这样！	F 정말 어린애네! 조그마한 일을 갖고 이렇게 흥분하다니!

毕业以后，我们班同学只有他和我没有联系过。	졸업 후, 우리 반 학생들 중 그와 저만 연락이 없었어요.

⇨ 위 보기의 A에서는 '电话号码'가 나왔고, 문제에서는 '联系'가 나왔다. '电话号码'와 '联系'는 의미상 어울리기 때문에 두 문장이 연관이 있다는 것을 알 수 있다.

유형   주어진 보기에서 문장 속 괄호에 들어갈 단어를 고르는 문제이다.

공략법1 보기의 뜻과 품사를 파악하라.

⇨ 제시된 보기의 뜻을 파악하는 것은 기본이다. 특정 품사는 들어가야 할 자리가 정해져 있으므로 단어의 뜻뿐만 아니라 품사까지 파악하고 있다면 문제를 쉽게 풀 수 있다.

예

他递给我一(**E** 把)花生，可我不想吃。	그는 나한테 땅콩을 한 (줌) 주었는데, 나는 먹고 싶지 않아요.

⇨ 괄호의 앞뒤를 살펴보면, 괄호 앞은 수사 '一', 괄호 뒤는 명사 '花生'인데, 중국어는 수사가 곧바로 명사를 꾸밀 수 없기 때문에 가운데 반드시 '양사'가 들어가야 한다. 그러므로 괄호에는 양사로 쓰이는 단어를 넣으면 된다.

공략법3 해석을 통해 답을 검토하라.

⇨ 뜻과 품사를 통해 문제를 풀었다면, 마지막으로 정확한 해석을 통해 의미상 어울리는지 다시 한 번 확인한다.

第三部分

공략법1 주어를 정확히 파악하라.

독해 3부분은 2~3줄로 쓰여진 글의 내용을 정해진 시간 내에 정확히 파악해야 한다. 글을 정확히 파악하기 위해서는 '어떤 행동을 누가 하는지'를 정확히 집어내야 한다.

예

张总，我担心如果我们还是按照原来的计划安排活动的话，很多客户可能参加不了，为了照顾大多数人，我们最好换个时间。 问：为什么活动要换时间？ A 张总担心客户不参加 ✔B 为了让很多客户参加 C 要安排别的活动	장 사장님, 저는 우리가 여전히 원래 계획대로 행사를 준비한다면, 많은 바이어들이 참가할 수 없을까 봐 걱정돼요. 대다수의 바이어들을 위해서 시간을 바꾸는 것이 좋을 것 같아요. 질문: 왜 행사 시간을 바꿔야 하나? A 장 사장이 바이어가 참가하지 않을까 걱정해서 B 더 많은 바이어를 참석하게 하기 위해서 C 다른 활동을 준비하기 위해서

⇨ 위 보기에서 '担心'하는 사람은 '张总'이 아니고 '我'라는 것을 분명하게 파악한 후 글을 읽어 내려가야 한다. 문장의 처음에 '张总'이 나왔으나 이는 주어가 아니고, 말하는 사람이 말을 시작하기 전 이름을 부른 것일 뿐이다. 그러나 주의하지 않으면 답을 'A 张总担心客户不参加'로 고를 수 있으니 주의해야 한다.

문장을 접하면 먼저 '不是A而是B(A가 아니고 B이다)', '虽然A但是B(비록 A일지라도 B하다)', '因为A 所以B (A이기 때문에 B하다)'와 같은 특정한 구조를 만드는 복문은 없는지 파악해야 한다. 복문 구조를 먼 저 파악한 후 A와 B를 대입하면 오류 없이 해석할 수 있으므로 평소에 '선택 복문', '인과관계 복문' 등을 정리 하여 숙지해야 한다.

예

你不是不记得了, 而是不想告诉我事实。你骗得了我也骗不了警察啊!	너는 기억을 못 하는 게 아니고 나한테 사실을 알려 주고 싶지 않은 거야. 너는 나를 속일 순 있어도 경찰을 속일 수는 없어.
问: "我"觉得这个人:	질문: '내' 생각에 이 사람은?
A 不记得这件事了	A 이 일을 기억하지 못한다
✔B 不想告诉我事实	B 나한테 사실을 알려 주려 하지 않는다
C 经常骗人	C 늘 사람을 속인다

⇨ 위 보기에서는 '不是A而是B'의 복문 구조를 파악하는 것이 중요하다. '不是A而是B'는 'A가 아니고 B 이다'는 뜻이므로 '不记得了'가 아니라 '不想告诉我事实'이 맞는 내용임을 알 수 있다. 이와 비슷한 구 조인 '不是A就是B'는 'A아니면 B이다' 즉, 'A, B 둘 중에 하나다'라는 뜻이므로 혼동하지 않도록 정확 하게 정리해야 한다.

독해 문장에는 여러 가지 정보가 들어 있기 때문에 질문에서 요구하는 것이 무엇인지 잘 파악한 후에 답을 선택해야 한다.

예

大家回去以后把今天学过的内容再看一遍, 然后请预习下一课的内容, 最后再准备一下明天上午的考试。	모두 돌아가서 오늘 배운 내용을 다시 한번 보세요. 그리고 다음 과를 예습하시고, 내일 오전 시험을 준비 하세요.
问: 大家今天回家以后不用做的事情是什么?	질문: 오늘 집으로 돌아가서 하지 않아도 되는 일은?
A 复习　　B 预习　　✔C 考试	A 복습　　　B 예습　　　C 시험

⇨ 위 보기는 집에 돌아가서 해야 할 일이 무엇인지 서술하고 있는 문장이지만, 문제에서는 돌아가서 해야 할 일을 묻고 있는 것이 아니고 돌아가서 하지 않아도 될 것을 묻고 있다. 문제의 '不用做的事情'을 간과한 다면 엉뚱한 답을 고르게 되므로 주의해야 한다.

공략법④ 시간 안배를 잘하자.

독해는 글을 보고 정확한 뜻을 얼마나 빠른 시간 안에 파악할 수 있는지를 측정하는 부분이기 때문에 정확성과 신속성 두 가지 모두 중요하다. 3급의 독해는 30문제를 25분 동안에 풀어야 하므로 한 문제당 평균 50초 이내의 시간을 소요해야 한다. 그러나 독해 3부분은 지문이 길기 때문에 이를 대비하여 독해 1, 2부분을 풀 때 시간을 더욱 단축해야 한다. 평소에 독해 연습을 할 때 문장을 정확하게 보는 것에 비중을 두고, 시험에 임박해서는 신속성에 중점을 두어 문제를 빨리 푸는 훈련을 함으로써 정확성과 신속성을 모두 갖출 수 있도록 한다. 이렇게 하면 좋은 점수를 기대할 수 있다.

3. 书写(쓰기)

第一部分

유형 제시어를 사용하여 내용상으로나 어법상으로 문제가 없는 정확한 한 문장을 만든다.

공략법① 제시된 단어의 뜻과 품사를 파악하라.

예

汉 / 写 / 很 / 写 / 他 / 慢 / 得	몡 한자 / 통 쓰다 / 뷔 매우 / 통 쓰다 / 때 그 / 혱 느리다 /(정도보어)

⇒ 제시된 단어의 뜻과 품사를 정확하게 파악하고 있어야 한다. '전치사라면 문장 속에서 반드시 전치사구를 이루어야 한다, 부사는 문장 속에서 부사어가 된다'처럼 품사에 따라 표현법과 위치가 달라질 수 있으므로 평소에 어휘를 공부할 때 뜻과 더불어 품사도 같이 외워 두어야 한다.

공략법② 기본 구조로 정리하라.

제시된 단어 중에서 동사나 형용사를 찾고, 그중에서 이 문장이 말하고자 하는 술어가 무엇인지를 먼저 파악해야 한다. 동사가 술어가 된다면 그에 어울리는 목적어를 찾고, 그 다음에는 주어를 찾아 [주어+동사 술어+목적어]의 기본 구조로 정리한다. 형용사가 술어가 될 때에는 형용사 앞에 일반적으로 '很'과 같은 부사가 오고, 이때 목적어는 오지 않으므로 [주어+부사+형용사 술어]의 기본 구조로 정리한다.

他	+	写	+	汉字
주어		술어		목적어

문제에 제시된 단어를 보고 특수 구문인지, 아니면 보어가 들어간 문장인지 등을 파악해야 한다. 특수 문형이나 보어가 들어간 문장의 어순은 일반적인 중국어 어순과 일치하지 않기 때문에 각각의 어순을 정확하게 파악하고 있어야 한다.

정도보어 문장의 어순

他 　+　 写 　+　 汉字 　+　 写 　+　 得 　+　 很慢
주어　　　　술어　　　　목적어　　　　술어　　　　　　　　　정도보어

⇨ 보기에 제시된 문장은 '정도보어 문장'이다. 정도보어는 '어떤 것을 하는 정도가 어떠하다'라는 뜻을 가진 문장이며 '그는 말을 잘한다', '그의 엄마는 요리를 잘하신다', '그는 빨리 뛴다' 등의 문장들이 중국어에서 정도보어로 표현된다. 정도보어 문장에는 술어와 보어 사이에 구조조사 '得'가 있어야 하며, 어순은 위의 예와 같다.

중국어의 기본 어순 [주어+술어+목적어]가 문장의 뼈대라면, 문장의 내용을 풍부하게 해 주는 역할을 하는 '꾸미는 말, 보충하는 말'은 덧붙여지는 살이라고 할 수 있다. 주어나 목적어 앞에서 꾸며 주는 말을 '관형어', 술어 앞에서 상황을 만들어 주는 말을 '부사어', 술어 뒤에서 술어의 내용을 보충해 주는 말을 '보어'라고 하는데, 각 문장 성분의 자리는 다음과 같다.

중국어의 일반적인 어순

관형어 + 주어 + 부사어 + 술어 + 보어 + 관형어 + 목적어

---

① 관형어

'我买了一本书。'의 '一本', 즉 수사와 양사가 가장 흔히 쓰이는 관형어이다. 이 밖에 대사(我，这)나 형용사, 동사도 관형어가 될 수 있는데 '漂亮的衣服'처럼 관형어와 주어/목적어 사이에는 일반적으로 '的'가 쓰인다.

② 부사어

시간명사(今天，周末 등), 부사(很，真 등), 조동사(能，可以 등), 전치사구(在家，从明天 등)가 대표적인 부사어이며, 술어 앞에 위치한다. 부사어와 술어 사이에는 때때로 구조조사 '地'가 쓰인다.

③ 보어

결과보어, 정도보어, 방향보어, 시량보어, 동량보어, 가능보어가 있으며, 술어 뒤에서 술어를 보충해 주는 역할을 한다. 술어와 정도보어, 가능보어 사이에는 구조조사 '得'가 쓰인다.

유형 빈칸에 알맞은 한자를 쓴다.

공략법 1 평소 한자 쓰기 연습을 하라.

HSK를 준비하는 대부분의 학생들은 객관식 문제 풀이에 익숙해져 있으며, 한자는 어렵다는 고정 관념을 가지고 있기 때문에 평소에 한자 쓰기 연습을 게을리한다. 그러나 언어 학습에서는 듣기, 말하기, 읽기, 쓰기 각 방면이 모두 중요하므로 新HSK에서는 쓰기를 하나의 영역으로 삼았으며, 3급 이상의 모든 급수에서 이를 중요하게 다루고 있다. 3급에서는 한 글자만 쓰는 문제가 나오지만 4급에서는 '한 문장 만들기', 5급에서는 '한 편의 글 쓰기'로 확장되기 때문에 평소에 한자 쓰는 연습을 게을리하지 말아야 한다.

공략법 2 한자를 정확하게 써라.

한자를 외울 때 정확하게 외워야 한다. 예를 들어 '贝(bèi)'는 '조개'라는 뜻이고 '见(jiàn)'은 '만나다'라는 뜻이지만 두 글자의 모양이 비슷하여 많은 학생들은 구분하지 않고 쓰는 경향이 있다. 그러나 중국어는 '작은 꺾임'이나 '점 하나'로 완전히 다른 글자가 될 수 있으므로 항상 주의를 기울여야 한다.

차례

新HSK 모의고사 3級

1회 해설

一、听力

第一部分

● 1~5번 문제

001-005

A ▶ 열쇠가 없어서 들어갈 수 없다

B ▶ 아이들과 뛰놀다

C ▶ 자료를 보고 있다

D ▶ 아버지와 숙제를 하다

E ▶ 시계를 보여 주다

F ▶ 쓰레기통을 뒤지다

001

男：你在找什么？	남：뭘 찾고 있어?
女：我的那份合同不见了，我担心被女儿扔到垃圾桶里了。	여：내 계약서가 안 보여요. 딸아이가 쓰레기통에 버리지는 않았나 걱정이에요.

단어 找 zhǎo 图 찾다, 구하다 | 份 fèn 웹 부, 통(신문·잡지·문건 등을 세는 단위) | 合同 hétong 圆 계약서 | 担心 dānxīn 图 염려하다, 걱정하다 | 被 bèi 团 피동구에서 주어가 동작의 대상임을 나타냄 | 女儿 nǚ'ér 圆 딸 | 扔 rēng 图 버리다 | 垃圾桶 lājītǒng 圆 쓰레기통

해설 '垃圾桶'이 핵심어이다. '我担心被女儿扔到垃圾桶里了'라고 했으므로 쓰레기통 앞에서 여자가 고개를 숙이고 무언가를 찾는 모습의 그림을 골라야 한다.

정답_ F

002

男: 你怎么又迟到了?

女: 我今天很准时，是你的表坏了吧?

남: 너 왜 또 지각했니?

여: 오늘은 제시간에 왔는걸? 네 시계가 고장 난 거 아니야?

단어 怎么 zěnme [대] 어떻게, 왜 | 又 yòu [부] 또, 다시 | 迟到 chídào [동] 지각하다 | 准时 zhǔnshí [부] 제때에, 정시에 | 表 biǎo [명] 시계 | 坏 huài [동] 고장 나다

해설 '你的表'가 핵심어이다. '我今天很准时，是你的表坏了吧?'라고 말하고 있으므로 시계나 시간과 관련이 있는 그림을 골라야 한다.

정답_ E

Tip 又 vs 再

'又'와 '再' 모두 '또, 다시'라는 뜻이지만 '又'는 이미 실현된 것에, '再'는 아직 실현되지 않은 것에 쓰인다.

他又唱了一个。 그는 다시 한 곡을 불렀다.

你再唱一个吧。 다시 한 곡 불러 봐라.

003

女: 走楼梯走累了? 怎么不进屋去休息?

男: 哪儿呀? 我忘了带钥匙了。

여: 층계를 오르느라고 고생 많았죠? 왜 방에 들어가서 쉬지 않나요?

남: 휴, 열쇠 가져오는 걸 잊었어요.

단어 楼梯 lóutī [명] 계단 | 累 lèi [형] 지치다 | 进 jìn [동] 들어가다 | 屋 wū [명] 방 | 休息 xiūxi [동] 쉬다 | 忘 wàng [동] 잊다 | 带 dài [동] 지니다, 휴대하다 | 钥匙 yàoshi [명] 열쇠

해설 '怎么不进屋去休息?'가 핵심 문장이다. 여자의 질문에 남자가 '我忘了带钥匙了'라고 하고 있으므로 집에 들어가지 못하고 문 앞에 앉아 있는 남자 사진을 골라야 한다.

정답_ A

男：老吴又去加班了？

女：没有，现在一到周末他就成了孩子王，在花园里和孩子们做游戏呢。

남: 라오우는 또 잔업 하러 갔어?

여: 아니, 그는 주말만 되면 아이들의 왕이 되어서 화원에서 애들하고 게임하며 놀아.

단어 加班 jiābān 图 초과 근무를 하다 | 现在 xiànzài 몡 지금, 현재 | 周末 zhōumò 몡 주말 | 成 chéng 图 ~이 되다 | 孩子 háizi 몡 어린이, 어린아이 | 王 wáng 몡 우두머리 | 花园 huāyuán 몡 화원 | 游戏 yóuxì 몡 게임, 놀이

해설 '在花园里和孩子们做游戏呢'가 핵심 문장이다. 그러므로 화원에서 아이들과 함께 뛰노는 남자의 그림을 골라야 한다.

정답 B

女：这个招聘广告你看了吗？

男：我正按照他们的要求准备材料呢。

여: 이 채용 광고를 봤니?

남: 지금 그들의 요구대로 자료를 준비하고 있어.

단어 招聘 zhāopìn 图 모집하다, 채용하다 | 广告 guǎnggào 몡 광고 | 正 zhèng 图 마침, 한창〔동작이 진행 중이거나 상태가 지속 중임을 나타냄〕 | 按照 ànzhào 전 ~에 의해, ~에 따라 | 要求 yāoqiú 명동 요구(하다) | 准备 zhǔnbèi 图 준비하다 | 材料 cáiliào 몡 자료

해설 '这个招聘广告你看了吗？'가 핵심 문장이다. 그러므로 남녀가 함께 자료를 보고 있는 그림을 골라야 한다.

정답 C

006-010

▶ 음료수를 보여 주다

▶ 그림이 걸려 있다

A

B

C

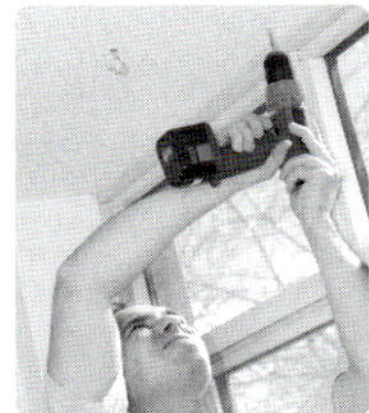
▶ 세탁물을 들고 있다

D

▶ 식물을 좋아한다

E

▶ 수리하고 있다

006

男：这还没穿脏呢，怎么就要洗了？
女：又不是让你洗，扔洗衣机里吧。

남: 이것은 아직 더러워지지도 않았는데 왜 빨려고 해요?
여: 당신더러 빨라는 것도 아니잖아요, 그냥 세탁기에 넣으세요.

단어 还 hái 부 여전히, 아직도 | 穿 chuān 동 (옷을) 입다, (신발을) 신다 | 脏 zāng 형 더럽다, 지저분하다 | 要 yào 조동 ~할 것이다, ~하려고 하다 | 洗 xǐ 동 씻다, 빨다 | 让 ràng 동 ~하게 하다, ~하도록 시키다 | 扔 rēng 동 버리다 | 洗衣机 xǐyījī 명 세탁기

해설 '穿脏'과 '洗衣机里'가 핵심어이다. 여자가 '又不是让你洗，扔洗衣机里吧'라고 했으므로 불만에 찬 표정으로 빨랫감을 들고 있는 남자 그림을 골라야 한다.

정답_ C

女：我真不明白你为什么把它挂在房间里，哪儿好看呢？

男：你懂什么？这是艺术！

여: 나는 네가 왜 그걸 방에 걸었는지 정말 이해를 못하겠어. 뭐가 보기 좋다는 거야?

남: 네가 뭘 알아? 이건 예술이야!

단어 真 zhēn 囝 참으로, 진실로 | 明白 míngbai 통 알다, 이해하다 | 把 bǎ 젠 ~으로, ~을 | 它 tā 때 그, 저, 그것, 저것(사람 이외의 것을 가리킴) | 挂 guà 통 걸다 | 房间 fángjiān 뗑 방 | 哪儿 nǎr 때 어디, 어느 곳 | 好看 hǎokàn 톙 아름답다, 보기 좋다 | 懂 dǒng 통 알다, 이해하다 | 艺术 yìshù 뗑 예술

해설 핵심어는 '艺术'다. 그러므로 예술과 관련된, 그림이 걸려 있는 그림을 골라야 한다.

정답_ B

男：真没想到，你对植物这么有研究！

女：受爸爸影响吧，我大学差点儿把它当专业。

남: 네가 식물에 이렇게 조예가 깊은 줄 몰랐어!

여: 아버지의 영향을 받아서 그런가 봐. 대학 다닐 때 하마터면 식물을 전공으로 할 뻔했어.

단어 没想到 méi xiǎngdào 생각지도 못하다 | 植物 zhíwù 뗑 식물 | 这么 zhème 때 이러한, 이렇게 | 研究 yánjiū 통 연구하다, 탐구하다 | 受 shòu 통 받다 | 影响 yǐngxiǎng 뗑 영향 | 大学 dàxué 뗑 대학 | 差点儿 chàdiǎnr 囝 하마터면, 자칫하면 | 当 dāng 통 담당하다, ~이 되다 | 专业 zhuānyè 뗑 전공

해설 핵심어는 '植物'다. 따라서 식물로 가득 찬 정원을 손질하고 있는 여자의 그림을 골라야 한다.

정답_ D

女：医生不是不让你喝啤酒吗？

男：看好了，这是饮料。

여: 의사가 당신에게 맥주를 마시지 말라고 하지 않았어요?

남: 잘 봐. 이건 음료수야.

단어 医生 yīshēng 뗑 의사 | 让 ràng 통 ~하도록 시키다 | 喝 hē 통 마시다 | 啤酒 píjiǔ 뗑 맥주 | 饮料 yǐnliào 뗑 음료

해설 핵심어는 '饮料'다. 그러므로 음료수를 들고 얘기하는 사람이 등장하는 그림을 골라야 한다.

정답_ A

女：够得着吗？不行就算了，找个电工修吧！

男：不用，你给我找把椅子就行。

여: 손이 닿니? 안 되면 그만둬. 전기 수리공을 불러서 수리하자!

남: 필요 없어. 나한테 의자 하나만 갖다 주면 돼.

단어 够得着 gòudezháo 통 (손이) 닿다 | 不行 bùxíng 통 안 된다 | 算了 suànle 통 됐어, 필요 없어 | 找 zhǎo 통 찾다, 구하다 | 电工 diàngōng 뗑 전기공, 전기 기술자 | 修 xiū 통 수리하다, 보수하다 | 不用 búyòng 囝 ~할 필요가 없다 | 把 bǎ 젠 ~으로, ~을 | 椅子 yǐzi 뗑 의자 | 行 xíng 통 좋다, ~해도 좋다

해설 핵심어는 '电工'이며, '电工'이 들어 있는 '找个电工修吧！'가 핵심 문장이다. 그러므로 무언가를 수리하고 있는 수리공의 그림을 골라야 한다.

정답_ E

第二部分

● 11~20번 문제

011

> 这双鞋你要是还觉得贵，那么别的鞋你就更不能买了。
>
> 问： 这双鞋是这里最便宜的。

> 이 신발이 비싸다고 생각하시면 다른 신발은 더욱 못 삽니다.
>
> **질문: 이 신발이 여기에서 가장 싸다.**

단어 双 shuāng 양 짝, 켤레 | 鞋 xié 명 신발 | 要是 yàoshi 접 만약, 만약 ~이라면 | 觉得 juéde 동 ~라고 여기다 | 贵 guì 형 비싸다 | 那么 nàme 접 그러면, 그렇다면 | 别的 bié de 대 다른 것, 다른 사람 | 买 mǎi 동 사다 | 便宜 piányi 형 싸다

해설 부사 '更'은 '더욱'의 뜻으로, 다른 것에 비해 정도가 더 심함을 나타낸다. '这双鞋你要是还觉得贵，那么别的鞋你就更不能买了'라고 한 것은 이것이 가장 싸기 때문에 이 가격이 비싸다고 생각하면 다른 것은 더욱 살 수 없다는 뜻이다.

정답 ✓

> **Tip** 양사 '双'
>
> 양사 '双'은 '쌍, 켤레'의 뜻으로, 좌우 대칭의 신체 기관이나 짝으로 사용하는 물건에 사용한다.
> 一双手 두 손
> 一双鞋 신발 한 켤레
> 一双筷子 젓가락 한 벌

012

> 我没数错呀，你给我一百块买这本书，我找你四十三。
>
> 问： 这本书四十三块。

> 제가 잘못 센 게 아니에요. 당신이 저한테 100위안을 주면서 이 책을 샀고, 제가 거스름돈 43위안을 드렸잖아요.
>
> **질문: 이 책은 43위안이다.**

단어 数 shǔ 동 세다, 헤아리다 | 错 cuò 동 틀리다 | 百 bǎi 수량 백, 100 | 块 kuài 양 중국의 화폐 단위 | 本 běn 양 권(책을 셀 때 사용하는 단위) | 书 shū 명 책 | 找 zhǎo 동 거슬러 주다, 찾다, 구하다

해설 '你给我一百'와 '我找你四十三'을 통해 책값을 알 수 있다. 100위안을 주고 43위안을 거슬러 줬다고 했으므로 책값은 57위안이다. '找'는 '물건을 찾다'라는 뜻 외에 '돈을 거슬러 주다'라는 뜻도 가지고 있다.

정답 X

013

> 老婆，换个台吧，我真看不下去了，比这个电视剧精彩的节目多的是。
>
> 问： 丈夫觉得这个电视剧不怎么样 。

> 여보, 채널 돌리자. 난 정말 더 이상 못 보겠어. 이것보다 더 재미있는 프로그램은 많아.
>
> **질문: 남편은 이 드라마가 별로 재미없다고 생각한다.**

단어 老婆 lǎopo 명 아내, 처 | 换 huàn 동 바꾸다 | 台 tái 명 채널 | 真 zhēn 부 진실로, 정말로 | 比 bǐ 전 ~에 비해, ~보다 | 电视剧 diànshìjù 명 텔레비전 드라마 | 精彩 jīngcǎi 형 뛰어나다, 훌륭하다 | 节目 jiémù 명 프로그램 | 丈夫 zhàngfu 명 남편 | 不怎么样 bùzěnmeyàng 그리 좋지 않다, 보통이다

해설 '比这个电视剧精彩的节目多的是'을 통해 남편은 이 드라마를 별로 재미없어 한다는 것을 알 수 있다. '多的是'은 '수량이 매우 많음'을 형용할 때 쓴다.

정답 ✓

014

晚上再做米饭吧，中午我们吃面条，还有昨天买的饺子。

问： 他们今天中午不吃米饭。

저녁에 밥해 먹자. 점심엔 국수 먹고, 어제 산 만두도 있어.

질문: 그들은 오늘 점심에 밥을 안 먹는다.

단어 晚上 wǎnshang 圆 저녁 | 再 zài 里 재차, 또 | 米饭 mǐfàn 圆 밥 | 中午 zhōngwǔ 圆 정오 | 面条 miàntiáo 圆 국수 | 昨天 zuótiān 圆 어제 | 饺子 jiǎozi 圆 만두

해설 '晚上再做米饭吧，中午我们吃面条'를 통해 점심에는 국수를 먹고, 밥은 저녁에 먹을 것임을 알 수 있다.

정답 ✓

015

你把银行卡放在我这儿有什么用？你又不告诉我密码。

问： 他们都知道银行卡的密码。

당신이 은행 카드를 나한테 두는 게 무슨 소용이 있어요? 나한테 비밀번호도 안 알려 주잖아요.

질문: 그들은 모두 은행 카드의 비밀번호를 안다.

단어 银行 yínháng 圆 은행 | 卡 kǎ 圆 카드 | 放 fàng 圆 두다, 놓다 | 用 yòng 圆 쓸모 | 告诉 gàosu 圆 말하다, 알리다 | 密码 mìmǎ 圆 암호, 비밀번호 | 知道 zhīdào 圆 알다, 이해하다

해설 '你又不告诉我密码'를 통해 화자는 비밀번호를 모른다는 사실을 알 수 있으므로 질문은 들려주는 내용과 일치하지 않는다.

정답 X

016

你咳嗽得这么厉害，还是快去医院吧！老李又不是大夫，他说的办法不一定有效果。

问： 老李对治疗这个人的病给过一些建议。

너 기침이 이렇게 심하니, 빨리 병원에 가 봐! 라오리는 의사가 아니니 그가 말한 방법은 효과가 없을 수도 있어.

질문: 라오리는 이 사람의 병을 치료하는 데 의견을 냈다.

단어 咳嗽 késou 圆 기침하다 | 厉害 lìhai 圆 대단하다, 심각하다 | 还是 háishi 里 ~하는 편이 더 좋다 | 快 kuài 圆 빠르다 | 医院 yīyuàn 圆 병원 | 大夫 dàifu 圆 의사 | 说 shuō 圆 말하다 | 办法 bànfǎ 圆 방법, 방식 | 不一定 bùyídìng 里 (반드시) ~할 필요는 없다, ~한 것은 아니다 | 效果 xiàoguǒ 圆 효과 | 治疗 zhìliáo 圆 치료하다 | 病 bìng 圆 병, 질병 | 一些 yìxiē 圆 약간, 조금 | 建议 jiànyì 圆 제안, 건의

해설 '老李又不是大夫，他说的办法不一定有效果'를 통해 라오리가 병의 치료에 관해 언급했음을 알 수 있다.

정답 ✓

017

你还想要奖金？听说别的部门工资都降低了很多，我们就偷着乐吧。

问： 我们的部门工资没有降低。

당신은 보너스까지 원해요? 다른 부서 사람들은 월급도 많이 깎였대요. 우리는 다행이죠.

질문: 우리 부서의 월급은 깎이지 않았다.

[단어] 奖金 jiǎngjīn 몡 보너스, 상여금 | 听说 tīngshuō 됭 듣자 하니, 들은 바로는 ~라고 한다 | 别的 bié de 때 다른 것, 다른 사람 | 部门 bùmén 몡 부서 | 工资 gōngzī 몡 월급, 임금 | 降低 jiàngdī 됭 내리다, 인하하다 | 偷着 tōu zhe 살짝, 슬그머니 | 乐 lè 됭 좋아하다

[해설] '听说别的部门工资都降低了很多'라고 말하고 뒤이어 '我们就偷着乐吧'라고 했으므로 우리 부서는 월급이 깎이지 않았음을 알 수 있다.

정답_ ✓

018

孩子就是父母的镜子，常看看他们，你就会发现自己的不足。

问： 父母常常看着孩子。

아이는 부모의 거울이므로 그들을 눈여겨본다면 자신의 부족한 점을 발견할 수 있다.

질문: 부모는 늘 아이들을 눈여겨본다.

[단어] 孩子 háizi 몡 어린이, 아이 | 父母 fùmǔ 몡 부모 | 镜子 jìngzi 몡 거울 | 常 cháng 뷔 늘, 자주, 항상 | 他们 tāmen 때 그들, 그 사람들 | 发现 fāxiàn 됭 발견하다, 알아차리다 | 自己 zìjǐ 때 자기, 자신 | 不足 bùzú 됭 부족하다 | 看 kàn 됭 보다

[해설] '孩子就是父母的镜子，常看看他们，你就会发现自己的不足'는 아이는 부모의 거울이므로 (만약) 아이를 눈여겨본다면 자신의 부족한 점을 발견할 수 있다는 가설의 문장일 뿐, 실제로 부모가 아이를 늘 눈여겨본다는 뜻은 아니다.

정답_ X

019

加油站旁边怎么能有学校？你再往前过两个路口才能看到学校的牌子。

问： 学校在加油站的旁边。

주유소 옆에 어떻게 학교가 있을 수 있니? 앞으로 두 개의 교차로를 더 건너야 비로소 학교 간판을 볼 수 있어.

질문: 학교는 주유소 옆에 있다.

[단어] 加油站 jiāyóuzhàn 몡 주유소 | 旁边 pángbiān 몡 옆, 근처, 부근 | 怎么 zěnme 때 어떻게, 왜 | 学校 xuéxiào 몡 학교 | 往 wǎng 젠 ~쪽으로, ~을 향해 | 过 guò 됭 가다, 건너다 | 路口 lùkǒu 몡 길목, 교차로 | 才 cái 뷔 이제야, 비로소 | 牌子 páizi 몡 팻말, 상표, 브랜드

[해설] '加油站旁边怎么能有学校?'는 반어문이며, 이 문장이 내포하고 있는 의미는 '주유소 옆에 학교가 있을 수 없다'이므로 '学校在加油站的旁边'과 일치하지 않음을 알 수 있다.

정답_ X

这儿有咖啡了，你能不能给我倒杯茶？

问： 他想喝茶。

여기에 커피는 있어. 나에게 차를 따라 주겠니?

질문: 그는 차를 마시려 한다.

단어 这儿 zhèr 때 여기, 이곳 | 咖啡 kāfēi 명 커피 | 倒 dào 통 붓다, 따르다 | 杯 bēi 양 잔, 컵 | 茶 chá 명 차 | 喝 hē 통 마시다

해설 '你能不能给我倒杯茶?'라고 했으므로 그가 차를 마시려 한다는 것을 알 수 있다.

정답_ ✓

Tip	자주 쓰이는 양사		
个	ge	가장 널리 쓰이는 단위	人 rén 사람 月 yuè 달
件	jiàn	일이나 사건, 옷 등을 세는 단위	事情 shìqing 일 衣服 yīfu 옷
张	zhāng	종이, 책상, 침대 등 평면이 있는 것을 세는 단위	桌子 zhuōzi 책상 纸 zhǐ 종이 床 chuáng 침대
家	jiā	가게, 기업이나 상점 등을 세는 단위	公司 gōngsī 회사 商店 shāngdiàn 상점
双	shuāng	좌우대칭의 신체 기관이나 짝으로 사용하는 물건을 세는 단위	手 shǒu 손 鞋 xié 신발 筷子 kuàizi 젓가락
把	bǎ	손잡이나 손으로 잡을 곳이 있는 물건을 세는 단위	伞 sǎn 우산 刀 dāo 칼 椅子 yǐzi 의자
只	zhī	동물을 세는 단위	鸟 niǎo 새 老虎 lǎohu 호랑이
块	kuài	덩어리로 된 것을 세는 단위	手表 shǒubiǎo 손목시계 石头 shítou 돌

第三部分

● 21~30번 문제

021

女: 快跑！电梯要关了。

男: 走几步就上去了，坐什么电梯？

问: **女的要怎么上楼？**

   A 跑上去

✓**B 坐电梯**

   C 走上去

여: 빨리 뛰어! 엘리베이터가 곧 닫히려고 해.

남: 몇 걸음만 걸으면 올라가는데 무슨 엘리베이터를 타고 그래?

질문: 여자는 어떻게 올라가려 하나?

   A 뛰어서 올라가다

B 엘리베이터를 타고 가다

   C 걸어 올라가다

단어 快 kuài 혱 빠르다 | 跑 pǎo 통 달리다, 뛰다 | 电梯 diàntī 명 엘리베이터 | 关 guān 통 닫다 | 步 bù 명 걸음 | 上去 shàngqù 통 올라가다, 오르다 | 坐 zuò 통 (교통수단 등을) 타다 | 走 zǒu 통 걷다

해설 여자의 말 '快跑！电梯要关了'를 통해서 여자는 엘리베이터를 타고 올라가려 한다는 것을 알 수 있다.

정답_ B

022

女: 请你回忆一下中午在建国饭店门口乘坐你车的那个客人穿什么颜色的衣服？

男: 天天有那么多人，真记不清了。

问: **男的职业可能是什么？**

✓**A 出租车司机**

   B 警察

   C 饭店服务员

여: 정오에 건국호텔 입구에서 당신 차에 탔던 손님이 어떤 색 옷을 입었는지 한번 떠올려 보세요.

남: 매일 많은 손님을 모시기 때문에 정말 기억이 안 납니다.

질문: 남자의 직업은 무엇인가?

   A 택시 기사

   B 경찰

   C 호텔 종업원

단어 回忆 huíyì 통 회상하다 | 一下 yíxià 수량 동사 뒤에 쓰여 '시험 삼아 해 보다' 또는 '좀 ~하다'의 뜻을 나타냄 | 中午 zhōngwǔ 명 정오 | 饭店 fàndiàn 명 호텔 | 门口 ménkǒu 명 입구, 현관 | 乘 chéng 통 (교통수단 등을) 타다 | 客人 kèrén 명 손님 | 颜色 yánsè 명 색, 색깔 | 衣服 yīfu 명 옷 | 天天 tiāntiān 부 매일, 날마다 | 那么 nàme 대 그렇게, 저렇게 | 真 zhēn 부 참으로, 진실로 | 记不清 jìbuqīng 정확하게 기억하지 못하다 | 职业 zhíyè 명 직업 | 出租车 chūzūchē 명 택시 | 司机 sījī 명 기사, 운전사 | 警察 jǐngchá 명 경찰 | 服务员 fúwùyuán 명 종업원

해설 여자가 남자에게 '乘坐你车的那个客人'이라는 말을 하고 있는 것으로 보아 남자의 직업이 택시 기사임을 알 수 있다.

정답_ A

女：报名的有多少个人了？

男：规定是三十名以内，现在还差五个。

问：多少个人报名了？

    A 五个

    B 三十个

    ✔C 二十五个

여: 신청자는 얼마나 되나요?

남: 규정은 30명 이내인데 아직 5명이 모자랍니다.

질문: 몇 사람이 신청했나?

    A 5명

    B 30명

    C 25명

단어 报名 bàomíng 통 신청하다, 등록하다 | 多少 duōshao 대 얼마, 몇 | 规定 guīdìng 명 규정, 규칙 | 名 míng 양 명(사람 등을 세는 단위) | 以内 yǐnèi 명 이내 | 还 hái 부 여전히, 아직도 | 差 chà 통 부족하다, 모자라다

해설 '신청자가 몇 명이냐'라는 질문에 남자가 '规定是三十名以内，现在还差五个'라고 답하고 있으므로 신청자는 30명에서 5명을 뺀 25명이다. '差'는 '못 미치다, 모자라다'라는 뜻이다.

정답_ C

男：小丽，你妈长得真年轻！

女：可不是，很多人都误会她是我姐。

问：小丽的妈妈怎么样？

    ✔A 很年轻

    B 误会她

    C 喜欢姐姐

남: 샤오리, 당신 어머니는 정말 젊어 보이시네요!

여: 맞아요. 많은 사람들이 제 언니인 줄 알아요.

질문: 샤오리의 어머니는 어떤가?

    A 매우 젊다

    B 그녀를 오해하다

    C 언니를 좋아하다

단어 长 zhǎng 통 생기다(생김새를 나타냄), 자라다 | 年轻 niánqīng 형 젊다, 어리다 | 可不是 kěbúshì 왜 아니겠나 | 误会 wùhuì 통 오해하다 | 姐 jiě 명 언니, 누나 | 怎么样 zěnmeyàng 어떻다, 어떠하다 | 喜欢 xǐhuan 통 좋아하다

해설 '你妈长得真年轻'이라는 남자의 말에 여자가 '可不是'이라며 동의하고 있다. '可不是'은 상대방의 말에 동의함을 나타낸다. '아니다'라는 뜻을 가진 부정부사 '不'가 있지만 부정하는 의미가 아님을 기억해야 한다.

정답_ A

025

女：你拿走的一千块剩了多少？

男：剩？昨天请客花了那么多，我还从小刘那儿借了 200呢。

问：男的是什么意思？

    A 剩很多钱

✔B 钱不够

    C 要去借钱

여 네가 가져간 1000위안에서 얼마가 남았니?

남 남았냐고? 어제 손님을 접대하면서 정말 많이 썼어. 샤오리우한테서 200위안도 빌렸는걸.

질문: 남자의 뜻은?

    A 돈이 많이 남다

    B 돈이 모자라다

    C 돈을 빌리러 가려 한다

단어 拿走 názǒu 통 가지고 가다, 가지고 가 버리다 | 千 qiān 수량 1000, 천 | 块 kuài 양 중국의 화폐 단위 | 剩 shèng 통 남다, 남기다 | 请客 qǐngkè 통 초대하다, 한턱 내다 | 花 huā 통 쓰다, 소비하다　从 cóng 전 ~부터 | 借 jiè 통 빌리다 | 意思 yìsi 명 뜻, 의미 | 不够 búgòu 형 부족하다 | 借钱 jièqián 통 돈을 빌리다

해설 '昨天请客花了那么多，我还从小刘那儿借了200呢'라고 한 것을 보아 남자는 돈이 모자랐음을 알 수 있다.

정답_ B

026

男：放寒假到底带孩子去哪儿？桂林还是海南？

女：别跑那么远了，你去北京开会的时候顺便把他带去吧。

问：女的要让孩子去哪儿？

    A 桂林

    B 海南

✔C 北京

남 겨울 방학에 도대체 애를 데리고 어딜 가지? 구이린 아니면 하이난?

여 그렇게 먼 곳에 가지 말고 당신이 베이징에 회의하러 갈 때 그 애를 데리고 가면 되잖아요.

질문: 여자는 아이를 어디로 보내려고 하나?

    A 구이린

    B 하이난

    C 베이징

단어 寒假 hánjià 명 겨울 방학 | 到底 dàodǐ 부 도대체 | 孩子 háizi 명 자녀, 아들과 딸 | 桂林 Guìlín 명 구이린 | 还是 háishi 접 또는, 아니면 | 海南 Hǎinán 명 하이난 성(省) | 跑 pǎo 통 달리다, 뛰다, 급히 가다 | 开会 kāihuì 통 회의를 열다 | ~的时候 ~de shíhou ~할 때 | 顺便 shùnbiàn 부 ~하는 김에, 겸사겸사 | 带 dài 통 인도하다, 이끌다

해설 여자의 '你去北京开会的时候顺便把他带去吧'를 통해서 여자는 남자가 회의에 갈 때 아이를 함께 베이징에 보내려고 한다는 것을 알 수 있다.

정답_ C

027

女: 别客气，多吃点儿，尝尝我做的菜。

男: 我没客气，真的跟在家一样。

问: 男的最可能在什么地方?

　　A 饭店
　✔B 女的家里
　　C 自己家里

여: 사양 말고 많이 드세요. 제가 한 요리 좀 맛보세요.

남: 사양 하지 않아요. 꼭 집에 있는 것 같은걸요.

질문: 남자는 어디에 있나?

　　A 음식점
　　B 여자의 집
　　C 본인의 집

단어 别 bié 뷔 ~하지 마라 | 客气 kèqi 튕 사양하다 | 多 duō 혱 많다 | 尝 cháng 튕 맛보다, 시식하다 | 可能 kěnéng 뷔 아마도 | 地方 dìfang 몡 장소, 곳 | 饭店 fàndiàn 몡 호텔, 음식점 | 自己 zìjǐ 떼 자기, 자신 | 家里 jiāli 몡 집, 집안

해설 여자의 '尝尝我做的菜'라는 말과 남자의 '真的跟在家一样'이라는 말을 통해 남자가 여자의 집에 있음을 알 수 있다. '跟 ~一样'은 '~와 같다'는 뜻이다.

정답 **B**

028

男: 爱华，你为什么换了公司?

女: 工资少点也就算了，至少工作还算轻松，可那个 老板我实在受不了。

问: 爱华为什么换了公司?

　　A 工资少
　　B 工作轻松
　✔C 老板不好

남: 아이화, 왜 회사를 옮겼니?

여: 월급이 적은 것은 견딜만 했어. 적어도 일은 어렵지 않았으 니까. 그렇지만 그 사장은 정말 참을 수 없었어.

질문: 아이화는 왜 회사를 옮겼나?

　　A 월급이 적어서
　　B 일하기가 수월해서
　　C 사장이 나빠서

단어 换 huàn 튕 바꾸다, 교환하다 | 公司 gōngsī 몡 회사, 직장 | 工资 gōngzī 몡 월급, 임금 | 少 shǎo 혱 적다 | 算了 suànle 튕 됐어, 필요 없어 | 至少 zhìshǎo 뷔 적어도, 최소한 | 工作 gōngzuò 몡 근무, 작업 | 算 suàn 튕 ~라고 간주하다, ~인 셈이다 | 轻松 qīngsōng 혱 수월하다, 가볍다 | 老板 lǎobǎn 몡 사장 | 实在 shízài 뷔 확실히, 정말

해설 여자의 '可那个老板我实在受不了'라는 말을 통해 아이화는 사장 때문에 회사를 옮겼음을 알 수 있다. '受不了'는 '견딜 수 없다, 참을 수 없다'라는 뜻이다.

정답 **C**

029

女：我打开窗户吧，你看你，热出了一头汗。

男：别，我还冷呢，我一紧张就出汗。

问：男的怎么了?

    A 很热

   ✔B 紧张

    C 要开窗

여: 제가 창문을 열게요. 당신 좀 보세요. 더워서 땀에 흠뻑 젖었어요.

남: 그러지 마세요. 저는 아직 추워요. 저는 긴장하면 땀이 나요.

질문: 남자는 왜 그런가?

    A 매우 덥다

    B 긴장했다

    C 창문을 열려고 한다

단어 打开 dǎkāi 동 열다 | 窗户 chuānghu 명 창문 | 热 rè 형 덥다, 뜨겁다 | 出汗 chūhàn 동 땀이 나다 | 一头 yìtóu 명 온 머리 | 冷 lěng 형 춥다 | 紧张 jǐnzhāng 형 긴장하다 | 怎么了 zěnmele 무슨 일이야?, 어떻게 된 거야?

해설 남자의 '我一紧张就出汗'이라는 말을 통해 남자가 긴장해서 땀을 흘린다는 것을 알 수 있다.

정답_ B

030

男：青年公园人太多，要是我就去南湖公园。

女：我和你不同，我去公园主要是为了看热闹。

问：女的可能去什么公园?

   ✔A 青年公园

    B 不同的公园

    C 南湖公园

남: 칭니엔공원에는 사람이 너무 많아. 나라면 난후공원에 가겠어.

여: 난 너랑 달라. 나는 떠들썩한 것을 보려고 공원에 가.

질문: 여자는 어느 공원으로 갈 것인가?

    A 칭니엔공원

    B 다른 공원

    C 난후공원

단어 公园 gōngyuán 명 공원 | 要是 yàoshi 접 만약 | 不同 bùtóng 형 같지 않다, 다르다 | 主要 zhǔyào 부 주로 | 为了 wèile 전 ~하기 위하여 | 热闹 rènao 형 번화하다, 떠들썩하다.

해설 남자가 '青年公园人太多'라고 하자 여자가 '我去公园主要是为了看热闹'라고 했으므로 여자는 떠들썩한 칭니엔공원에 갈 것임을 알 수 있다.

정답_ A

第四部分

●31~40번 문제

031

男：有单人房间吗？

女：有。你住多长时间？

男：从今天开始，三天。

女：后天不行，已经预订出去了。

问：对话可能发生在哪儿？

    A 卖房子的地方

  ✔B 宾馆

    C 家里

남: 싱글룸이 있나요?

여: 있습니다. 며칠동안 머무를 예정이십니까?

남: 오늘부터 3일 간요.

여: 모레는 안 됩니다. 예약이 되어 있어서요.

질문: 대화가 이루어지는 곳은?

    A 집 파는 곳

    B 호텔

    C 집

단어 单人房间 dānrén fángjiān 명 싱글룸 | 时间 shíjiān 명 시간 | 开始 kāishǐ 통 시작하다 | 后天 hòutiān 명 모레 | 不行 bùxíng 통 안 된다 | 预订 yùdìng 통 예약하다

해설 '单人房间'과 '预订' 등을 통해 대화가 이루어진 장소가 호텔임을 알 수 있다.

정답_ B

032

女：只有这一件了，你要不要？

男：看起来好像有点儿脏。

女：对，这是样品，挂在那儿很长时间了。

男：那么，这件能不能再便宜一点儿？

女：再便宜一点儿？别开玩笑了，就是因为它是样品，所以才要一百块。

问：这件衣服还能再便宜一点儿吗？

    A 能

  ✔B 不能

    C 女的不知道

여: 이 옷밖에 없는데 사시겠어요?

남: 좀 더러워 보이네요.

여: 네. 이것은 샘플이어서 걸어 놓은 지 오래되었어요.

남: 그럼, 이것을 좀 싸게 해 주실 수 없나요?

여: 더 싸게요? 농담 마세요. 샘플이라서 100위안에 드리는 거예요.

질문: 이 옷을 더 싸게 할 수 있나?

    A 가능하다

    B 불가능하다

    C 여자는 모른다

단어 只 zhǐ 부 단지, 다만 | 件 jiàn 양 벌, 건(옷·사건 등을 세는 단위) | 看起来 kànqǐlái 통 보기에 ~하다, 보아하니 ~하다 | 好像 hǎoxiàng 부 마치 ~와 같다 | 脏 zāng 형 더럽다, 불결하다 | 样品 yàngpǐn 명 샘플 | 挂 guà 통 걸다 | 便宜 piányi 형 (값이) 싸다 | 别 bié 부 ~하지 마라 | 开玩笑 kāiwánxiào 통 농담하다 | 因为 yīnwèi 전 ~때문에

해설 샘플이니 싸게 해 달라는 남자의 말에 여자가 '就是因为它是样品，所以才要一百块'라고 말하는 것으로 보아 더 이상 싸게 살 수 없음을 알 수 있다.

정답_ B

033

男：你到底怎么看这件事儿？

女：妈妈的意见就是我的意见。

男：你就那么怕妈妈？

女：这不是怕，是尊重，她的问题当然要尊重她的意见。

问：他们在讨论谁的问题？

　✔A 妈妈的问题
　B 男人的问题
　C 女人的问题

남：넌 도대체 이 일을 어떻게 생각해?

여：엄마 생각이 내 생각이야.

남：엄마가 그렇게 무서워?

여：무서워서가 아니라 존중해서야. 엄마의 문제는 당연히 엄마의 의견을 존중해야지.

질문：그들은 누구의 문제를 상의하고 있나?

　A 어머니의 문제
　B 남자의 문제
　C 여자의 문제

단어 到底 dàodǐ 图 도대체 | 事 shì 圆 일 | 意见 yìjiàn 圆 견해, 의견 | 那么 nàme 웹 그러면, 그렇다면 | 怕 pà 图 무서워하다, 두려워하다 | 尊重 zūnzhòng 图 존중하다 | 问题 wèntí 圆 문제 | 当然 dāngrán 图 당연히 | 讨论 tǎolùn 图 토론하다 | 谁 shéi 団 누구

해설 여자의 '她的问题当然要尊重她的意见'에서 '她'는 '어머니'이며, 이를 통해 그들이 상의하고 있는 것이 어머니의 문제임을 알 수 있다.

정답_ A

> **Tip** 　조동사 '要'
>
> ① ~하려고 하다(의지를 나타냄)
> 　客人要走。 손님이 가려고 한다.
> 　客人不想走。 손님이 가려고 하지 않는다.
>
> ② ~ 해야 한다
> 　我们要学习。 우리는 공부해야 한다.
> 　我们不用学习。 우리는 공부할 필요가 없다.

034

女：咱们几点去他家好？

男：他六点下班，七点估计正在吃晚饭，再晚一个小时吧。

女：好，再晚人家就该睡觉了。

男：他以前倒是说过睡得比较晚，可是太晚去别人的家里也没有礼貌啊！

问：他们几点去别人的家？

　A 6:00
　B 7:00
　✔C 8:00

여：우리가 몇 시에 그의 집에 가는 게 좋을까?

남：그는 6시에 퇴근해서 7시면 한창 저녁 식사 중일 테니 한 시간 더 늦게 가자.

여：좋아. 더 늦어지면 주무셔야 하니까.

남：그는 전에 늦게 잔다고 하셨어. 그렇지만 너무 늦게 남의 집에 가는 것도 예의 없는 거지.

질문：그들은 그의 집에 몇 시에 가나?

　A 6시
　B 7시
　C 8시

단어 咱们 zánmen 団 우리들 | 下班 xiàbān 图 퇴근하다 | 估计 gūjì 图 추측하다, 예측하다 | 正在 zhèngzài 图 지금 ~하고 있다 | 晚饭 wǎnfàn 圆 저녁밥, 저녁 식사 | 晚 wǎn 圆 늦다 | 小时 xiǎoshí 圆 시간, 시간 단위 | 该 gāi 조동 마땅히 ~해야 한다 | 睡觉 shuìjiào 图 잠을 자다 | 以前 yǐqián 圆 과거, 이전 | 倒是 dàoshì 图 오히려, 도리어 | 比较 bǐjiào 图 비교적 | 可是 kěshì 웹 그러나, 하지만 | 别人 biérén 団 다른 사람 | 礼貌 lǐmào 圆 예의

해설 문제는 '몇 시에 그의 집에 가는가'인데 이는 남자의 말 '他六点下班，七点估计正在吃晚饭，再晚一个小时吧'를 통해 7시보다 한 시간 늦은 8시에 그의 집에 갈 것임을 알 수 있다.

정답_ C

男：你能不能快点儿？再不快点儿咱儿子的飞机就到了。

女：就好了。

男：你到底在忙什么呢？

女：我不是担心儿子从南方回来穿得少，想给他带件衣服吗？

问：他们是什么关系？

　　A 爸爸和女儿
✓　B 丈夫和妻子
　　C 妈妈和儿子

남: 좀 빨리 서두를 수 없어요? 더 늦으면 우리 아들이 탄 비행기가 도착해요.

여: 다 됐어요.

남: 대체 당신 뭘 하고 있어요?

여: 아들이 남쪽에서 옷을 얇게 입고 올까봐 걱정이 돼서요. 입을 옷을 챙겨 갈까요?

질문: 그들은 무슨 관계인가?

　　A 아버지와 딸
　B 남편과 아내
　　C 어머니와 아들

단어　再不 zàibu 웹 그렇지 않으면 | 儿子 érzi 명 아들 | 飞机 fēijī 명 비행기 | 到底 dàodǐ 부 도대체 | 忙 máng 형 바쁘다 | 担心 dānxīn 동 걱정하다 | 南方 nánfāng 명 남방 지역 | 带 dài 동 (몸에) 지니다, 가지다 | 件 jiàn 양 벌, 건(옷·사건 등을 세는 단위) | 关系 guānxi 명 관계 | 丈夫 zhàngfu 명 남편 | 妻子 qīzi 명 아내

해설　'咱儿子'를 통해 남녀는 부부 사이임을 알 수 있다.

정답_ B

> **Tip**　전치사 '从'
>
> 전치사 '从'은 시작점을 나타낸다.
> 　他刚从中国回来。 그는 막 중국에서 돌아왔다.
> 　那个电影从几点开始? 그 영화는 몇 시에 시작하니?
> '从A到B'의 형식으로 쓰여 'A부터 B까지'의 뜻을 나타낸다.
> 　从早到晚努力学习。 아침부터 저녁까지 열심히 공부한다.

女：您好！现在能洗车吗？

男：对不起，您得等一个小时左右。

女：又不是节日，也不是周末，怎么等这么久？

男：雨后洗车的人比较多。

问：为什么洗车店人很多？

　　A 是周末
　　B 是节日
✓　C 刚下过雨

여: 안녕하세요! 지금 세차할 수 있나요?

남: 죄송하지만 한 시간 정도 기다리셔야 될 것 같아요

여: 명절도 아니고 주말도 아닌데 왜 그렇게 오래 기다려야 해요?

남: 비가 온 후에는 세차하는 사람들이 많아서요.

질문: 세차장에 왜 사람이 많은가?

　　A 주말이다
　　B 명절이다
　C 좀 전에 비가 왔다

단어　洗 xǐ 동 씻다 | 车 chē 명 자동차 | 等 děng 동 기다리다 | 左右 zuǒyòu 명 가량, 안팎 | 节日 jiérì 명 명절 | 周末 zhōumò 명 주말 | 这么 zhème 대 이런, 이렇게 | 久 jiǔ 형 오래다, (시간이) 길다 | 比较 bǐjiào 부 비교적, 상대적으로

해설　여자의 '又不是节日，也不是周末'를 통해 A와 B가 정답이 아님을 알 수 있으며, 남자의 말 '雨后洗车的人比较多'를 통해 조금 전에 비가 왔음을 알 수 있다.

정답_ C

037

男: 你找到那个文件了吗?

女: 没有。你把它放在哪儿了?

男: 我就存在电脑的桌面上了，开机就能看见。

女: 咳，我以为你说的文件是一张纸，你把它放在电
  脑桌上了呢!

问: 文件最可能在哪儿?

  ✔A 电脑里

  B 桌子上

  C 银行里

남: 너 그 파일을 찾았어?

여: 아니. 파일을 어디에 둔거야?

남: 그냥 컴퓨터 바탕 화면에 저장해 뒀어, 컴퓨터 켜면 보일거야.

여: 아이참, 나는 네가 말한 것이 종이 서류고, 그것을 컴퓨터 테
  이블 위에 뒀다는 줄 알았어.

질문: 파일은 어디에 있나?

  A 컴퓨터 안

  B 책상 위

  C 은행

단어 找 zhǎo 통 찾다, 구하다 | 文件 wénjiàn 명 문건, 파일 | 它 tā 때 그, 저 | 放 fàng 통 놓아두다 | 存 cún 통 보관하다, 저장하다 | 在 전 ~에 | 电脑 diànnǎo 명 컴퓨터 | 桌面 zhuōmiàn 명 컴퓨터 바탕 화면 | 以为 yǐwéi 통 여기다, 생각하다 | 银行 yínháng 명 은행

해설 남자의 '我就存在电脑的桌面上了，开机就能看见'을 통해 파일이 컴퓨터 속에 있음을 알 수 있다.

정답_ A

038

女: 张总在哪儿? 我怎么没找到?

男: 就在李总的后边，王总的旁边。

女: 他怎么不坐在第一排呢。

男: 第一排都是女士。

问: 谁是女士?

  A 张总

  ✔B 李总

  C 王总

여: 장 사장님은 어디에 계시나요? 난 왜 못 찾았지?

남: 이 사장님 뒤, 왕 사장님 옆에 있잖아요.

여: 왜 첫 번째 줄에 앉지 않았대요?

남: 첫 번째 줄은 모두 여자잖아요.

질문: 누가 여자인가?

  A 장 사장

  B 이 사장

  C 왕 사장

단어 怎么 zěnme 때 왜, 어째서 | 后边 hòubian 명 뒤, 뒷면 | 旁边 pángbiān 명 옆, 곁 | 坐 zuò 통 앉다 | 第一 dì-yī 수 제1, 첫 번째 | 排 pái 명 줄, 열 | 女士 nǚshì 명 여사, 부인

해설 '(张总)就在李总的后边，王总的旁边'을 통해서 장 사장과 왕 사장 모두 이 사장 뒤에 앉아 있음을 알 수 있다. 그리고 '第一排都是女士'이라고 했으므로 앞줄에 앉은 이 사장이 여자임을 알 수 있다.

정답_ B

男：我怎么头这么疼？
女：谁让你昨天喝了那么多酒？
男：我喝得不多呀。
女：那得看和谁比了。
问：男的怎么了？

  ✔A 喝酒了
    B 比赛了
    C 生病了

남: 난 왜 이렇게 머리가 아프지?
여: 누가 당신더러 어제 그렇게 많이 마시라고 했어요?
남: 많이 안 마셨는데.
여: 많이 안 마셨다는 기준이 누구랑 비교한 건지 봐야죠.
질문: 남자는 어떤가?

  A 술을 마셨다
  B 시합했다
  C 병이 났다

단어 头 tóu 몡 머리 | 疼 téng 혱 아프다 | 让 ràng 통 ~하게 하다, ~하도록 시키다 | 酒 jiǔ 몡 술 | 比赛 bǐsài 통 겨루다, 시합하다 | 生病 shēngbìng 통 병이 나다

해설 여자의 '谁让你昨天喝了那么多酒?'라는 말에 남자는 부정하지 않고, '我喝得不多呀'라고 하고 있으므로 남자가 술을 마셨다는 것을 알 수 있다.

정답_ A

女：你和老周打网球比赛了吗？
男：比了。
女：怎么样？他的水平高吗？
男：他确实有两下子。
问：男的觉得老周的网球水平怎么样？

    A 不好
    B 不太会
  ✔C 不错

여: 너 라오저우랑 테니스 시합 했어?
남: 응.
여: 어땠어? 라오저우는 수준이 높니?
남: 그는 확실히 실력이 있더라고.
질문: 남자는 라오저우의 테니스 실력이 어떻다고 생각하나?

  A 못한다
  B 그다지 잘하지 못한다
  C 잘한다

단어 网球 wǎngqiú 몡 테니스 | 比 bǐ 통 비교하다, 겨루다 | 怎么样 zěnmeyàng 뗴 어떻다, 어떠하다 | 水平 shuǐpíng 몡 수준 | 确实 quèshí 뷔 정말로, 확실히 | 两下子 liǎngxiàzi 몡 재주, 솜씨 | 觉得 juéde 통 ~라고 여기다 | 不错 búcuò 혱 괜찮다, 잘하다

해설 '他确实有两下子'를 통해 남자가 라오저우의 테니스 실력을 높이 평가한다는 것을 알 수 있다. '两下子'는 '재주, 솜씨'라는 뜻이다.

정답_ C

二、阅读

第一部分

● 41~50번 문제

041-045

A 你知道刘阳的电话号码吗?	A 리우양의 전화번호를 아니?
B 当然。我们先坐公共汽车，然后换地铁。	B 당연하지. 먼저 버스를 타고 그 다음에 전철로 갈아타.
C 奶奶对她那么好，她怎么还是想跟你走呢?	C 할머니께서 그녀에게 그렇게 잘 대해 주는데 그녀는 왜 당신하고 가려고 하죠?
D 故事没什么，画面挺值得一看的！	D 스토리는 별로인데 화면은 한번 볼 가치가 있어!
E 参加活动的申请表都要寄给张教授吗?	E 활동 참가 신청서를 모두 장 교수님께 부쳐 드려야 해?
F 真是孩子！一点儿小事就兴奋成这样！	F 정말 어린애네! 조그마한 일을 갖고 이렇게 흥분하다니!

단어 电话 diànhuà 몡 전화 | 号码 hàomǎ 몡 번호 | 当然 dāngrán 혱 당연하다 | 公共汽车 gōnggòngqìchē 몡 버스 | 然后 ránhòu 젭 그런 후에, 그 다음에 | 换 huàn 동 갈아타다, 바꾸다 | 地铁 dìtiě 몡 지하철 | 奶奶 nǎinai 몡 할머니 | 那么 nàme 떼 그렇게, 저렇게 | 还是 háishi 분 아직도, 여전히 | 跟 gēn 젠 ~와 | 走 zǒu 동 떠나다 | 故事 gùshi 몡 이야기, 옛날 이야기 | 没什么 méishénme 별 것 아니다 | 画面 huàmiàn 몡 화면 | 值得 zhídé 동 값이 ~할 만하다, ~할 만한 가치가 있다 | 参加 cānjiā 동 참가하다, 가입하다 | 活动 huódòng 동 활동하다 | 申请表 shēnqǐngbiǎo 신청 용지 | 寄 jì 동 (우편으로) 부치다, 보내다 | 教授 jiàoshòu 몡 교수 | 孩子 háizi 몡 애, 어린이 | 兴奋 xīngfèn 혱 (감정을) 불러일으키다, 격분하다 | 成 chéng 동 ~이 되다 | 这样 zhèyàng 떼 이와 같다, 이렇게

041

谁也代替不了妈妈。	누구도 엄마를 대신할 순 없지.

단어 代替 dàitì 동 대체하다, 대신하다 | 不了 bùliǎo 동 ~할 수가 없다, ~될 수 없다

해설 '代替不了'는 '대신할 수 없다'는 의미이다. 대신할 수 없다고 했으므로 누군가 엄마를 대신할 수 있는 행동을 했다는 것을 알 수 있고, 이 때문에 'C 奶奶对她那么好，她怎么还是想跟你走呢? (할머니께서 그녀에게 그렇게 잘 대해 주는데 그녀는 왜 당신하고 가려고 하죠?)'와 관련이 있음을 알 수 있다.

정답_ C

042

祝贺我吧！我拍的那组照片上了杂志。	축하해 주세요! 내가 찍은 사진들이 잡지에 실렸어요.

단어 祝贺 zhùhè 동 축하하다, 경하하다 | 拍 pāi 동 (사진을) 찍다, 촬영하다 | 组 zǔ 양 조, 세트 | 照片 zhàopiàn 몡 사진 | 上 shàng 동 게재하다, 싣다 | 杂志 zázhì 몡 잡지

해설 F에서 말하는 '一点儿小事就兴奋成这样(조그마한 일에 이렇게 흥분하다)'의 '흥분할 만한 일'을 찾는 것이 중요하다. 보기 중에서 흥분할 만한 일로 적당한 것은 '我拍的那组照片上了杂志(내가 찍은 사진들이 잡지에 실렸다)'이며, 이는 문제의 '祝贺我吧！(축하해 주세요!)'와 관련이 있다.

정답_ F

毕业以后，我们班同学只有他和我没联系过。 | 졸업 후, 우리 반 학생들 중 그와 저만 연락이 없었어요

단어 毕业 bìyè 몡통 졸업(하다) | 以后 yǐhòu 몡 이후 | 班 bān 몡 조, 그룹, 반 | 同学 tóngxué 몡 학우, 학교 친구 | 联系 liánxì 통 연락하다, 연결하다

해설 문제의 '联系(연락하다)'와 A의 '电话号码(전화번호)'가 관련이 있으므로 두 문장이 이어져야 한다.

정답_ A

听说《阿凡达》拍得不错！ | 《아바타》를 잘 찍었다고 들었어요!

단어 听说 tīngshuō 통 듣자하니, 들은 바로는 | 阿凡达 Āfándá 아바타 | 拍 pāi 통 (사진을) 찍다, 촬영하다 | 不错 búcuò 혱 좋다, 괜찮다

해설 《阿凡达》와 '拍'라는 단어를 보고 영화와 관련된 얘기임을 유추해 볼 수 있다. 보기 중 D의 '故事(이야기)'과 '画面(화면)'이 모두 영화와 연관되어 있으므로 답으로 적합하다.

정답_ D

> **Tip** 정도보어
>
> 정도보어는 동사 뒤에 쓰여 동작의 정도나 상태를 보충 설명한다.
>
> ① 긍정형
> 　주어 + 술어 + 得 + 정도보어
> 　他说得很好。 그는 말을 잘한다.
>
> ② 부정형
> 　주어 + 술어 + 得 + 不 + 정도보어
> 　他说得不好。 그는 말을 못한다.
>
> ③ 목적어와의 결합
> 　주어 + (술어) + 목적어 + 술어 + 得 + 정도보어
> 　他(说)汉语说得很好。 그는 중국어를 잘한다.

具体情况我也不知道，我是在学校的网站上报名的。 | 구체적인 상황은 나도 잘 몰라. 난 학교 홈페이지에 들어가서 신청했어.

단어 具体 jùtǐ 혱 구체적이다, 상세하다 | 情况 qíngkuàng 몡 상황, 사정 | 学校 xuéxiào 몡 학교 | 网站 wǎngzhàn 몡 웹사이트 | 报名 bàomíng 통 신청하다

해설 주어진 문장은 '报名(신청하다)'의 내용으로, 어떠한 활동에 참가한다는 E의 '参加活动的申请表(활동 참가 신청표)'와 서로 관련되어 있다.

정답_ E

● 46~50번 문제

046-050

A 冰箱里没有吃的了吗？	A 냉장고에 먹을 것이 떨어졌어?
B 为了赢他们，明天你上吧！	B 그들을 이기기 위해서 내일 네가 출전해라!
C 那怎么行？ 通知都发下去了。	C 그게 어떻게 가능하겠어요? 이미 통보되었는데요.
D 可能浴液的味道让它觉得不舒服。	D 아마 보디워시 향이 그를 불편하게 했나 봐.
E 这小伙子对人热情，说话幽默，你对他的印象不错吧？	E 이 청년은 사람들에게 친절하고 재미있어. 그의 인상 괜찮지?

 단어 冰箱 bīngxiāng 몡 냉장고 | 为了 wèile 젠 ~을(를) 하기 위하여 | 赢 yíng 통 이기다, 승리하다 | 明天 míngtiān 몡 내일 | 上 shàng 통 출전하다, 출연하다 | 通知 tōngzhī 통 통지하다, 알리다 | 发 fā 통 행동을 취하다 | 下去 xiàqù 통 동사 뒤에 쓰여 지금부터 앞으로 지속됨을 나타냄 | 浴液 yùyè 몡 보디워시 | 味道 wèidao 몡 냄새, 향 | 让 ràng 통 ~하게 하다 | 觉得 juéde 통 ~라고 여기다 | 舒服 shūfu 혱 편안하다, 가볍다 | 小伙子 xiǎohuǒz 몡 젊은이, 청년 | 热情 rèqíng 혱 열정적이다, 친절하다 | 幽默 yōumò 혱 유머러스하다 | 印象 yìnxiàng 몡 인상

046

别拿你的看法影响我啊！	네 생각을 나에게 주입시키려 하지 마!

 단어 别 bié 뷔 ~하지 마라 | 拿 ná 젠 ~로써, ~를 가지고서 | 看法 kànfǎ 몡 견해 | 影响 yīngxiǎng 통 영향을 주다

해설 자신의 의견도 얘기하고 상대방에게 동의도 구하는 E의 '你对他的印象不错吧? (그의 인상이 괜찮지?)'에 '别拿你的看法影响我啊!(너의 생각을 나에게 주입시키려 하지 마!)'라고 대답하고 있음을 알 수 있다.

정답_ E

047

我认为会议还是推迟两天举行好。	저는 회의를 이틀 연기하는 것이 좋다고 봅니다.

단어 认为 rènwéi 통 여기다, 생각하다 | 会议 huìyì 몡 회의 | 还是 háishi 뷔 ~하는 편이 더 좋다 | 推迟 tuīchí 통 늦추다, 연기하다 | 举行 jǔxíng 통 열다, 거행하다

해설 C의 '通知'은 '마땅히 알아야 할 것들을 사람들에게 알리다'라는 뜻으로, '회의 시간' 등이 목적어가 될 수 있다. 또한 '推迟两天举行好(이틀 연기하는 것이 좋다)'의 대답으로 '那怎么行? (그게 어떻게 가능하겠어요?)'이라고 대답하는 것이 의미상 적절하다.

정답_ C

医生不允许我做太多的运动。　　　　　　　　　　의사 선생님은 나에게 운동을 너무 많이 하지 말라고 하셨어요.

단어　医生 yīshēng 몡 의사 | 允许 yǔnxǔ 통 동의하다, 허락하다 | 运动 yùndòng 몡 운동

해설　B의 '赢(이기다), 上(출전하다)'을 '运动(운동)'이라는 단어와 연결할 수 있다.

정답_ B

你不是说这只小狗喜欢洗澡吗?　　　　　　　　　　너는 이 강아지가 목욕을 좋아한다고 하지 않았니?

단어　狗 gǒu 몡 개 | 喜欢 xǐhuan 통 좋아하다 | 洗澡 xǐzǎo 통 목욕하다, 몸을 씻다

해설　주어진 문장에서 '不是~喜欢洗澡吗?(목욕을 좋아한다고 하지 않았니?)'와 목욕 관련 내용이 나오는 D의 '浴液(보디워시)'가 의미상 가장 잘 어울린다.

정답_ D

你去超市的时候，顺便给我带点儿饼干、牛奶什么的。　　　　　　슈퍼에 갈 때, 가는 김에 과자와 우유 등을 좀 사다 줘.

단어　超市 chāoshì 몡 슈퍼마켓 | 顺便 shùnbiàn 뷔 ~하는 김에, 겸사겸사 | 带 dài 통 지니다, 휴대하다 | 饼干 bǐnggān 몡 비스킷, 과자 | 牛奶 niúnǎi 몡 우유 | 什么的 shénmede 때 ~등, 기타 등등

해설　'顺便给我带点儿饼干、牛奶什么的(과자와 우유 등을 좀 사다 줘)'는 먹을거리와 관련이 있는 문장 A의 '冰箱里没有吃的了吗? (냉장고에 먹을 것이 떨어졌어?)'와 문맥상 연결된다.

정답_ A

第二部分

● 51~60번 문제

051-055

A 才	A 부 cái 이제, 비로소
B 声音	B 명 shēngyīn 소리, 목소리
C 商量	C 동 shāngliang 상의하다, 의논하다
D 健康	D 형 jiànkāng 건강하다
E 把	E 양 bǎ 줌, 움큼
F 锻炼	F 동 duànliàn 운동하다, (몸을) 단련하다

051

他练了十年 A **才**成为一名羽毛球高手。

그는 10년을 연습해서야 A **겨우** 배드민턴 고수가 되었다.

단어 练 liàn 동 연습하다, 훈련하다 | 成为 chéngwéi 동 ~이 되다, ~으로 되다 | 名 míng 양 명(주로 사람을 세는 단위) | 羽毛球 yǔmáoqiú 명 배드민턴 | 高手 gāoshǒu 명 고수, 달인

해설 '才'는 일이 일어나거나 끝마친 것이 늦었음을 나타내는 부사이다. 내용상 10년이라는 긴 시간 동안 연습해서 배드민턴 고수가 되었기 때문에 '才'가 오는 것이 적절하다.

정답_ A

052

他递给我一 E **把**花生，可我不想吃。

그는 나한테 땅콩을 한 E **줌** 주었지만 나는 먹고 싶지 않아요.

단어 递 dì 동 넘겨주다, 전해 주다 | 花生 huāshēng 명 땅콩

해설 중국어는 수사가 바로 명사를 수식할 수 없으며 반드시 그에 어울리는 양사를 넣어서 '수사+양사+명사'의 구조를 만들어야 한다. 수사 '一'와 명사 '花生(땅콩)'사이에 양사가 없으므로 어울리는 양사를 채워 넣어야 하며, '把'는 '움큼, 줌'의 뜻으로, 손으로 잡을 수 있는 만큼의 분량을 나타내는 양사이다.

정답_ E

你以为我喜欢天天这么走呀？还不是为了让身体更 **D** 健康！

당신은 내가 좋아서 매일 이렇게 걷는 줄 알아요? 더 **D** 건강해지려고 그러는 거예요.

단어 以为 yǐwéi 통 여기다, 생각하다(~라고 여겼는데 아니다) | 喜欢 xǐhuan 통 좋아하다 | 天天 tiāntiān 부 매일, 날마다 | 这么 zhème 대 이런, 이렇게 | 为了 wèile 전 ~을 하기 위하여 | 身体 shēntǐ 명 신체, 건강 상태 | 更 gèng 부 더욱, 훨씬

해설 '更+형용사'의 구조로 정도가 더욱 심해짐을 나타낼 수 있다. 의미상 '매일 걷는 것은 더 ~해지려는 것이다'이므로 괄호에는 의미와 품사의 조건을 모두 만족시키는 '健康(건강하다)'이 와야 한다.

정답_ D

到底应该怎么办？你们两个人好好 **C** 商量一下。

도대체 어떻게 해야 하나요? 둘이서 잘 **C** 상의해 보세요.

단어 到底 dàodǐ 부 도대체 | 应该 yīnggāi 조동 ~해야 한다 | 一下 yíxià 수량 동사 뒤에 쓰여 '시험 삼아 ~해 보다' 또는 '좀 ~하다'의 뜻을 나타냄

해설 괄호 뒤에는 '一下'가 있는데, 이는 '동사+一下'의 형태로 짧은 동작을 나타내는 데 쓰인다. 그러므로 동사이면서 의미상 '어떻게 해야 하는지 둘이서 ~해 보아라'라는 문맥에 어울리는 '商量(상의하다)'을 골라야 한다.

정답_ C

走了这么一会儿就累了？看来你还是需要多 **F** 锻炼。

이렇게 잠깐 걸었는데 힘들어요? 당신은 **F** 운동이 더 필요한 것 같네요.

단어 这么 zhème 대 이런, 이렇게 | 一会儿 yíhuìr 명 짧은 시간, 잠깐 동안 | 累 lèi 형 지치다, 피곤하다 | 看来 kànlái 통 보아하니 ~하다 | 还是 háishi 부 여전히, 아직도 | 需要 xūyào 통 필요하다, 요구되다

해설 '多'는 동사를 수식하여 '많이 ~하다'의 뜻을 나타낸다. '走了这么一会儿就累了？(이렇게 잠깐 걸었는데 힘들어요?)'라고 말한 뒤 '더욱 ~하는 것이 필요하다'고 했으므로 '锻炼(운동하다)'이 와야 한다.

정답_ F

● 56~60번 문제

056-060

A 清楚	A 형 qīngchu 분명하다, 알기 쉽다
B 爱好	B 명 àihào 취미
C 以为	C 통 yǐwéi 여기다, 생각하다 (~라고 여겼는데 아니다)
D 发生	D 통 fāshēng 일어나다, 발생하다
E 主意	E 명 zhǔyi 생각, 아이디어
F 害羞	F 통 hàixiū 부끄러워하다, 수줍어하다

056

A: 丽丽换衣服怎么用了这么长时间？

B: 她可能看外边人太多，觉得 **F 害羞**，不好意思出来。

A: 리리는 옷 갈아입는 데 왜 이렇게 시간이 오래 걸리지?

B: 아마 밖에 사람들이 너무 많아 **F 수줍어서** 나오기가 부끄러운가 봐.

단어 换 huàn 통 바꾸다, 교환하다 | 衣服 yīfu 명 옷, 의복 | 怎么 zěnme 대 어째서, 왜 | 用 yòng 통 쓰다, 사용하다 | 长 cháng 형 (시간이) 길다, 오래다 | 可能 kěnéng 부 아마도, 아마 | 外边 wàibian 명 밖, 바깥 | 觉得 juéde 통 ~라고 여기다 | 不好意思 bùhǎoyìsi 부끄럽다, 쑥스럽다 | 出来 chūlai 통 나오다

해설 앞 절의 '她可能看外边人太多(아마 밖에 사람들이 너무 많다)'라는 상황 때문에 그녀가 ~하다고 느껴 부끄러워 나오지 못한다는 것을 알 수 있으므로 괄호에는 '害羞(부끄럽다)'가 오는 것이 적당하다.

정답_ F

Tip 여러 가지 의미의 '长'

① cháng 형 길다
她的头发很长。 그녀의 머리카락은 길다.

② zhǎng
통 자라다
那个花长得怎么样？ 그 꽃은 어떻게 자라니?
명 우두머리
他是班长。 그는 반장이다.

A：那边围了那么多人，到底 **D** 发生了什么事?

B：一个孩子找不到妈妈了。

A: 저기에 사람들이 많이 모여 있네요. 도대체 무슨 일이 **D** 일어난 건가요?

B: 한 아이가 엄마를 찾지 못하고 있어요.

단어 那边 nàbiān 때 그쪽, 저쪽 | 围 wéi 통 둘러싸다, 에워싸다 | 到底 dàodǐ 팀 도대체 | 什么 shénme 때 (명사 앞에 쓰여) 무슨, 어느 | 孩子 háizi 명 어린이 | 找 zhǎo 통 찾다, 구하다

해설 부사 '到底'와 괄호 뒤의 동태조사 '了'를 통해 괄호가 술어 자리임을 알 수 있다. 따라서 목적어 '什么事(무슨 일)'과 호응하는 동사 '发生(일어나다)'을 넣어야 한다.

정답 _ D

Tip 가능보어

가능보어는 동작의 가능 여부에 대해 보충 설명하는 보어이다.

동사와 결과보어/방향보어 사이에 '得'나 '不'를 넣어 '~할 수 있다, ~할 수 없다'의 뜻을 표현한다.

① 긍정형

주어 + 동사 + 得 + 가능보어(결과보어/방향보어/了)

我听得懂。 나는 듣고 이해할 수 있다.

② 부정형

주어 + 동사 + 不 + 가능보어(결과보어/방향보어/了)

我听不懂。 나는 듣고 이해할 수 없다.

A：请把我的书还给我。

B：对不起，我还 **C** 以为是我的呢。

A: 내 책을 돌려줘.

B: 미안해. 나는 내 책이라고 **C** 생각했어.

단어 请 qǐng 통 청하다, 부탁하다 | 把 bǎ 전 ~으로, ~을(를) | 还 huán 통 돌려주다, 반납하다 | 给 gěi 전 ~에게 | 还 hái 팀 또, 더

해설 A의 '请把我的书还给我(내 책을 돌려줘)'를 통해 책이 A의 것임을 알 수 있다. B의 괄호 뒤에 '是我的呢(내 것이다)'가 있는 것으로 보아 B는 그 책을 자기 것이라고 생각하고 있었음을 유추해 볼 수 있다. 따라서 괄호에는 '~라고 여겼지만 사실은 아니다'라는 뜻을 가진 동사인 '以为(~라고 생각하다)'가 가장 적합하다.

정답 _ C

Tip 여러 가지 의미의 '还'

① huán 통 돌려주다, 갚다

这个还给你吧。 이것을 너에게 돌려줄게.

② hái

팀 또

这里有苹果、梨, 还有西瓜。 이곳에는 사과와 배, 또 수박이 있다.

팀 아직, 여전히

还早呢，我们等一会儿吧。 아직 이르니 좀 기다리자.

팀 더욱

他比我还高。 그는 나보다 더 크다.

팀 그런대로

我最近还可以。 나는 요즘에 그런대로 잘 지낸다.

059

A：我的意思够 A **清楚** 了吧，你怎么还不去做？

B：你得给我一点儿时间啊。

A: 나의 뜻을 충분히 A **확실히 알았을 텐데** 왜 가서 하지 않나요?

B: 저한테 시간을 좀 주셔야죠.

단어 意思 yìsi 몡 의미, 뜻 | 够 gòu 혱 충분하다, 넉넉하다 | 怎么 zěnme 때 왜, 어째서 | 得 děi 조통 ~해야 한다 | (一)点儿 (yì)diǎnr 수량 약간〔구어에서는 자주 '一'를 생략함〕| 时间 shíjiān 몡 시간 | 啊 a 조 문장 끝에 쓰여 강조를 나타냄

해설 괄호는 술어 자리이며 중국어의 술어는 대부분 동사나 형용사가 오므로 동사나 형용사 중에서 답을 찾아야 한다. 문장의 의미는 '나의 뜻을 충분히 ~했을 텐데'이므로 '清楚(확실히 알다)'가 와야 한다.

정답_ A

060

A：咱们明天去长城，怎么样？

B：好 E **主意**，我想去那儿。

A: 우리 내일 만리장성에 가는 게 어때?

B: 좋은 E **생각**이야. 거기에 가고 싶어.

단어 咱们 zánmen 때 우리(들) | 长城 chángchéng 몡 만리장성 | 怎么样 zěnmeyàng 때 어때 | 主意 zhǔyì 몡 생각, 아이디어 | 那儿 nàr 때 거기, 그곳

해설 '내일 만리장성에 갈래?'라는 물음에 대한 대답이 와야 하며, 괄호 뒤에 가고 싶다는 내용이 나오므로 동의하는 표현이 와야 한다. 따라서 '主意(생각, 아이디어)'를 고르는 것이 적당하다. '好主意'는 '좋은 생각이야'라는 뜻이다.

정답_ E

第三部分

061

大家回去以后把今天学过的内容再看一遍，然后请预习下一课的内容，最后再准备一下明天上午的考试。

问： 大家今天回家以后不用做的事情是什么？

　　A 复习
　　B 预习
　✔C 考试

모두 돌아가서 오늘 배운 내용을 다시 한번 보세요. 그런 후에 다음 과를 예습하고, 내일 오전 시험을 준비하세요.

질문: 오늘 돌아가서 하지 않아도 되는 것은 무엇인가?

　　A 복습
　　B 예습
　　C 시험

단어 大家 dàjiā 대 모두, 다들 | 回去 huíqù 동 돌아가다 | 内容 nèiróng 명 내용 | 遍 biàn 양 번, 차례〔한 동작의 처음부터 끝까지 전 과정을 가리킴〕| 然后 ránhòu 접 그런 후에, 그 다음에 | 预习 yùxí 동 예습하다 | 内容 nèiróng 명 내용 | 最后 zuìhòu 명 최후, 제일 마지막 | 准备 zhǔnbèi 동 준비하다, ~하려고 하다 | 明天 míngtiān 명 내일 | 考试 kǎoshì 명 시험 | 事情 shìqing 명 일, 사건 | 复习 fùxí 동 복습하다 | 预习 yùxí 동 예습하다

해설 '准备一下明天上午的考试(내일 오전 시험을 준비하세요)'에서 오늘 할 일은 내일 있을 시험을 준비하는 것임을 알 수 있다. 따라서 시험은 내일이다.

정답_ C

062

这个房间虽然旧了点儿，收拾收拾也能住，你要是不觉得离公司远，就搬过来吧。

问： 这个房间：

　✔A 有点儿旧
　　B 离公司很近
　　C 收拾不了

이 방은 낡았지만 조금 치우면 살 수 있어요. 회사하고 멀다고 생각하지 않으면 여기로 이사 오세요.

질문: 이 방은?

　　A 좀 낡았다
　　B 회사와 가깝다
　　C 치울 수 없다

단어 房间 fángjiān 명 방 | 虽然 suīrán 접 비록 ~하지만 | 旧 jiù 형 낡다, 오래다 | 收拾 shōushi 동 정리하다, 치우다 | 住 zhù 동 숙박하다, 살다, 거주하다 | 要是 yàoshi 접 만약, 만약 ~이라면 | 觉得 juéde 동 ~라고 여기다 | 离 lí 전 ~에서, ~로부터 | 公司 gōngsī 명 회사 | 远 yuǎn 형 멀다 | 搬 bān 동 옮기다

해설 본문에서 '这个房间虽然旧了点儿(이 방은 낡았지만)'이라고 말하고 있으므로 방이 낡았다는 것을 알 수 있다.

정답_ A

063

小王，你别总羡慕别人的英语口语好，你要是找个美国人多聊聊，肯定比他们都强，你的基础多好呀，练习几天就都想起来了。

问： 从这句话可以知道什么？

　　A 小王英语基础不好

　✔B 小王忘了很多英语

　　C 小王经常和美国人聊天

샤오왕, 다른 사람들의 영어 회화 능력이 좋다고 부러워하지 마. 너도 미국인을 찾아서 대화를 많이 한다면, 틀림없이 그들보다 더 잘할 거야. 네 기초가 얼마나 튼튼하니, 며칠만 연습하면 다 생각날 거야.

질문: 이 글을 통해 알 수 있는 것은?

　　A 샤오왕은 영어 기초가 튼튼하지 않다

　　B 샤오왕은 영어를 많이 잊어버렸다

　　C 샤오왕은 늘 미국인과 대화한다

단어 别 bié 뮌 ~하지 마라 | 总 zǒng 뮌 늘, 언제나, 내내 | 羡慕 xiànmù 통 부러워하다 | 别人 biérén 대 타인 | 英语 yīngyǔ 뗑 영어 | 口语 kǒuyǔ 뗑 회화 | 要是 yàoshi 쩝 만약 ~이라면 | 找 zhǎo 통 찾다, 구하다 | 聊 liáo 통 한담하다, 잡담하다 | 肯定 kěndìng 뮌 확실히, 틀림없이 | 比 bǐ 쩐 ~에 비해, ~보다 | 强 qiáng 톙 우월하다, 좋다 | 基础 jīchǔ 뗑 기초, 밑바탕 | 练习 liànxí 통 연습하다 | 想起来 xiǎngqǐlái 통 생각이 나다, 생각이 떠오르다

해설 본문의 뒷부분 '你的基础多好呀，练习几天就都想起来了(네 기초가 얼마나 튼튼하니, 며칠만 연습하면 다 생각날 거야)'를 통해 샤오왕의 영어 실력은 기초는 튼튼하지만 샤오왕이 많이 잊어버려 연습을 해야 함을 알 수 있다. '想起来'는 '생각해 내다'라는 뜻으로써 원래 알고 있던 것을 기억해 냄을 의미한다.

정답_ B

Tip 동사중첩

① 의미 : 좀~하다, 시험 삼아 해 보다
　我们休息休息吧。 우리 좀 쉬자.

② 형식

　– 1음절 동사 : A → AA　　　　　　예) 说 → 说说

　– 2음절 동사 : AB → ABAB　　　　예) 学习 → 学习学习

　– 이합동사 : AB → AAB　　　　　　예) 散步 → 散散步

064

张总，我担心如果我们还是按照原来的计划安排活动的话，很多客户可能参加不了，为了照顾大多数人，我们最好换个时间。

问： 为什么活动要换时间？

　　A 张总担心客户不参加

　✔B 为了让很多客户参加

　　C 要安排别的活动

장 사장님, 저는 우리가 그냥 원래 계획대로 행사를 준비한다면 많은 바이어들이 참가할 수 없을까 봐 걱정돼요. 대다수의 바이어들을 위해서 시간을 바꾸는 것이 좋을 듯 싶어요.

질문: 왜 행사 시간을 바꾸려 하나?

　　A 장 사장이 바이어가 참가하지 않을까 걱정해서

　　B 더 많은 바이어를 참석하게 하기 위해서

　　C 다른 행사를 준비하기 위해서

단어 担心 dānxīn 통 염려하다, 걱정하다 | 如果 rúguǒ 쩝 만약, 만일 | 还是 háishi 뮌 여전히, 아직도 | 按照 ànzhào 통 ~에 따르다 | 原来 yuánlái 톙 고유의, 원래의 | 计划 jìhuà 뗑 계획, 작정 | 安排 ānpái 통 안배하다, 준비하다 | 活动 huódòng 뗑 활동, 행사 | 客户 kèhù 뗑 거래처, 바이어 | 可能 kěnéng 뮌 아마도, 아마 | 参加 cānjiā 통 참가하다 | 为了 wèile 쩐 ~을 하기 위하여 | 照顾 zhàogù 통 보살피다, 돌보다 | 大多数 dàduōshù 톙 대다수의, 대부분의 | 最好 zuìhǎo 뮌 가장 바람직한 것은, 제일 좋기는 | 换 huàn 통 교환하다, 바꾸다 | 时间 shíjiān 뗑 시간 | 合适 héshì 톙 적당하다, 알맞다

해설 '我担心如果我们还是按照原来的计划安排活动的话，很多客户可能参加不了(우리가 그냥 원래 계획대로 행사를 준비한다면 많은 바이어들이 참가할 수 없을까 봐 걱정돼요)'를 통해 원래 정했던 시간은 바이어들이 많이 오지 못하는 시간임을 알 수 있다. '张总担心客户不参加'는 '장 사장이 바이어가 참가하지 않을까 걱정해서'라는 뜻인데, 바이어가 참가하지 않을까 걱정한 사람은 장 사장이 아니라 화자인 '我(나)'이므로 틀렸다.

정답_ B

我真粗心，好不容易记住了你的生日，买了个蛋糕又忘在出租车上了。看来，你今天只能吃面条了。

问： 为什么今天这个人要吃面条？

    A 我忘了他的生日

    B 他喜欢吃面条

✔C 我买的蛋糕忘在出租车上了

난 정말 덤벙거려요. 겨우 당신의 생일을 기억해서 생일 케이크를 샀는데 택시에 두고 내렸어요. 보아하니 오늘 국수를 먹을 수밖에 없을 것 같아요.

질문: 왜 오늘 이 사람은 국수를 먹어야 하나?

    A 내가 그의 생일을 잊었다

    B 그는 국수를 좋아한다

    C 내가 산 생일 케이크를 택시에 두고 내렸다.

단어 粗心 cūxīn 혱 세심하지 못하다, 부주의하다 | 好不容易 hǎoburóngyì 가까스로, 겨우 | 记住 jìzhù 동 확실히 기억해 두다, 똑똑히 암기해 두다 | 生日 shēngrì 몡 생일 | 蛋糕 dàngāo 몡 케이크 | 忘 wàng 동 잊다 | 出租车 chūzūchē 몡 택시 | 看来 kànlái 동 보아하니 ~하다 | 只 zhǐ 튀 단지, 다만, 오직 | 面条 miàntiáo 몡 국수 | 喜欢 xǐhuan 동 좋아하다

해설 본문의 '我买的蛋糕又忘在出租车上了(내가 산 케이크를 택시에 두고 내렸어요)'를 통해 오늘 케이크는 못 먹고, 국수를 먹을 수밖에 없다는 것을 알 수 있다. 중국에서도 우리나라와 비슷하게 생일에 장수를 의미하는 국수를 먹는다.

정답 C

小李，只能是你自己回去拿了，那个服务员非常负责，他坚持说他记得这个包的主人的脸，我怎么说他也不肯给我。

问： 发生了什么事？

✔A 小李的包忘在饭店了

    B 服务员是小李的朋友

    C 服务员把包给我了

샤오리, 당신이 직접 가서 가져와야 할 것 같아요. 그 종업원은 책임감이 아주 강하네요. 그는 이 가방의 주인 얼굴을 기억한다며, 내가 아무리 말해도 저한테는 안 줘요.

질문: 무슨 일이 일어났나?

    A 샤오리는 가방을 식당에 두고 왔다

    B 종업원은 샤오리의 친구이다

    C 종업원은 가방을 나한테 줬다

단어 自己 zìjǐ 대 자기, 자신 | 服务员 fúwùyuán 몡 종업원 | 非常 fēicháng 튀 대단히, 매우 | 负责 fùzé 혱 책임감이 강하다, 맡은 바 책임을 다하다 | 坚持 jiānchí 동 단호히 지키다, 고수하다 | 记得 jìde 동 기억하고 있다 | 包 bāo 몡 가방, 주머니 | 主人 zhǔrén 몡 주인 | 脸 liǎn 몡 얼굴 | 怎么 zěnme 대 어떻게, 왜 | 不肯 bùkěn 동 원하지 않다, ~하려 하지 않다 | 饭店 fàndiàn 몡 호텔 | 朋友 péngyou 몡 친구

해설 '他坚持说他记得这个包的主人的脸，我怎么说他也不肯给我(그는 이 가방의 주인 얼굴을 안다고 하며 내가 아무리 말해도 나한테 안 줘요)'를 통해 말하는 사람은 가방의 주인이 아니며, 본문 첫머리에서 샤오리의 이름을 부르며 말하는 것으로 보아 가방을 잃어버린 사람이 샤오리임을 알 수 있다.

정답 A

067

原来我以为他不回答是因为听不懂我的话，其实他是不想说。

나는 그가 내 말뜻을 알아듣지 못해서 대답하지 않은 줄 알았는데, 사실은 말하기 싫었던 거였어.

问: 他为什么不回答?

질문: 그는 왜 대답을 안 했나?

✔A 他不想说

B 他听不懂

C 他不想说听不懂

A 말하기 싫어서

B 알아듣지 못해서

C 알아듣지 못했다고 말하기 싫어서

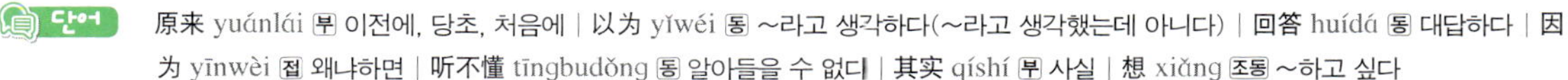

단어 原来 yuánlái 부 이전에, 당초, 처음에 | 以为 yǐwéi 통 ~라고 생각하다(~라고 생각했는데 아니다) | 回答 huídá 통 대답하다 | 因为 yīnwèi 접 왜냐하면 | 听不懂 tīngbudǒng 통 알아들을 수 없다 | 其实 qíshí 부 사실 | 想 xiǎng 조통 ~하고 싶다

해설 '其实他是不想说(사실은 말하기 싫었던 거였다)'를 통해 답을 알 수 있다. '其实'은 '사실은'이라는 뜻의 부사로써 앞의 내용을 바로잡아 주는 역할을 한다.

정답_ A

068

早知道只有这么几位客人，我就不会准备这么多菜了。

손님이 몇 명 밖에 없을 줄 일찌감치 알았다면 이렇게 요리를 많이 하지는 않았을텐데.

问: 下面哪句话是正确的?

질문: 다음 중 맞는 것은?

A 客人很多

B 我准备的菜很少

✔C 我原来不知道客人很少

A 손님이 많다

B 내가 준비한 요리가 적다

C 나는 원래 손님이 적을 줄 몰랐다

단어 早 zǎo 부 이미, 벌써, 일찍이 | 知道 zhīdao 알다 | 只 zhǐ 부 단지, 다만 | 这么 zhème 대 이런, 이렇게 | 位 wèi 양 분, 명(사람을 세는 단위, 공경의 뜻을 갖고 있음) | 客人 kèrén 명 손님 | 不会 búhuì 통 ~일 리 없다 | 准备 zhǔnbèi 통 준비하다 | 菜 cài 명 반찬, 요리

해설 '早知道'는 '진작 이럴 줄 알았더라면'이라는 의미를 나타내며, 논문의 '早知道只有这么几位客人(손님이 몇 명 밖에 없을 줄 일찌감치 알았다면)'을 통해 손님이 많지 않다는 것을 알 수 있다. 또한 '我就不会准备这么多菜了(이렇게 많은 요리를 하지 않았을텐데)'를 통해 많은 요리를 했음을 짐작할 수 있으므로 '我原来不知道客人很少(나는 원래 손님이 적을 줄 몰랐다)'가 옳다는 것을 유추해 낼 수 있다.

정답_ C

不管他年龄多大，他的做法值得我们所有成年人尊重。

그의 나이가 몇 살인지에 상관없이, 그의 행동은 우리 모든 성인들의 존경을 받을 만하다.

问： 为什么要尊重他?

질문: 왜 그를 존경해야 하나?

  A 他的年龄大

  ✔B 他做得好

  C 我们是成年人

  A 그의 나이가 많기 때문에

  B 그가 잘했기 때문에

  C 우리는 모두 성인이기 때문에

단어 不管 bùguǎn 〔접〕 ~에 관계없이, ~에 상관없이 | 年龄 niánlíng 〔명〕 연령, 나이 | 做法 zuòfǎ 〔명〕 (일처리나 물건을 만드는) 방법 | 值得 zhídé 〔동〕 값에 상응하다, ~할 만한 가치가 있다 | 所有 suǒyǒu 〔형〕 모든, 전부의 | 成年人 chéngniánrén 〔명〕 성인 | 尊重 zūnzhòng 〔동〕 존중하다

해설 '不管'은 '~에 상관없이'라는 뜻이므로 '不管他年龄多大'는 '그의 나이가 몇 살인지에 상관없이'라는 의미이며, 이는 그가 나이와는 무관하게 행동을 잘하여 존경 받을 만하다는 것을 나타낸다. 또한, '他的做法值得我们所有成年人尊重(그의 행동은 우리 모든 성인들의 존경을 받아야 한다)'를 통해 우리가 성인임을 알 수 있으나, 우리가 성인인 것이 그를 존경해야 하는 이유는 아니다.

정답_ B

随着全球气候的变暖，越来越多的人开始关注环境保护的问题，有关这方面的法律也在逐渐被引起重视。

지구가 점점 따뜻해짐에 따라 갈수록 많은 사람들이 환경 보호 문제에 관심을 돌리기 시작했고, 이 부문과 관련된 법률도 점차 주목을 받기 시작했다.

问： 人们逐渐重视有关什么问题的法律?

질문: 사람들은 점차 어떤 문제에 관한 법률을 중시하게 되었나?

  ✔A 环境保护

  B 人口

  C 气候变暖

  A 환경 보호

  B 인구

  C 기후 온난화

단어 随着 suízhe 〔동〕 ~에 따르다, ~에 따라 | 全球 quánqiú 〔명〕 전 세계 | 气候 qìhòu 〔명〕 기후 | 变 biàn 〔동〕 변화하다 | 暖 nuǎn 〔형〕 따뜻하다 | 开始 kāishǐ 〔동〕 시작하다 | 关注 guānzhù 〔동〕 주시하다, 관심을 가지고 중시하다 | 环境 huánjìng 〔명〕 환경 | 保护 bǎohù 〔동〕 보호하다 | 问题 wèntí 〔명〕 문제 | 有关 yǒuguān 〔형〕 관계가 있는, 관련 있는 | 方面 fāngmiàn 〔명〕 방면, 부분 | 法律 fǎlǜ 〔명〕 법률 | 逐渐 zhújiàn 〔부〕 점점, 점차 | 引起 yǐnqǐ 〔동〕 (주의를) 끌다, 불러일으키다 | 重视 zhòngshì 〔동〕 중시하다, 중요시하다

해설 문장 앞부분에 나온 '随着全球气候的变暖，越来越多的人开始关注环境保护的问题(지구가 점점 따뜻해짐에 따라 갈수록 많은 사람들이 환경 보호 문제에 관심을 돌리기 시작했고)'에서 사람들이 환경 보호 문제에 관심을 갖기 시작했음을 알 수 있으며, '有关这方面的法律(이 부문과 관련된 법률)'에서 '이 부문'은 환경 보호 문제를 지칭한다는 것도 알 수 있다. '随着'는 '随着+명사목적어'의 형식으로 쓰여 '~에 따라'라는 뜻을 나타낸다.

정답_ A

三、书写

第一部分

● 71~75번 문제

071

照片　得　怎么样　这些　照	사진 / (정도보어) / 어때 / 이+(양사) / 찍다
답안 这些照片照得怎么样?	**답안** 이 사진들 어때?

단어　照片 zhàopiàn 몡 사진 │ 怎么样 zěnmeyàng 어떻다, 어떠하다 │ 些 xiē 양 조금, 약간 │ 照 zhào 동 (사진 · 영화를) 찍다

해설　이 문장의 술어는 '照'이다. 정도보어는 '술어+得+정도보어'의 형식으로 쓰이며, 이에 따라 단어를 조합해 보면, '照得怎么样'이 된다. 이 문장은 '찍은 것이 어때?'로 해석된다.

照　+　得　+　怎么样
술어　　　　　　정도보어

주어인 '이 사진'은 '지시대사+양사+명사'의 형식으로, '这些 + 照片'의 순으로 만든다. '这些照片'을 '照得怎么样' 앞에 놓아 문장을 완성한다.

这些照片　+　照　+　得　+　怎么样
　주어　　　　술어　　　　　정도보어

072

起来　你　了　终于　想	(복합방향보어) / 너 / (어기조사) / 마침내 / 생각하다
답안 你终于想起来了。	**답안** 너는 마침내 생각이 났다.

단어　起来 qǐlai 〔동사 뒤에 쓰여 어떤 동작이 완성되거나 일정한 목적이 달성됨을 나타냄〕│ 终于 zhōngyú 부 마침내, 결국 │ 想 xiǎng 동 생각하다

해설　이 문장의 술어는 '想'이며, 주어는 '你'이다.

你　+　想
주어　　술어

'终于'는 '마침내'라는 뜻을 가진 부사이며 부사어로써 술어인 '想' 앞에 놓인다.

你　+　终于　+　想
주어　　부사어　　술어

방향보어 '起来'는 동작이 이미 완료되었음을 나타내며, 목적을 이루었다는 의미로 술어 뒤에 쓰인다. 완료를 나타내는 '了'를 방향보어 뒤에 놓아 문장을 완성한다. '생각이 났다'라는 표현은 '想起来了'이므로 통째로 외워 두자.

你　+　终于　+　想　+　起来了
주어　　부사어　　술어　　　보어

他　故事　什么　讲　在

답안 <u>他在讲什么故事?</u>

그 / 이야기 / 무슨 / 이야기하다 / ~하고 있다

답안 <u>그는 무슨 이야기를 하고 있니?</u>

단어　故事 gùshi 몡 이야기 | 什么 shénme 때 무슨, 어떤 | 讲 jiǎng 통 말하다, 이야기하다 | 在 zài 뮈 마침 ~하고 있다

해설　이 문장의 술어는 동사 '讲'이고 주어는 '他'이다.

他　　+　　讲
주어　　　　술어

목적어는 '故事'이며 의문대사 '什么'를 '故事'앞에 놓아 '어떤 이야기'라는 어구를 만든다.

他　　+　　讲　　+　　什么故事
주어　　　　술어　　　　목적어

부사 '在'는 진행형을 나타내며, 술어 앞에 놓아 문장을 완성한다.

他　　+　　在　　+　　讲　　+　　什么故事
주어　　　부사어　　　술어　　　　목적어

074

从　毕业　是　张博士　学校　这个　的	~로부터 / 졸업하다 / ~이다 / 장 박사 / 학교 / 이+(양사) / ~의
답안 张博士是从这个学校毕业的。	**답안** 장 박사는 이 학교를 졸업했다.

단어 从 cóng 전 ~부터, ~을 기점으로 | 毕业 bìyè 명동 졸업(하다) | 博士 bóshì 명 박사 | 学校 xuéxiào 명 학교

해설 이 문장의 술어는 '毕业'이고 주어는 '张博士'이다.

张博士　＋　毕业
　주어　　　　술어

먼저 '지시대사+양사' 형태로 '这个'를 '学校' 앞에 붙여 '这个学校'를 만든다. 전치사는 '전치사+명사'의 전치사구로 문장에 쓰이는데, '从'은 기점을 나타내는 전치사이므로 기점을 나타낼 수 있는 명사와 결합되어야 한다. 따라서 '这个学校'에 전치사 '从'을 더하여 '从这个学校'를 만들고, 이렇게 만들어진 '从这个学校'는 부사어이므로 술어 '毕业'앞에 놓아 '从这个学校毕业'를 만든다.

张博士　＋　从这个学校　＋　毕业
　주어　　　　　부사어　　　　　술어

'是~的' 강조 구문은 과거에 일어난 사실에 대해서 시간, 장소, 방법 등을 강조해서 말할 때 쓰이며, '是~的'사이에 강조되는 것이 놓여야 한다.

张博士　＋　是　＋　从这个学校　＋　毕业　＋　的
　주어　　　　　　　　　부사어　　　　　　술어

Tip **是~的 강조구문**

어떤 행위가 이미 발생한 것을 묻는 사람이나 답하는 사람 모두 알고 있는 상황에서 그 행위가 행해진 시간, 장소, 방식 등을 구체적으로 강조해서 말할 때 '是~的 강조구문'을 사용한다.

강조되는 것은 다음과 같다.

① 시간　你是什么时候来的? 당신은 언제 왔습니까?
　　　　我是去年九月来的。 나는 작년 9월에 왔습니다.

② 장소　你是从哪儿来的? 당신은 어디에서 왔습니까?
　　　　我是从美国来的。 나는 미국에서 왔습니다.

③ 방식　你是怎么来的? 당신은 어떻게 왔습니까?
　　　　我是坐飞机来的。 나는 비행기를 타고 왔습니다.

④ 행위자 这是谁做的? 이것은 누가 한 것입니까?
　　　　这是他做的。 이것은 그가 한 것입니다.

⑤ 목적　你是为什么来的? 당신은 왜 왔습니까?
　　　　我是为这件事来的。 나는 이 일 때문에 왔습니다.

満意　自己　对　他　表示　成绩　的 | 만족하다 / 자신 / ~에 대해 / 그 / 나타내다 / 성적 / ~의

답안 他对自己的成绩表示满意。 | **답안** <u>그는 자신의 성적에 대해 만족한다.</u>

단어　满意 mǎnyì 동 만족하다, 만족스럽다 | 自己 zìjǐ 대 자기, 자신 | 表示 biǎoshì 동 나타내다 | 成绩 chéngjì 명 성적

해설　이 문장의 술어는 '表示'이며, 주어는 '他'이다.

他　　+　　表示
주어　　　　술어

'表示'은 '어떤 감정이나 생각 등을 나타내다'라는 뜻으로, 명사목적어나 동사목적어를 가질 수 있다. '满意'는 목적어이며 '表示满意'로 결합되어 '만족함을 나타내다'라는 뜻을 만든다.

他　　+　　表示　　+　　满意
주어　　　　술어　　　　목적어

전치사는 '전치사+명사'의 구조로 문장에 쓰이며, 전치사 '对'는 '~에 대하여'라는 의미로 동작의 대상을 이끈다. 문장에서는 '对+自己的成绩'의 형식으로 쓰여 '자신의 성적에 대해'라는 뜻이고, 이는 부사어가 되어 술어 앞에 놓인다.

他　　+　　对自己的成绩　　+　　表示　　+　　满意
주어　　　　부사어　　　　　　술어　　　　목적어

第二部分

● 76~80번 문제

076

有时间欢迎你来我们工厂 **参** 观。 *(cān)*

시간이 있으면 우리 공장에 **견학하러** 오세요.

단어 时间 shíjiān 몡 시간 | 欢迎 huānyíng 동 환영하다 | 工厂 gōngchǎng 몡 공장 | 参观 cānguān 동 참관하다, 견학하다

해설 '参观'은 '참관하다, 견학하다'라는 뜻을 가진 동사이다.

✏ 따라 써 보세요

参 观　参 观　参 观

정답_ 参

077

今年秋天比去年 **凉** 快。 *(liáng)*

금년 가을은 작년보다 **시원합니다**.

단어 今年 jīnnián 몡 올해 | 秋天 qiūtiān 몡 가을 | 去年 qùnián 몡 작년 | 凉快 liángkuai 혱 시원하다

해설 '凉快'는 날씨 등이 '시원하다'라는 뜻을 가진 형용사이다.

✏ 따라 써 보세요

凉 快　凉 快　凉 快

정답_ 凉

biàn
这种情况在这里很普 遍 吗?　　　　　이런 상황은 이곳에서 아주 **보편화되었나요?**

단어　种 zhǒng 양 종류, 가지 | 情况 qíngkuàng 명 상황, 정황 | 普遍 pǔbiàn 형 보편적이다

해설　'普遍'은 '보편적이다'라는 뜻을 가진 형용사이다.

✎ 따라 써 보세요

普	遍	普	遍	普	遍				

정답　遍

lín
他是住在我楼下的邻居。　　　　　그는 우리 집 아래층에 사는 **이웃**이다.

단어　住 zhù 동 숙박하다, 살다 | 楼下 lóuxià 명 아래층, 아랫집 | 邻居 línjū 명 이웃

해설　'邻居'는 '이웃, 이웃집'이라는 뜻을 가진 명사이다.

✎ 따라 써 보세요

邻	居	邻	居	邻	居				

정답　邻

080

liú
你汉语说得比他**流**利多了。　　　당신은 중국어 회화가 그보다 **유창합니다.**

단어 汉语 Hànyǔ 명 중국어 | 比 bǐ 전 ~에 비해, ~보다 | 流利 liúlì 형 유창하다 | 多 duō 형 많다

해설 '流利'는 '말이나 문장이 유창하다'라는 뜻을 가진 형용사이다.

🖉 따라 써 보세요

流	利	流	利	流	利		

정답_ 流

Tip	자주 출제되는 어휘

① 跑步 pǎobù 통 달리다

② 超市 chāoshì 명 슈퍼마켓

③ 复习 fùxí 통 복습하다

④ 明白 míngbai 형 분명하다, 이해하다

⑤ 学校 xuéxiào 명 학교

⑥ 星期 xīngqī 명 요일

⑦ 爱好 àihào 명 취미

⑧ 有名 yǒumíng 형 유명하다

⑨ 所以 suǒyǐ 접 그래서

⑩ 作业 zuòyè 명 숙제

新HSK 모의고사 3級

2회 해설

一、听力

第一部分

● 1~5번 문제

001-005

▶ 치아가 아프다

▶ 물건을 많이 사다

A

B

▶ 산과 강 주변에 있는 집

C

D
▶ 아버지와 숙제를 하다

▶ 뛰어가다

E

F
▶ 길에서 친구를 만나다

001

男: 疼死我了！	남: 아파 죽겠어!
女: 赶紧找个大夫看看吧。	여: 빨리 의사한테 가 봐.

단어 疼 téng 형 아프다 | 死 sǐ 동 죽다 | 赶紧 gǎnjǐn 부 서둘러, 재빨리, 얼른 | 找 zhǎo 동 찾다, 구하다 | 大夫 dàifu 명 의사

해설 '疼'이 핵심어이다. '疼死我了！'라고 했으므로 볼을 잡고 아파하고 있는 모습의 그림을 골라야 한다.

정답 A

002

男：你去哪儿呀?	남: 어디 가?
女：不去哪儿，饭后不愿意在家坐着，出来散散步。	여: 아무데도 안 가. 밥 먹고 그냥 집에 앉아 있기 싫어서 나가서 산책이나 하려고.

단어 哪儿 nǎr 때 어디, 어느 곳 | 饭 fàn 명 밥, 식사 | 愿意 yuànyì 조동 ~하기를 바라다 통 희망하다, 동의하다 | 着 zhe 조 ~한 채로 있다 | 散步 sànbù 통 산책하다

해설 '饭后不愿意在家坐着，出来散散步'가 핵심 문장이다. 또한 본문은 우연히 친구를 만나 이루어지는 대화이므로 가볍게 산책하러 나와 거리에서 친구를 만나는 모습이나 친구를 보고 반가워 손을 흔드는 그림을 골라야 한다.

정답_ F

Tip 이합동사

이합동사는 동사 자체가 '동사+목적어'의 구조로 되어 있기 때문에 뒤에 다른 목적어를 붙일 수 없다. 또한 이합동사를 구성하고 있는 동사와 목적어는 분리되어 쓰일 수도 있다.

- 대표적인 이합동사

  结婚 결혼하다 帮忙 돕다 见面 만나다 生气 화내다 毕业 졸업하다

- 어법적 특징

① 목적어가 올 수 없다.

  结婚他(X) → 跟他结婚 그와 결혼하다

  帮忙他(X) → 帮他的忙 그를 돕다

② 동태조사 '了，着，过'는 동사의 중간에 놓인다.

  见面过(X) → 见过面 만난 적이 있다

③ 중첩은 AAB식으로 한다.

  散步散步(X) → 散散步 산책 좀 하다

003

女：时间不够了！	여: 시간이 부족해.
男：那我们跑步前进吧！	남: 그럼 우리 뛰어 들어가자.

단어 时间 shíjiān 명 시간 | 不够 búgòu 형 부족하다 | 那 nà 접 그러면, 그렇다면 | 跑步 pǎobù 통 달리다 | 前进 qiánjìn 통 앞으로 나아가다

해설 '跑步前进'이 핵심어이므로 앞으로 뛰어가는 모습의 그림을 골라야 한다.

정답_ E

男：听说你在农村新买了套房子。 女：是，前面是小河，后面是大山，风景别提多美丽 了！	남: 듣자하니 시골에 새집을 샀다면서. 여: 응, 앞에는 작은 개울이 흐르고 뒤에는 큰 산이 있어서 풍경이 얼마나 아름다운지 몰라!

단어 听说 tīngshuō 통 듣건데, 듣자하니 | 农村 nóngcūn 명 농촌, 시골 | 新 xīn 부 방금, 새로이 | 买 mǎi 통 사다 | 套 tào 양 세트, 채(집이나 세트로 된 물건을 세는 단위) | 房子 fángzi 명 집, 건물 | 河 hé 명 강, 개울 | 风景 fēngjǐng 명 풍경, 경치 | 别提 biétí 부 말할 것도 없이 | 美丽 měilì 형 아름답다, 예쁘다

해설 '小河, 大山'이 핵심어이다. 여자가 자신이 새로 장만한 집에 대해 설명하면서 '风景别提多美丽了'라고 했으므로 집 주변에 산과 강이 있는 그림을 골라야 한다.

정답_ C

女：你要塑料袋吗? 男：给我拿个大的，买的东西太多了。	여: 비닐봉지를 드릴까요? 남: 큰 것으로 주세요. 물건을 너무 많이 사서요.

단어 塑料袋 sùliàodài 명 비닐봉지 | 给 gěi 통 주다 | 拿 ná 통 제공하다, 내놓다 | 东西 dōngxi 명 물건

해설 '塑料袋, 买, 东西' 등의 핵심어를 통해 상점에서 이루어지는 대화임을 알 수 있으므로 상점이나 물건을 많이 산 모습 등 쇼핑과 관련된 그림을 골라야 한다.

정답_ B

006-010

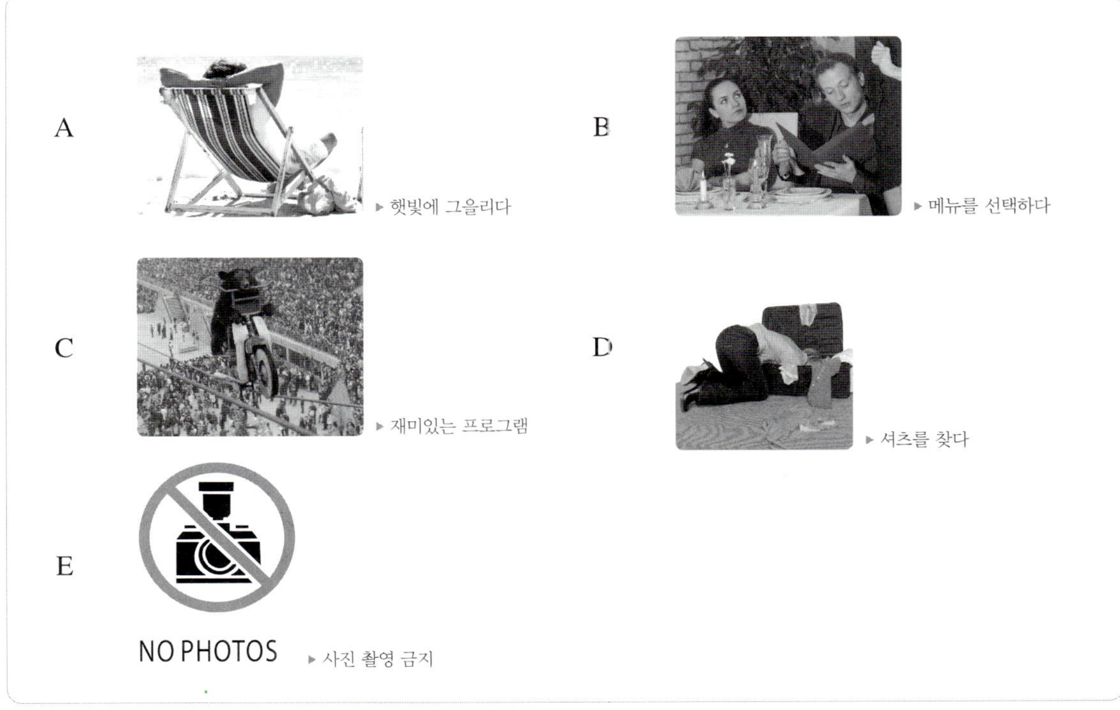

006

男：你在找什么呢？	남：무엇을 찾고 있니？
女：我上个月刚买的那件衬衫哪儿去了？	여：내가 지난달에 산 셔츠가 어디에 있지？

단어 找 zhǎo 통 찾다 | 什么 shénme 대 무엇 | 刚 gāng 부 방금 | 衬衫 chènshān 명 셔츠, 블라우스

해설 '找, 衬衫'이 핵심어이다. 그러므로 물건, 즉 옷을 찾고 있는 그림을 골라야 한다.

정답_ D

女：你怎么黑了？
男：海边的阳光晒的。

여: 왜 이렇게 까매졌어?
남: 바닷가의 햇빛에 그을렸어.

단어 怎么 zěnme 때 왜, 어째서 | 黑 hēi 혱 까맣다 | 海边 hǎibiān 몡 해변, 바닷가 | 阳光 yángguāng 몡 햇빛 | 晒 shài 툉 햇볕을 쬐다

해설 '阳光'과 '晒'가 핵심어이다. 그러므로 바닷가에서 선탠하는 그림을 골라야 한다.

정답_ A

男：服务员，请把菜单给我。
女：您现在就要点菜了吗?

남: 저기요, 메뉴판 좀 주세요.
여: 지금 주문하시겠습니까?

단어 服务员 fúwùyuán 몡 종업원 | 菜单 càidān 몡 메뉴 | 现在 xiànzài 몡 지금 | 点 diǎn 툉 주문하다 | 菜 cài 툉 요리하다

해설 '服务员, 菜单, 点菜'가 핵심어이다. 이를 통해 식당에서 이루어지는 대화임을 알 수 있으며, 이를 통하여 식당에서 주문 중인 그림을 골라야 한다.

정답_ B

女：这里可以拍照吧?
男：可以什么呀？你看墙上的图片。

여: 여기에서 사진 찍어도 되죠?
남: 되긴 뭐가 돼요? 저기 벽에 있는 그림을 봐요.

단어 拍照 pāizhào 툉 사진을 찍다 | 看 kàn 툉 보다 | 墙 qiáng 몡 벽, 담장 | 图片 túpiàn 몡 사진, 그림

해설 '拍照'가 핵심어이다. '这里可以拍照吧?'라는 말에 '可以什么呀?'라고 하고 있으며, 이 말은 사진을 찍으면 안 된다는 뜻이므로 사진 촬영 금지 표지판을 골라야 한다.

정답_ E

女：你怎么不鼓掌？多有意思的节目啊！
男：我的手都拍疼了。

여: 어째서 박수를 안 치니? 얼마나 재미있는 프로그램인데!
남: 박수를 너무 쳐서 손이 아파.

단어 鼓掌 gǔzhǎng 툉 박수를 치다 | 有意思 yǒuyìsi 혱 재미있다 | 节目 jiémù 몡 프로그램 | 手 shǒu 몡 손 | 拍 pāi 툉 (손바닥 등으로) 치다 | 疼 téng 혱 아프다

해설 '鼓掌'과 '多有意思的节目啊！'를 듣고, 묘기를 부리는 곰을 보면서 박수를 치는 관중이 있는 사진을 골라야 한다.

정답_ C

第二部分

● 11~20번 문제

011

看他长的样子，我还以为他是少数民族呢。

问：　他是少数民族。

그의 생김새를 보고 나는 그가 소수 민족인 줄 알았어.

질문: 그는 소수 민족이다.

단어　样子 yàngzi 몡 모양, 모습 | 以为 yǐwéi 통 생각하다, 여기다(~라고 여겼는데 아니다) | 少数民族 shǎoshù mínzú 몡 소수민족

해설　'以为'는 '여기다, 생각하다'라는 뜻을 가진 동사이며, 주로 사실과 다른 판단을 했을 때 사용하기 때문에 주의해야 한다. '我 还以为他是少数民族呢'의 뜻은 '나는 그가 소수 민족인 줄 알았어요'이며, 이 문장의 속뜻은 '나는 그가 소수 민족이라 고 생각했으나 사실은 아니다'이므로 '他是少数民族'는 틀렸음을 알 수 있다.

정답_ X

012

虽然都是中国人，但是他不说普通话，我还是听 不懂。

问：　我听不懂他说的普通话。

같은 중국인이라 할지라도 그가 표준어를 쓰지 않으면 나는 알아들을 수가 없다.

질문: 나는 그가 하는 표준어를 알아들을 수가 없다.

단어　虽然 suīrán 젭 비록 ~하지만 | 普通话 pǔtōnghuà 몡 현대 중국 표준어 | 懂 dǒng 통 이해하다, 알다

해설　'他不说普通话，我还是听不懂'이라는 말은 반대로 그가 표준어를 쓰면 알아들을 수 있다는 뜻이므로 '我听不懂他说 的普通话'는 본문 내용과 일치하지 않음을 알 수 있다.

정답_ X

> **Tip**　虽然~但是~
>
> '비록~일지라도 ~하다'라는 뜻으로, '虽然 + 사실, 但是/可是 + 주어 + (却) + 상반되는 사실'의 형태로 많이 쓰인다.
>
> **虽然时间晚，但是要继续学习。** 비록 시간이 늦었을지라도 계속해서 공부해야 한다.

013

小刘才离开学校几天呀，就好像他有多少工作经 验似的。

问：　我觉得小刘没有经验。

샤오리우는 졸업한 지 얼마 되지 않았으면서 경험이 많은 척 하네요.

질문: 나는 샤오리우가 경험이 없다고 생각한다.

단어　离开 líkāi 통 떠나다, 벗어나다 | 好像 hǎoxiàng 뷔 마치 ~와 같다 | 工作 gōngzuò 몡 근무, 일 | 经验 jīngyàn 몡 경험, 체험 | 似的 shìde 죄 ~와 같다, ~와 비슷하다.

해설　'好像'은 '마치 ~같다'라는 뜻으로, '似的'나 '一样'과 호응하여 쓰이며, 보기에는 그렇게 보이지만 실제는 그와 다름을 나 타낸다. 문제의 '就好像他有多少工作经验似的'는 '경험이 많은 척하고 있지만 사실은 경험이 없다'는 뜻이므로 화자는 샤오리우가 경험이 없다고 생각한다는 것을 알 수 있다.

정답_ ✓

考完试了就得让孩子们轻松轻松，比如安排个旅游什么的。

问： 考完试的孩子一定要去旅游。

시험이 끝나면 아이들을 좀 풀어 줘야지. 예를 들어 여행을 보내 준다든지 등등 말이야.

질문: 시험이 끝난 아이들은 반드시 여행을 가야 한다.

단어 考试 kǎoshì 명 시험 | 轻松 qīngsōng 통 홀가분하다 | 比如 bǐrú 접 예를 들어 | 安排 ānpái 통 안배하다, 준비하다 | 旅游 lǚyóu 명동 여행(하다) | 一定 yídìng 부 반드시 | 什么的 shénmede 대 ~같은 것, 기타 등등

해설 앞 절에서 시험이 끝나면 아이들을 좀 풀어 줘야 한다고 했고, 그 예로 '여행을 보내 준다든지 등등'이라고 한 것은 여행을 포함한 불특정 다수의 것을 가리키는 것이므로 시험이 끝난 아이들은 반드시 여행을 가야 한다는 것은 본문의 내용과 다르다.

정답_ X

爸，您别总急着回农村去，在这里适应几天您就会喜欢城市的生活了。

问： 爸爸现在在城市。

아버지, 자꾸 급하게 시골로 돌아가려고만 하지 말고 여기에서 며칠만 적응하시면 도시 생활을 좋아하게 될 거예요.

질문: 아버지는 지금 도시에 있다.

단어 总 zǒng 부 늘, 줄곧 | 急 jí 통 서두르다, 안달하다 | 回 huí 통 돌아가다 | 农村 nóngcūn 명 농촌 | 适应 shìyìng 통 적응하다 | 城市 chéngshì 명 도시 | 生活 shēnghuó 명 생활

해설 '在这里适应几天您就会喜欢城市的生活了'의 '这里'는 바로 '城市'를 가리키는 것이므로 아버지가 지금 도시에 있음을 알 수 있다.

정답_ ✓

老张看起来精神很不错，真不相信他是一个刚出院的病人。

问： 老张前一段时间住精神病院了。

라오장은 아주 씩씩해 보여서 방금 퇴원한 환자 같지 않아요.

질문: 라오장은 이전에 정신 병원에 입원한 적이 있다.

단어 看起来 kànqǐlái 통 보기에 ~하다 | 精神 jīngshen 명 의식, 기력 jīngshén 명 정신 | 不错 búcuò 형 좋다, 괜찮다 | 相信 xiāngxìn 통 믿다 | 刚 gāng 부 방금 | 出院 chūyuàn 통 퇴원하다 | 病人 bìngrén 명 환자 | 段 duàn 양 얼마간

해설 '老张看起来精神很不错'의 '精神'은 '의식, 기력'이라는 뜻으로, 문장 전체는 라오장의 기력이 좋아 보인다는 의미이다. 문제 '老张前一段时间住精神病院了'의 '精神病院'은 '정신 병원', 즉 정신적인 문제가 있을 경우에 가는 병원이라는 뜻이므로 본문의 내용과 일치하지 않는다.

정답_ X

017

太阳从西边出来啦？ 哥，你今天对我的态度怎么这么好？

问： 哥哥原来对她的态度不太好。

해가 서쪽에서 뜨겠네. 오빠, 오늘 나한테 왜 이렇게 잘해 주는 거야?

질문: 오빠는 원래 그녀에게 잘 대해 주지 않았다.

단어 太阳 tàiyáng 명 태양 | 从 cóng 전 ~을 기점으로, ~로부터 | 出来 chūlái 동 출현하다, 나타나다 | 态度 tàidù 명 태도, 표정 | 原来 yuánlái 부 원래, 이전에

해설 원래 그런 행동을 보이지 않던 사람이 갑자기 다른 행동을 보일 때 할 수 있는 말인 '太阳从西边出来啦'라는 문장과 '你今天对我的态度怎么这么好'를 통해 평소에 오빠가 그녀에게 잘 대해 주지 않는다는 것을 알 수 있다.

정답_ ✓

018

你这样说话还叫幽默？把人家都气死了！

问： 我觉得"你"说话有些过分。

당신이 이렇게 말한 것도 유머고요? 사람을 화나게 해 놓고!

질문: 나는 '당신'이 너무 심하게 말했다고 생각한다.

단어 幽默 yōumò 형 유머러스하다 | 些 xiē 양 조금, 약간 | 觉得 juéde 동 ~라고 여기다, ~라고 생각하다 | 过分 guòfèn 동 지나치다, 분에 넘치다, 과분하다

해설 '把人家都气死了'를 통해 상대방의 말이 지나쳤다고 생각함을 알 수 있다.

정답_ ✓

019

他说他先去学校上半天课，下了课以后就去踢足球，你要找他下棋估计得晚上来。

问： 他白天不在家。

그는 먼저 학교에 가서 수업하고 그 다음에는 축구 하러 간다고 했어. 네가 그를 찾아서 바둑을 두려면 아마 저녁에 와야 할 거야.

질문: 그는 낮에 집에 없다.

단어 踢 tī 동 차다 | 足球 zúqiú 명 축구 | 下棋 xiàqí 동 바둑을 두다 | 估计 gūjì 동 추측하다 | 白天 báitiān 명 낮

해설 '你要找他下棋估计得晚上来'를 통해 그는 낮에 집에 없다는 것을 알 수 있다.

정답_ ✓

020

并不是那里的商品有什么特别，吸引顾客的主要是商品的价格。

问： 那里的商品很特别。

그 상점이 고객을 끄는 것은 상품이 특별해서가 아니고 상품의 가격 때문이다.

질문: 그곳의 상품은 특별하다.

단어 并 bìng 부 전혀, 별로 | 商品 shāngpǐn 명 상품 | 特别 tèbié 형 특별하다 | 吸引 xīyǐn 동 흡입하다, 끌어당기다 | 顾客 gùkè 명 손님, 고객 | 主要 zhǔyào 부 주로 | 价格 jiàgé 명 가격

해설 '吸引顾客的主要是商品的价格'에서 그곳이 고객들을 끄는 것은 상품이 특별해서가 아니라 상품의 가격 때문이라고 했으므로 '那里的商品很特别'는 틀렸음을 알 수 있다.

정답_ X

● 21~30번 문제

021

女：李主任工作起来怎么对我们要求得这么严格？

男：她以前不是老师吗？这是职业病。

问：男人觉得李主任为什么严格？

    ✔**A** 她当过老师

    B 她不是老师

    C 她有病

여：리 주임은 일만 하면 우리에게 어째서 이렇게 엄격하게 요구하지?

남：그녀는 전에 선생님이었잖아. 직업병이지.

질문：남자는 리 주임이 왜 엄격하다고 생각하나?

    A 그녀는 선생님이었기 때문에

    B 그녀는 선생님이 아니기 때문에

    C 그녀는 병이 있기 때문에

단어　主任 zhǔrèn 명 주임 | 要求 yāoqiú 동 요구하다 | 严格 yángé 형 엄격하다 | 以前 yǐqián 명 과거, 이전 | 职业病 zhíyèbìng 명 직업병

해설　'她以前不是老师吗？这是职业病'의 '她'는 '李主任'을 가리키고 있으며 이를 통해 남자는 리 주임이 전에 선생님이었기 때문에 엄격하다고 생각하고 있음을 알 수 있다.

정답_ A

022

男：我记得我们小时候，这条河的水还很清。

女：都是被旁边的工厂弄脏的，你看现在连条鱼都看不见了。

问：这条河现在怎么样？

    A 水很清

    ✔**B** 被弄脏了

    C 有很多鱼

남：어릴 적 기억에 이 강물은 아주 깨끗했어.

여：모두 옆에 있는 공장 때문에 오염된 거야. 봐, 물고기 한 마리도 안 보이잖아.

질문：지금 이 강은 어떤가?

    A 물이 맑다

    B 더러워졌다

    C 물고기가 많다

단어　记得 jìde 동 기억하고 있다 | 小时候 xiǎo shíhòu 명 어린 시절 | 条 tiáo 양 가늘고 긴 것을 세는 단위 | 清 qīng 형 깨끗하다 | 被 bèi 전 ~에게 당하다 | 工厂 gōngchǎng 명 공장 | 弄 nòng 동 하다, 행하다 | 脏 zāng 형 더럽다, 지저분하다 | 连 lián 전 ~조차도, ~까지도 | 鱼 yú 명 물고기

해설　'都是被旁边的工厂污染的'를 통해 현재 강이 더러워졌음을 알 수 있다.

정답_ B

女：这么热的天你怎么还关窗户？

男：邻居那孩子又弹钢琴了。

问：**男人为什么关窗户？**

　　A 天很热

　　B 想听钢琴

　✓C **不喜欢听邻居弹钢琴**

여: 날이 이렇게 더운데 왜 창문을 닫고 있어?

남: 옆집 아이가 또 피아노를 쳐.

질문: 남자는 왜 창문을 닫았나?

　　A 날씨가 매우 더워서

　　B 피아노를 듣고 싶어서

　C 이웃이 피아노를 치는 것을 듣기 싫어서

단어　关 guān 屠 닫다 | 窗户 chuānghu 몡 창문 | 邻居 línjū 몡 이웃 | 弹 tán 屠 (악기 등을) 치다, 연주하다 | 钢琴 gāngqín 몡 피아노

해설　왜 창문을 닫고 있냐는 질문에 남자는 '邻居那孩子又弹钢琴了'라고 직접적으로 이야기하고 있다. 옆집 아이가 피아노를 치기 때문에 창문을 닫았다는 대답을 통해 남자는 이웃 아이의 피아노 연주를 좋아하지 않음을 알 수 있다.

정답_ C

男：别买了，我今天身上没带那么多钱。

女：你钱包里不是有信用卡吗？

问：**女人是什么意思？**

　　A 没有钱就不买了

　✓B **可以用信用卡买**

　　C 想买信用卡

남 : 사지 마. 난 지금 그다지 많은 돈을 가지고 있지 않아.

여 : 네 지갑에 신용 카드가 있지 않아?

질문: 여자가 한 말의 뜻은?

　　A 돈이 없으면 안 산다

　B 신용 카드로 살 수 있다

　　C 신용 카드를 사려 한다

단어　身上 shēnshang 몡 몸(에), 수중(에) | 带 dài 屠 지니다 | 钱 qián 몡 돈 | 钱包 qiánbāo 몡 지갑 | 信用卡 xìnyòngkǎ 몡 신용 카드

해설　'你钱包里不是有信用卡吗?'는 '不是~吗?'의 반어문 형식이 쓰여 '네 지갑에 신용 카드가 있지 않아?'라고 해석되며, 이는 '네 지갑에 신용 카드가 있잖아'라는 의미로, 신용 카드로 물건을 살 수 있다는 뜻이다.

정답_ B

Tip　**반어문(反问句)**

반어문이란 부정의 표현을 빌려 긍정의 뜻을 나타내거나 긍정의 표현을 빌려 강한 부정을 나타내는 문장이다.

① 不是~吗？: ~아니야?

　这不是我的吗? 이거 내 것 아니야?(이것은 내 것이다)

② 有什么~？: 뭐가 ~하니?

　有什么着急的? 뭐가 급하니?(급할 필요 없다)

③ 难道~吗？ 설마 ~라는 거야?

　你难道不知道吗? 너 설마 몰랐다는거야?(모를 리가 없다)

女：小李和她丈夫离婚了！

男：这又不是什么新闻了。

问：男的是什么意思？

✔A 已经知道了

B 不知道

C 不爱看新闻

여 : 샤오리는 남편과 이혼했어!

남 : 그건 별 뉴스거리도 아니야.

질문: 남자가 한 말의 뜻은?

A 이미 알고 있다

B 모른다

C 뉴스 보는 것을 좋아하지 않는다

단어 丈夫 zhàngfu 뗑 남편 | 离婚 líhūn 뗑동 이혼(하다) | 新闻 xīnwén 뗑 뉴스

해설 남자의 말 '这又不是什么新闻了'는 이미 알고 있었으므로 새로운 뉴스거리가 안 된다는 뜻이다.

정답 _ A

男：红红，打扮这么漂亮，是要去和男朋友约会吧？

女：是就好了，爸爸，这事儿我比您还着急呢。

问：女的现在怎么样？

✔A 没有男朋友

B 要去约会

C 着急爸爸的事

남 : 홍홍, 이렇게 예쁘게 꾸미고 남자친구와 데이트 가는 거니?

여 : 그러면 좋게요. 아빠, 이 일은 제가 아빠보다 더 급해요.

질문: 여자는 지금 어떤가?

A 남자친구가 없다

B 데이트하러 가려 한다

C 아버지의 일을 조급해 한다

단어 打扮 dǎban 뗑동 화장(하다), 단장(하다) | 这么 zhème 때 이런, 이러한, 이렇게 | 漂亮 piàoliang 혱 예쁘다, 아름답다 | 约会 yuēhuì 뗑 데이트 | 比 bǐ 젠 ~에 비해 | 着急 zháojí 동 조급해 하다, 안달하다

해설 남자의 '是要去和男朋友约会吧？'라는 말에 여자가 한 대답인 '是就好了，爸爸，这事儿我比您还着急呢'를 통해 여자는 지금 데이트를 하러 가는 것이 아니며, 남자친구가 없다는 사실도 알 수 있다.

정답 _ A

Tip '比' 비교문	
① 긍정형	② 부정형
A + 比 + B + 술어(비교 내용)	A + 不比 + B + 술어(비교 내용)
我比他重。 나는 그보다 무겁다.	我不比他重。
	나는 그보다 무거운 것은 아니다.(나는 그보다 가볍거나 비슷하다)
술어 앞에 '还, 更'을 써서 '더, 더욱'의 강조를 나타낼 수 있다.	A + 没有 + B + 술어(비교 내용)
我比他还(更)重。 나는 그보다 더 무겁다.	我没有他重。 나는 그보다 무겁지 않다.(나는 그보다 가볍다)

女：老李，换车啦？

男：没有，朋友结婚要用红色的车，和我换着开几天。

问：从这个对话，可以知道什么？

    A 老李换车了

  ✔B 老李的车是红色的

    C 朋友的车是红色的

여 : 라오리, 차 바꿨어?

남 : 아니, 친구가 결혼하는데 빨간색 차를 써야 해서 나하고 며칠 바꿔 몰기로 했어.

질문: 이 대화를 통해 알 수 있는 것은?

    A 라오리는 차를 바꿨다

    B 라오리의 차는 빨간색이다

    C 친구의 차는 빨간색이다

단어 换 huàn 통 바꾸다 | 结婚 jiéhūn 통 결혼하다 | 红色 hóngsè 명 붉은색 | 开 kāi 통 운전하다

해설 '朋友结婚要用红色的车，和我换着开几天'은 결혼한 친구가 빨간색 차를 필요로 해서 나의 빨간색 차를 그 친구의 차와 바꿨다는 뜻이므로 라오리의 차가 빨간색임을 알 수 있다.

정답_ B

男：我给孩子买的新录音机，一个月已经坏了三次了。

女：别修了，你给315热线打个电话反映一下吧，要求退货。

问：315热线可能负责什么问题？

  ✔A 质量

    B 维修

    C 买录音机

남 : 니가 아이에게 사 준 새 녹음기가 한 달만에 이미 세 번이나 고장 났어.

여 : 수리하지 마. 315 직통 전화에 전화해서 이야기하고 반품하 달라고 해.

질문: 315직통 전화는 어떤 문제를 책임지나?

    A 제품의 질

    B 수리

    C 녹음기를 사다

단어 录音机 lùyīnjī 명 녹음기 | 已经 yǐjing 부 이미 | 坏 huài 통 고장 나다 | 次 cì 양 번〔횟수를 세는 단위〕 | 修 xiū 통 수리하다 | 热线 rèxiàn 명 직통 전화 | 反映 fǎnyìng 통 보고하다 | 退货 tuìhuò 통 반품하다 | 负责 fùzé 통 책임지다

해설 '别修了，你给315热线打个电话反映一下吧，要求退货'를 통해서 315직통 전화가 '제품의 질'을 책임지고 있음을 알 수 있다. 수리하지 말고 반품을 요구하라는 내용으로 미루어 보아 'B 维修'는 답이 아니다.

정답_ A

女： 你怎么买了一件绿色的毛衣?

男： 我急着穿，黑色的又暂时缺货，只剩下红的和绿的了。

问： 男的原来打算买什么颜色的毛衣?

　　A 绿的
　　B 红的
✔C 黑的

여 : 너 왜 초록색 스웨터를 샀어?

남 : 급히 입어야 하는데 검은색은 일시 품절됐고, 빨간색하고 초록색만 남았어.

질문: 남자는 원래 무슨 색 스웨터를 사려고 했나?

　　A 초록색
　　B 빨간색
C 검은색

단어 件 jiàn 양 벌, 건(옷·사건 등을 세는 단위) | 绿色 lǜsè 명 초록색, 녹색 | 毛衣 máoyī 명 스웨터 | 穿 chuān 동 입다 | 暂时 zànshí 명 잠깐 | 缺货 quēhuò 동 품절되다 | 剩下 shèngxià 동 남다 | 打算 dǎsuan 동 ~할 생각이다 | 颜色 yánsè 명 색깔

해설 남자의 말 '黑色的又暂时缺货，只剩下红的和绿的了'를 통해 남자가 원래 사려고 했던 검은색이 품절되어서 남은 색 스웨터 중에 초록색 스웨터를 샀음을 알 수 있다.

정답_ C

男： 我最近总是喜欢想小时候的事情。

女： 老人才喜欢回忆呢，你得向前看。

问： 女的是什么意思?

　　A 男人喜欢老人
　　B 男人很老
✔C 男人不老

남 : 나는 요즘 계속 어릴 때 일을 떠올리는 게 좋아.

여 : 노인이나 옛 추억 떠올리기를 좋아하는 거야. 넌 앞을 보고 살아야 해.

질문: 여자가 한 말의 뜻은?

　　A 남자는 노인을 좋아한다
　　B 남자는 매우 늙었다
C 남자는 늙지 않았다

단어 最近 zuìjìn 명 최근 | 总是 zǒngshì 부 늘, 계속 | 事情 shìqing 명 일 | 老人 lǎorén 명 노인 | 回忆 huíyì 명동 추억(하다) | 向 xiàng 전 ~을 향하여

해설 남자의 '我最近总是喜欢想小时候的事情'이라는 말에 여자가 '老人才喜欢回忆呢'라고 대답하고 있는 것으로 보아 남자는 늙지 않았음을 알 수 있다.

정답_ C

第四部分

● 31~40번 문제

031

男：请问您有会员卡吗?

女：没有卡不能进去吗?

男：是，但是正巧今天有个免费办卡的活动，您先填一下这个表格，然后到二楼拍照取卡，这样就能进去了。

女：看来我的运气不错呀。

问：要想进去必须有什么条件?

  ✔A 有会员卡

    B 填表格

    C 运气好

남 : 실례하지만, 회원 카드 있으세요?

여 : 카드가 없으면 못 들어가나요?

남 : 네, 그런데 마침 오늘 무료로 카드를 발급해 드리는 행사가 있어요. 먼저 이 양식을 작성하고 2층에 가서 사진을 찍은 다음 카드를 받으면 들어가실 수 있습니다.

여 　전 참 운이 좋네요.

질문 : 들어가려면 어떤 조건이 있어야 하나?

    A 회원 카드가 있어야 한다

    B 표를 써넣어야 한다

    C 운이 좋아야 한다

단어 会员卡 huìyuánkǎ 몡 멤버십 카드 | 正巧 zhèngqiǎo 뷔 공교롭거도 | 免费 miǎnfèi 통 무료로 하다 | 办 bàn 통 처리하다 | 活动 huódòng 몡 행사 | 填 tián 통 채워 넣다 | 表格 biǎogé 몡 표, 양식 | 拍照 pāizhào 통 사진을 찍다 | 取 qǔ 통 가지다, 얻다 | 运气 yùnqi 몡 운수 | 必须 bìxū 뷔 반드시 ~해야 한다 | 条件 tiáojiàn 몡 조건

해설 '没有卡不能进去吗?'라는 여자의 말에 남자가 '是'이라고 답했으므로 안으로 들어가려면 회원 카드가 있어야 함을 알 수 있다.

정답_ A

032

女：孩子们怎么唱得这么不整齐呢?

男：练得太少。

女：那就天天放学以后都练。

男：他们都不是一个班的，放学时间有早有晚，哪儿那么容易集合?

问：孩子们不能每天练习的原因是什么?

  ✔A 放学时间不一样

    B 唱得已经很好了

    C 不喜欢集合

여 : 아이들이 왜 이렇게 뒤죽박죽 노래를 부르죠?

남 : 연습을 많이 못해서 그래요.

여 : 그러면 매일 방과 후에 연습하세요.

남 : 그들은 같은 반이 아니기 때문에 끝나는 시간이 일정하지 않은데 어떻게 그렇게 쉽게 모이겠어요?

질문 : 아이들이 매일 연습하지 못하는 이유는 무엇인가?

    A 하교 시간이 달라서

    B 노래를 이미 잘 불러서

    C 모이기를 싫어해서

단어 唱 chàng 통 노래하다 | 整齐 zhěngqí 휑 동일하다, 가지런하다 | 练 liàn 통 연습하다 | 放学 fàngxué 통 수업을 마치다 | 集合 jíhé 통 모이다, 집합하다 | 原因 yuányīn 몡 원인, 이유

해설 '他们都不是一个班的，放学时间有早有晚，哪儿那么容易集合'라는 말을 통하여 아이들은 하교 시간이 달라서 매일 모여서 연습하지 못한다는 것을 알 수 있다.

정답_ A

男：你说我到底参加不参加这个竞赛？
女：只要你稍微努力一点儿，就没问题。
男：你就对我这么有信心？
女：因为你从来没让我失望过。
问：女的觉得男的怎么样？

    A　不能比赛
    B　令人失望
✔C　令人放心

남 : 말해 봐. 내가 이 시합에 참가하게 될까?
여 : 조금만 더 노력하면 문제없어.
남 : 너는 나를 그렇게 믿는 거니?
여 : 너는 나를 한 번도 실망시킨 적이 없으니까.
질문: 여자는 남자를 어떻게 생각하나?

    A　시합할 수 없다
    B　실망하게 한다
    C　안심하게 한다

단어 参加 cānjiā 통 참가하다 | 竞赛 jìngsài 통 경쟁하다, 시합하다 | 稍微 shāowēi 부 약간 | 信心 xìnxīn 명 자신감 | 从来 cónglái 부 지금까지 | 失望 shīwàng 통 실망하다

해설 여자의 마지막 말 '因为你从来没让我失望过'를 통해 여자가 남자를 믿고 있음을 알 수 있고, 한 번도 실망시키지 않았다는 말과 '令人放心'이 의미상으로 일치한다.

정답_ C

女：大爷，李奶奶家是在这个楼吗？
男：是，就是我家对面那个黑色的门。
女：我敲了这么长时间，怎么没人开门呀？
男：老李一个人住，可能她出去买菜了，你看，门口的菜篮子不见了！
问：这个男人和李奶奶可能是什么关系？

    A　夫妻
✔B　邻居
    C　互相不认识

여 : 아저씨, 리 할머니 댁이 이 건물에 있나요?
남 : 그래, 바로 우리 집 맞은편에 있는 까만색 문이란다.
여 : 제가 이렇게 오래 두드렸는데 왜 문을 열어 주는 사람이 없죠?
남 : 라오리는 혼자 살아. 아마 먹을 것을 사러 나갔을 거야. 봐라, 문가에 있던 시장바구니가 보이지 않잖니!
질문: 이 남자는 리 할머니하고 무슨 관계인가?

    A　부부
    B　이웃
    C　서로 모른다

단어 大爷 dàyé 명 아저씨(나이 많은 남자에 대한 존칭) | 敲 qiāo 통 두드리다 | 开门 kāimén 통 문을 열다 | 菜篮子 càilánzi 명 시장바구니 | 关系 guānxi 명 관계 | 夫妻 fūqī 명 부부 | 邻居 línjū 명 이웃 | 互相 hùxiāng 부 서로

해설 '就是我家对面那个黑色的门'을 통해 '大爷'와 '李奶奶'는 이웃 사이임을 알 수 있다.

정답_ B

男：我就穿平时的衣服去吧。

女：不行，你也得好好儿打扮打扮。

男：一个大男人，有什么打扮的？又不是我结婚。

女：这不是为了表示对新郎、新娘的尊重吗？

问：他们要去干什么？

    A 表演

    B 结婚

  ✔C 参加别人的婚礼

남 : 평소에 입던 옷을 입고 갈래.

여 : 안돼요. 당신도 잘 차려입고 가야 해요.

남 : 남자가 무슨 치장이야? 내가 결혼하는 것도 아닌데.

여　이건 신랑 신부에 대한 존중을 표현하기 위한 거 아닌가요?

질문 : 그들은 무엇을 하러 가나?

    A 공연하러

    B 결혼하러

    C 다른 사람의 결혼식에 참석하러

단어 平时 píngshí 몡 평소 | 打扮 dǎban 통 치장하다 | 结婚 jiéhūn 통 결혼하다 | 表示 biǎoshì 통 의미하다, 나타내다 | 新郎 xīnláng 몡 신랑 | 新娘 xīnniáng 몡 신부 | 尊重 zūnzhòng 통 존중하다

해설 '又不是我结婚'과 '这不是为了表示对新郎、新娘的尊重吗？'를 통해 그들은 다른 사람의 결혼식에 참석하러 간다는 것을 알 수 있다.

정답_ C

女：你真的决定去美国留学了吗？

男：周围的朋友都劝我去，父母也支持我。

女：那你毕业以后回来吗？

男：看情况吧。

问：从这个对话可以知道男的什么情况？

  ✔A 他要去美国学习

    B 父母不喜欢他去美国

    C 他毕业以后一定回来

여 : 너 정말 미국으로 유학 가려고 결정했어?

남 : 주위의 친구들이 다 나보고 가라고 하네. 부모님께서도 지지해 주시고.

여 : 그러면 졸업하고 돌아오는 거야?

남 : 상황 봐서.

질문 : 이 대화를 통하여 남자가 어떤 상황임을 알 수 있나?

    A 그는 미국에 가서 공부하려 한다

    B 부모님께서는 그가 미국에 가는 것을 좋아하지 않는다

    C 그는 졸업 후 꼭 돌아온다

단어 决定 juédìng 몡통 결정(하다) | 留学 liúxué 통 유학하다 | 周围 zhōuwéi 몡 주변 | 支持 zhīchí 통 지지하다 | 毕业 bìyè 통 졸업하다 | 情况 qíngkuàng 몡 상황

해설 대화를 통해 남자가 미국에 가서 공부할 계획이며, 주변 사람들과 부모님도 모두 이에 동의했다는 것을 알 수 있다. 하지만 '那你毕业以后回来吗？'라는 질문에 남자는 '看情况吧'라고 대답했으므로 그가 졸업 후에 돌아올지는 아직 미지수임을 알 수 있다.

정답_ A

男：你睡觉的时候我敲电脑影响你吗？

女：这么多年了，我都适应了。

男：最近我弄得有点儿晚，要不，明天我到书房里去工作吧。

女：别，我已经习惯了睡觉的时候你在我身边工作，没有声音我还怕睡不着了呢！

问：女人觉得男人在身边工作怎么样？

    A 影响她

    B 时间太长了

✔C 习惯了

남 : 네가 잘 때 내가 컴퓨터를 하면 신경 쓰여?

여 : 몇 해가 지나서 이미 적응됐어.

남 : 요즘엔 내가 좀 늦게까지 일을 해서. 아니면 내일 서재에 가서 할게.

여 : 그러지 마. 나는 이미 잘 때 네가 옆에서 일하는 게 습관이 되어서 조용하면 오히려 잠이 안 올까 봐 걱정이야!

질문 : 여자는 남자가 옆에서 일하면 어떻다고 생각하나?

    A 그녀에게 영향을 준다

    B 시간이 너무 길다

C 습관이 되었다

단어 敲 qiāo 동 두드리다 | 电脑 diànnǎo 명 컴퓨터 | 影响 yǐngxiǎng 동 영향을 주다 | 适应 shìyìng 동 적응하다 | 弄 nòng 동 하다 | 书房 shūfáng 명 서재 | 习惯 xíguàn 동 습관이되다 | 身边 shēnbiān 명 곁, 옆 | 声音 shēngyīn 명 소리 | 怕 pà 동 무서워하다

해설 '我已经习惯了睡觉的时候你在我身边工作，没有声音我还怕睡不着了呢！'라는 말을 통해 여자는 이미 남자가 옆에서 일하는 것에 적응되었음을 알 수 있다. '适应'은 보기 C의 '习惯了'와 의미가 비슷하다.

정답_ C

女：这孩子，太马虎了，把数都写错了。

男：他还是太小，逐渐长大就好了。

女：我这么大的时候，考试从来都是一百分。

男：你以为所有的人都像你一样啊。

问：从这句话可以知道什么？

    A 女的很马虎

    B 孩子长得不像女的

✔C 女的小时候学习很好

여 : 이 애는 너무 덤벙거려. 숫자를 모두 틀리게 썼어.

남 : 그는 아직 너무 어리잖니. 크면 괜찮을 거야.

여 : 나는 이만할 때, 시험 보면 항상 100점 받았어.

남 : 너는 모든 사람이 다 너같다고 생각하니?

질문 : 이 대화를 통해서 무엇을 알 수 있나?

    A 여자는 매우 덤벙거린다

    B 아이의 생김새가 여자같지 않다

C 여자는 어릴 때 공부를 아주 잘했다

단어 马虎 mǎhu 형 덤벙거리다 | 逐渐 zhújiàn 부 점점 | 像 xiàng 동 닮다 | 话 huà 명 이야기 | 知道 zhīdao 동 알다

해설 여자의 말 '我这么大的时候，考试从来都是一百分'을 통해 여자는 어렸을 때 공부를 매우 잘했다는 것을 알 수 있다.

정답_ C

男：这房子怎么样?

女：不错，房间很大，交通方便，楼下还有花园。

男：那你还不快买?

女：什么都好，只是离我的公司太远，我再考虑考虑。

问：女的对房子什么地方不满意?

　　A 交通不方便

✔ B 离公司太远

　　C 花园不大

남 : 이 집 어때요?

여 : 좋아요. 방이 크고, 교통도 편리하고, 집 아래에는 화원까지 있네요.

남 : 그럼 왜 빨리 사지 않나요?

여 : 다 좋은데 회사하고 너무 멀어서요. 좀 더 생각해 볼게요.

질문: 여자는 집의 어떤 부분이 마음에 들지 않았나?

　　A 교통이 불편하다

　　B 회사에서 너무 멀다

　　C 화원이 크지 않다

단어   房子 fángzi 몡 집, 건물 | 交通 jiāotōng 몡 교통 | 花园 huāyuár 몡 화원 | 距离 jùlí 몡 거리 | 考虑 kǎolǜ 동 고려하다

해설   여자의 말 '什么都好，只是离我的公司太远'을 통해 여자는 집이 회사에서 너무 먼 것이 마음에 들지 않음을 알 수 있다.

정답_ B

Tip   **의문대사의 활용 용법**

'의문대사'란 의문을 나타내는 대명사를 뜻하며, '什么, 怎么, 谁' 등을 의문대사라고 한다.

① 확실하지 않음을 나타낸다.

　　我们找点儿什么事做吧。 우리 무슨 일이라도 찾아서 하자.

② 임의의 어감을 나타낸다.

　　怎么念都可以。 어떻게 읽든지 모두 괜찮다.

　　谁也没想到。 누구도 생각하지 못했다.

　　什么都好。 무엇이든 다 좋아요.

女：你还是和老周解释一下吧，因为一点小事他就和
　　你断了联系，失去这么多年的友谊，多可惜！
男：他过一段时间就会想清楚，他会理解我的。
女：你不能只是在这里等，朋友之间要多交流。
男：那好，我去找他，我改变不了他，就只好改变自
　　己了。
问：男的和老周怎么了？

　✔A　现在有误会
　　B　现在常联系
　　C　以前的关系不好

여 : 네가 라오저우에게 해명하는 게 낫겠어. 사소한 일 때문에
　　연락이 끊어져 오랜 우정을 잃게 되면 너무 아쉽잖아!
남 : 그는 시간이 좀 지나서 생각이 정리되면 나를 이해할 거야.
여 : 그냥 여기에서 기다리기만 하면 안 돼. 친구 사이에는 많은
　　교류가 필요해.
남 : 알았어. 내가 그를 찾아갈게. 내가 그를 바꾸지 못하면 나
　　를 변화시킬 수밖에.
질문: 남자와 라오저우는 어떠한가?

　A　현재 오해가 있다
　B　늘 연락한다
　C　이전에 사이가 안 좋았다

단어　解释 jiěshì 통 해명하다 | 断 duàn 통 단절하다, 끊다 | 联系 liánxì 명 연락 | 失去 shīqù 통 잃다 | 友谊 yǒuyì 명 우정 | 可惜 kěxī 형 섭섭하다 | 段 duàn 양 사물이나 시간 등의 한 구분을 나타내는 단위 | 清楚 qīngchu 형 분명하다 | 交流 jiāoliú 통 교류하다 | 改变 gǎibiàn 통 변하다, 바꾸다

해설　여자의 말 '你还是和老周解释一下吧'와 '因为一点小事他就和你断了联系，失去这么多年的友谊'를 통해 남자와 라오저우는 현재 오해가 있으며, 이전에는 둘 사이가 좋았다는 것을 알 수 있다.

정답_ A

Tip　여러 가지 의미의 '多'

① 형용사 : 많다

　(1) 명사를 수식할 수 있으며, 앞에 기타 수식어가 와야 한다.
　　很多人 많은 사람

　(2) 술어로 쓰인다.
　　这里人很多。 이곳에는 사람이 많다.

② 부사: 얼마나

　과장의 뉘앙스가 있으며, 감탄문에 많이 쓰인다.
　　多可惜啊！ 얼마나 아깝니!

第一部分

● 41~50번 문제

041-045

A 你买的香蕉为什么外皮的颜色不太黄？	A 네가 산 바나나는 왜 껍질이 노랗지 않니?
B 当然。 我们先坐公共汽车，然后换地铁。	B 당연하지. 먼저 버스를 타고 그 다음에 전철로 갈아타.
C 是不是连接断开了？你再重新连一下。	C 연결이 끊어진 거 아니야? 네가 다시 한번 연결해 봐.
D 你多想想他的优点吧！	D 그의 장점을 많이 떠올려 봐.
E 别得意得太早，下一道题可就复杂多了。	E 너무 일찍 의기양양해 하지 마. 다음 문제는 아주 복잡해.
F 我看是你感情太丰富了，至于哭成这样吗？	F 내 생각에 너는 감정이 너무 풍부해. 이렇게 울 것까지 있니?

단어 香蕉 xiāngjiāo 몡 바나나 | 外皮 wàipí 몡 겉껍질 | 颜色 yánsè 몡 색, 색깔 | 黄 huáng 혭 노랗다 | 连接 liánjiē 동 연결하다 | 断开 duànkāi 동 끊다, 끊어지다 | 重新 chóngxīn 뷔 다시 | 连 lián 동 잇다, 연결하다 | 优点 yōudiǎn 몡 장점 | 得意 déyì 혭 만족해 하다, 의기양양하다 | 题 tí 몡 문제 | 复杂 fùzá 혭 복잡하다 | 感情 gǎnqíng 몡 감정 | 丰富 fēngfù 동 풍부하게 하다 | 至于 동 ~의 정도에 이르다 | 哭 kū 동 울다

041

电脑怎么不能上网呢？	컴퓨터가 왜 인터넷 접속이 안 되지?

단어 电脑 diànnǎo 몡 컴퓨터 | 上网 shàngwǎng 동 인터넷에 접속하다

해설 '怎么不能上网呢?(왜 인터넷이 안 되지?)'라는 내용과 '连接断开了?(연결이 끊어진 거 아니야?)'라는 내용이 문맥상 어울린다.

정답_ C

042

这个电影太让人感动了！	이 영화는 정말 사람을 감동시킨다!

단어 电影 diànyǐng 몡 영화 | 感动 gǎndòng 동 감동하다, 감동시키다

해설 '让人感动了!(사람을 감동시킨다!)'와 감정에 관한 내용인 F의 '感情太丰富了(감정이 아주 풍부하다)'가 문맥상 어울린다.

정답_ F

我真的很难原谅他。 | 나는 정말 그를 용서하지 못하겠어.

단어 难 nán 형 어렵다 | 原谅 yuánliàng 동 용서하다, 양해하다

해설 내용상 '我真的很难原谅他(나는 정말 그를 용서하지 못하겠어)'라는 말이 그를 용서하기 위해 'D 你多想想他的优点吧!(그의 장점을 많이 떠올려 봐)'라는 말과 연결됨을 알 수 있다.

정답_ D

那种外皮特别黄的太成熟了，不好保存！ | 그런 겉껍질이 너무 노란 것은 너무 익어서 보관하기 어려워!

단어 种 zhǒng 양 종류 | 特别 tèbié 부 유달리, 아주 | 成熟 chéngshú 형 성숙하다, 익다 | 保存 bǎocún 동 보관하다, 보존하다

해설 '那种外皮特别黄的(그런 겉껍질이 너무 노란 것)'은 'A 你买的香蕉(네가 산 바나나)'를 가리킨다. 또한 문제와 보기에 있는 '外皮，黄' 등의 공통된 단어에서 연결성을 찾을 수 있다.

정답_ A

这道题我没用十分钟就做出来了。 | 나는 이 문제를 푸는 데 10분도 안 걸렸어.

단어 道 dào 양 문제 등을 세는 단위 | 题 tí 명 문제 | 用 yòng 동 사용하다, 쓰다 | 出来 chūlai 동 동사 뒤에 쓰여 동작이 완성되거나 실현됨을 표시함

해설 문제의 '这道题(이 문제)'에서 문제를 푸는 상황임을 알 수 있으며, 이는 보기 E의 '下一道题(다음 문제)'와 호응된다.

정답_ E

● 46~50번 문제

046-050

A 老刘，祝贺你，这一年生意越做越大！ B 不相信我你就去查词典！ C 这本书我看了两遍了，还是没抓住重点。 D 作者故意没写，让你去猜。 E 交通方便了，但是街道太乱。	A 라오리우, 축하해요. 이번 해에 사업이 더욱더 번창하네요! B 나를 못 믿겠으면 사전을 찾아보세요! C 이 책은 두 번을 봤는데 아직도 요점을 파악할 수 없네요. D 저자는 당신더러 맞춰 보라고 일부러 안 쓴 거예요. E 교통은 편리한데 거리가 너무 복잡해요.

단어 祝贺 zhùhè 동 축하하다 | 生意 shēngyi 명 사업, 일 | 越~越~ yuè~yuè~ ~할수록 ~하다 | 相信 xiāngxìn 동 믿다 | 查 chá 동 찾아보다 | 词典 cídiǎn 명 사전 | 遍 biàn 양 번 | 抓 zhuā 동 잡다 | 作者 zuòzhě 명 지은이 | 故意 gùyì 부 고의로 | 写 xiě 동 쓰다 | 猜 cāi 동 추측하다 | 街道 jiēdào 명 거리 | 乱 luàn 형 어지럽다, 복잡하다

046

我看，你看得还是不够仔细。	내 생각엔, 네가 자세히 보지 않았어.

단어 够 gòu 동 (필요한 수량, 기준 등을) 만족시키다 | 仔细 zǐxì 형 자세하다

해설 '你看得还是不够仔细(네가 자세히 보지 않았어)'라는 말에서 '봤는데 알 수 없다'는 내용이 앞에 올 것을 유추할 수 있다. 따라서 'C 这本书我看了两遍了，还是没抓住重点(이 책은 드 번을 봤는데 아직도 요점을 파악할 수 없네요)'이 오는 것이 적당하다.

정답_ **C**

047

同喜，同喜，你也赚了不少嘛。	서로 축하해야죠. 당신도 많이 벌었잖아요.

단어 同喜 tóngxǐ 동 기쁜 일은 함께 나누어야죠(축하를 받았을 때 회답 인사르 하는 말) | 赚 zhuàn 동 (돈을) 벌다 | 嘛 ma 조 서술문 뒤에 쓰여 당연함을 나타냄

해설 '同喜(서로 축하해야죠)'는 축하를 받고 화답하는 말이므로 축하의 내용이 있는 A의 '祝贺你(축하합니다)'와 연관이 있다.

정답_ **A**

048

事实证明，在这个地铁出口旁买房是对的。

사실이 증명하듯, 이 지하철 출구 옆에 집을 산 것은 옳았다.

단어 事实 shìshí 몡 사실 | 证明 zhèngmíng 통 증명하다 | 地铁 dìtiě 몡 지하철 | 出口 chūkǒu 몡 출구 | 旁 páng 몡 옆, 곁 | 房 fáng 몡 집, 주택

해설 '在这个地铁出口旁买房是对的(이 지하철 출구 옆에 집을 산 것은 옳았어)'라는 문장이 있으므로 이 문장과 연결될 문장에는 그 집에 대한 환경이나 조건이 나오면 적합하다. 즉, 'E 交通方便了，但是街道太乱(교통은 편리한데 거리가 너무 복잡해요)'가 문맥상 어울린다.

정답_ E

049

你敢肯定这个字确实是多音字?

너는 이 한자가 다음자라고 확신할 수 있어?

단어 敢 gǎn 조통 감히 ~하다 | 肯定 kěndìng 통 단정하다, 확신하다 | 确实 quèshí 부 확실히 | 多音字 duōyīnzì 몡 다음자

해설 '多音字(다음자)'는 글자는 하나이나 발음과 뜻이 여러 개인 한자를 가리키는데, 이는 'B 不相信我你就去查词典！'의 '查词典(사전을 찾다)'과 연관성이 있다. '사전 속의 내용을 찾다'는 '查词典'이고, '(잃어버린) 사전을 찾다'는 '找词典'임을 기억하자.

정답_ B

050

这篇小说的结尾他俩结婚了吗?

이 소설의 마지막에 그 둘이 결혼하나요?

단어 篇 piān 양 편, 장(문장이나 종이 등을 세는 단위) | 结尾 jiéwěi 몡 결말 | 俩 liǎ 수 두 사람('两个人'과 같은 의미) | 结婚 jiéhūn 통 결혼하다

해설 '这篇小说的结尾他俩结婚了吗?'는 소설의 결론을 묻는 것이며, D의 '作者故意没写，让你去猜'는 작가의 의도를 설명하는 것이므로 이 두 문장이 내용상 어울린다.

정답_ D

● 51~60번 문제

051-055

A 之 B 由于 C 符合 D 按照 E 声音 F 原因	A 图 zhī ~의(관형어와 중심어 사이에 쓰여 일반적인 수식 관계를 나타냄) B 젭 yóuyú ~때문에 C 图 fúhé 부합하다, 들어맞다, 일치하다 D 젠 ànzhào ~에 의해, ~에 따라 E 图 shēngyīn 소리, 목소리 F 图 yuányīn 명 원인

051

你应该好好考虑一下这次失败的 **F 原因**是什么。

당신은 이번 실패의 **F 원인**이 무엇인지 반드시 잘 생각해 보아야 합니다.

 考虑 kǎolǜ 图 고려하다, 생각하다 | 失败 shībài 图 실패하다

 괄호 앞에 수식어와 명사를 연결해주는 '的'가 있으므로 괄호에는 명사가 들어가야 한다. 또한 내용상 '실패의 ~이 무엇인지 잘 생각해 보아야 한다'라고 했으므로 괄호에는 명사 '原因(원인)'이 오는 것이 적당하다.

정답_ F

052

你完成的部分不到总工作量的十分 **A 之**一。

당신이 완성한 부분은 총 작업량의 10분 **A 의** 1도 안돼요.

 完成 wánchéng 图 완수하다, 완성하다 | 部分 bùfen 명 부분 | 工作量 gōngzuòliàng 명 작업량

 내용상 '당신이 완성한 부분은 총 작업량의 10분의 1도 안돼요'라는 문장을 만들어야 하는데, 중국의 분수 표기법은 'A 分之B(A분의 B)'이므로 괄호에 '之'이 오는 것이 적합하다.

정답_ A

> **Tip** **분수, 소수, 백분율 표기법**
>
> ① 분수 : A分之B (A는 분모이고, B는 분자이다)
>
>   3분의 1 : 三分之一
>
> ② 소수 : 소수점은 '点'으로 읽는다. 소수점 위의 수는 일반 정수처럼 읽고 소수점 아래 수는 각각 숫자를 읽는다.
>
>   15.23 : 十五点二三
>
> ③ 백분율 : 百分之A, A个百分点
>
>   45% : 百分之四十五
>
>   四十五个百分点

053

B **由于**每天都锻炼，他的身材越来越棒了！   매일 운동하기 **B 때문에** 그의 몸매는 점점 좋아지고 있어!

단어 锻炼 duànliàn 圖 단련하다 | 身材 shēncái 圖 몸매, 체격 | 棒 bàng 圖 좋다

해설 '由于'는 '~때문에'의 뜻으로 원인을 나타낸다. '他现在的身材越来越棒了(그의 몸은 점점 좋아지고 있어)'의 원인은 '매일 운동했기 때문'이므로 괄호에 '由于'를 써야 한다는 것을 알 수 있다.

정답_ B

> **Tip   인과관계**
>
> ~A이기 때문에, 그래서 B하다 : 由于(因为) + A(원인), 所以 + B(결과)
>
> 由于(因为)天气不好, 所以我们没去长城。
> 날씨가 좋지 않기 때문에 우리는 만리장성에 가지 않았다.

054

D **按照**学校的规定，外国人也可以参加这个活动。   학교 규정에 **D 따라**, 외국인도 이 활동에 참여할 수 있습니다.

단어 规定 guīdìng 圖 규정, 규칙 | 外国人 wàiguórén 圖 외국인 | 可以 kěyǐ 조동 ~해도 좋다, ~해도 된다 | 参加 cānjiā 圖 참가하다, 참여하다 | 活动 huódòng 圖 활동, 행사

해설 괄호 뒤에 '学校的规定(학교 규정)'이라는 단어가 나오고, 뒤이어 외국인도 이 활동에 참여할 수 있다는 말이 나오므로 괄호에는 '허가나 (어떠한 기준을) 따르다'의 의미를 가진 단어가 와야 한다. 따라서 '按照'를 써야 한다.

정답_ D

> **Tip   조동사 '可以, 能'**
>
> ① ~할 수 있다(가능, 능력)
> 我可以(能)看中文报。 나는 중국어 신문을 볼 수 있다.
>
> ② ~해도 된다(허락)
> 这儿可以(能)抽烟。 이곳에서는 담배를 피워도 된다.

055

你的条件基本 C **符合**我们的要求，明天你可以来上班。   당신의 조건은 기본적으로 우리의 요구에 C **부합하므로** 내일부터 출근해도 됩니다.

단어 条件 tiáojiàn 圖 조건 | 基本 jīběn 團 기본적으로 | 符合 fúhé 圖 부합하다, 맞다 | 要求 yāoqiú 圖 요구하다 | 上班 shàngbān 圖 출근하다

해설 '你的条件(너의 조건)'이 '我们的要求(우리의 요구)'에 어떠한지 술어 부분을 채우는 문제이다. 그러므로 내용상으로나 품사가 어울리는 '符合(부합하다, 맞다)'를 넣으면 된다.

정답_ C

056-060

A 当地	A [명] dāngdì 현지, 그 지방
B 爱好	B [명] àihào 취미
C 穿	C [동] chuān (옷을) 입다, (신발을) 신다
D 干净	D [형] gānjìng 깨끗하다, 청결하다
E 戴	E [동] dài 착용하다, 쓰다
F 打扫	F [동] dǎsǎo 청소하다, 깨끗이 정리하다

056

A: 这个工厂为什么不欢迎客人参观?

B: 我猜是因为他们的生产车间不太 **D 干净**，他们不想被别人批评。

A : 이 공장은 왜 손님이 견학하는 것을 환영하지 않지?

B : 내 짐작으로는 그들의 생산 라인이 그다지 **D 깨끗하지** 않아서 남들한테 싫은 소리 듣고 싶지 않은 것 같아.

[단어] 工厂 gōngchǎng [명] 공장 | 欢迎 huānyíng [동] 환영하다 | 参观 cānguān [동] 견학하다, 참관하다 | 生产 shēngchǎn [동] 생산하다 | 车间 chējiān [명] 작업장 | 批评 pīpíng [동] 비판하다

[해설] '不太'는 '그다지 ~않다'라는 의미로 뒤에 동사나 형용사가 온다. 괄호가 있는 문장은 '생산 라인이 그다지 ~하지 않다'는 뜻이며, 뒷 절에서 '他们不想被别人批评(남들한테 싫은 소리 듣고 싶지 않은 거지)'라고 했으므로 품사와 의미가 모두 어울리는 '干净(깨끗하다)'을 골라야 한다.

정답_ **D**

057

A: 这么多人, 到底哪个是你的女朋友?

B: 就是那个高个子, **E 戴**红色帽子的那个。

A : 이렇게 많은 사람 중에 도대체 누가 네 여자친구야?

B : 바로 저기 키 크고 빨간색 모자를 **E 쓴** 사람이야.

[단어] 到底 dàodǐ [부] 도대체 | 红色 hóngsè [명] 빨간색 | 帽子 màozi [명] 모자

[해설] '빨간 모자를 ~한 그 사람'이라고 했으므로 괄호에는 '(모자를) 쓰다'라는 동사가 들어가야 함을 알 수 있다. '戴帽子'는 '모자를 쓰다'라는 뜻이므로 답은 '戴(쓰다)'이다.

정답_ **E**

| A：那个男人怎么穿裙子呢？ | A：저 남자는 어째서 치마를 입은 거야? |
| B：这是 **A** <u>当地</u>的风俗。 | B：이것이 **A** <u>현지</u>의 풍속이야. |

🔖 **단어**　穿 chuān 동 입다 ｜ 裙子 qúnzi 명 치마 ｜ 当地 dāngdì 현지, 그 지방 ｜ 风俗 fēngsú 명 풍속

🔍 **해설**　'남자가 어째서 치마를 입은 거야?'라는 질문에 '이것이 ~의 풍속이야'라고 대답하고 있다. 괄호에는 '풍속'을 꾸며 주는 말이 와야 하므로 '当地(현지, 그 지방)'가 어울린다.

정답_ **A**

| A：你的房间怎么这么脏啊？ | A：네 방은 왜 이렇게 더럽니? |
| B：一个暑假没住人了，我得好好 **F** <u>打扫</u>一下。 | B：여름 방학 기간에 사람이 없었잖아. 내가 잘 **F** <u>청소</u>할게. |

🔖 **단어**　脏 zāng 형 더럽다 ｜ 暑假 shǔjià 명 여름 방학

🔍 **해설**　괄호 뒤에 '一下'가 있으므로 괄호에는 동사가 들어가야 하는데, 의미상 '你的房间怎么这么脏啊?(네 방은 왜 이렇게 더럽니?)'라는 말에 '내가 잘 ~할게'라고 말하고 있으므로 '打扫(청소하다)'가 어울림을 알 수 있다.

정답_ **F**

> **Tip**　~一下
>
> 동사 뒤에 쓰여 '좀 ~해 보다'라는 뜻을 나타내며 의미를 가볍게 만든다.
> **请你看一下我的作业。** 제 숙제 좀 봐 주세요.
> **我想听一下你唱的歌。** 나는 네 노래를 좀 들어 보고 싶어.
> **请出示一下你的身份证。** 신분증 좀 보여 주세요.　(身份证 shēnfènzhèng:신분증)

| A：我怎么总出汗呀？ | A：나는 왜 늘 땀이 날까? |
| B：我看是你 **C** <u>穿</u>得太多。 | B：내가 보기에 넌 옷을 너무 많이 **C** <u>입은</u> 것 같아. |

🔖 **단어**　怎么 zěnme 대 어째서, 왜 ｜ 总 zǒng 부 늘, 언제나 ｜ 出汗 chūhàn 동 땀이 나다

🔍 **해설**　정도보어의 문장 구조는 '주어 + 술어 + 得 + 정도보어'이므로 괄호는 술어 자리임을 알 수 있다. 또한 '我怎么总出汗呀?(나는 왜 늘 땀이 날까?)'라는 질문에 대한 답으로 '너무 많이 ~한 것 같아'라고 대답하고 있으므로 괄호에 어울리는 단어는 '穿(입다)'이다.

정답_ **C**

第三部分

061

我本来是要坐火车去的，可是我经过比较才发现，这个季节买打折机票更合算。

问: 我可能怎么去?

　　A 坐火车
　　B 正在比较
　✔C 坐飞机

나는 원래 기차를 타고 갈려고 했는데 비교해 보니 이 시즌엔 할인한 항공권을 사는 게 더 수지맞다는 것을 알았어.

질문: 나는 어떻게 가나?

　　A 기차를 탄다
　　B 비교 중이다
　　C 비행기를 탄다

단어 本来 běnlái 부 본래, 원래 | 火车 huǒchē 명 기차 | 经过 jīngguò 전 ~을 통하여 동 (활동·사건을) 경험하다, 겪다 | 比较 bǐjiào 부 비교적 동 비교하다 | 发现 fāxiàn 명동 발견(하다) | 机票 jīpiào 명 비행기 표 | 合算 hésuàn 형 수지가 맞다 | 季节 jìjié 명 시즌, 계절

해설 본문 뒷부분에서 '这个季节买打折机票更合算(이 시즌엔 할인한 항공권을 사는 게 더 수지맞다)'이라고 하고 있으므로 남자는 비행기를 타고 갈 것임을 알 수 있다.

정답_ **C**

062

这首诗歌一共就这么几句话，我都记住了，可就是忘了最后两句的前后顺序。

问: 这首诗歌:

　✔A 不太长
　　B 我准确地记得
　　C 我完全忘了

이 시는 몇 구절밖에 안 돼서 다 외웠어. 그런데 제일 마지막 두 구절의 순서를 잊어버렸어.

질문: 이 시는?

　　A 그다지 길지 않다
　　B 나는 정확하게 외우고 있다
　　C 나는 완전히 잊었다

단어 诗歌 shīgē 명 시, 시가 | 记 jì 동 기억하다, 외우다 | 忘 wàng 동 잊다 | 最后 zuìhòu 형 최후의 | 顺序 shùnxù 명 순서

해설 '这首诗歌一共就这么几句话(이 시는 몇 구절밖에 안 돼)'라고 했으므로 시가 길지 않음을 알 수 있다.

정답_ **A**

要不是你鼓励我，我根本不能勇敢地走出那一步。

问： 从这句话可以知道什么?

    A 你没鼓励我

  ✔ B 你鼓励我了

    C 我不勇敢

만약 네가 격려해 주지 않았다면 나는 절대 용감하게 한 걸음을 내딛지 못했을 거야.

질문: 이 말을 통해서 무엇을 알 수 있나?

    A 당신은 나를 격려해 주지 않았다

    B 당신은 나를 격려해 주었다

    C 나는 용감하지 않다

단어 要不是 yàobúshì 젭 만약 ~이 아니었다면(아니라면) | 鼓励 gǔlì 통 격려하다 | 根本 gēnběn 명 전혀, 도무지 | 勇敢 yǒnggǎn 형 용감하다

해설 '要不是'은 '만약 ~이 아니었다면'의 뜻으로, 가정의 상황을 만든다. 그러므로 '要不是你鼓励我(만약 네가 격려해 주지 않았다면)'를 보고 실제로는 나를 격려해 주었음을 알 수 있다.

정답_ B

遇到这样的大雾天气，你着急也没有用，司机看不清前方，不敢上路，尤其你要去的地方还是在山上。

问： 下面哪一点不是这个人着急的原因?

    A 天气不好

  ✔ B 司机视力不好

    C 车去不了山上

이렇게 안개가 낀 날에는 조급해 해도 소용없어. 기사가 앞을 잘 보지 못해서 길에 나서지 못해. 특히 네가 가려는 곳은 산 위에 있잖아.

질문: 다음 중 이 사람이 조급해 하는 이유가 아닌 것은?

    A 날씨가 좋지 않다

    B 기사의 시력이 좋지 않다

    C 차가 산 위에 올라가지 못한다

단어 遇到 yùdào 통 마주치다, 맞닥뜨리다 | 大雾 dàwù 명 범위가 넓고 짙은 안개 | 着急 zháojí 통 조급해 하다, 초조해 하다 | 司机 sījī 명 운전기사 | 看不清 kànbuqīng 통 분명히 보이지 않다 | 不敢 bùgǎn 통 감히 ~하지 못하다 | 尤其 yóuqí 부 더욱이, 특히 | 原因 yuányīn 명 원인 | 视力 shìlì 명 시력

해설 '遇到这样的大雾天气，你着急也没有用(이렇게 안개가 낀 날에는 조급해 해도 소용없어)'를 통해 날씨가 좋지 않음을 알 수 있으며, '尤其你要去的地方还是在山上(특히 네가 가려는 곳은 산 위에 있잖아)'라는 말은 이런 날씨에는 일반적인 길에서도 운전하기 힘든데 특히나 산에는 더욱 올라가지 못한다는 것을 알 수 있다. 그러나 '司机看不清前方(기사가 앞을 잘 보지 못해서)'이라는 이유는 날씨가 좋지 않아서이기 때문에 'B의 司机视力不好(기사의 시력이 좋지 않다)'는 화자가 조급해 하는 이유가 아니다.

정답_ B

065

你什么意思?　邀请我到你家吃饭你又不带门钥匙。看来，你今天只能去我家了。

问：　为什么今天这个人要去"我"家?

　　A 他觉得自己家没什么意思

✓B 他忘带钥匙了

　　C 因为我早就邀请了他

뭐라구요? 나를 당신 집으로 식사 초대를 해 놓고 열쇠를 가지고 오지 않았다니요. 보아하니 오늘은 당신이 우리 집에 갈 수밖에 없겠네요.

질문: 왜 이 사람은 오늘 '우리'집에 가야 하나?

　　A 그는 본인의 집이 별로 재미없다고 생각하기 때문에

　　B 그는 열쇠 가져오는 것을 잊었기 때문에

　　C 내가 이미 그를 초대했기 때문에

단어 邀请 yāoqǐng 图 초청하다, 초대하다 | 又 yòu 囲 또, 다시 | 带 dài 图 지니다, 휴대하다 | 钥匙 yàoshi 图 열쇠 | 只能 zhǐnéng 图 ~할 수밖에 없다 | 觉得 juéde 图 ~라고 여기다 | 因为 yīnwèi 쩹 왜냐하면

해설 '邀请我到你家吃饭你又不带门钥匙(나를 당신 집으로 식사 초대를 해 놓고 열쇠를 가지고 오지 않았다니요)'를 통해 그가 열쇠 가져오는 것을 잊었음을 알 수 있다.

정답_ B

066

我真奇怪，这么没意思的一个游戏这两个孩子能玩一上午。说到底，还是他们太孤单了，不愿意和朋友分开。

问：　孩子们怎么样?

　　A 喜欢没意思的游戏

✓B 很孤单

　　C 想和朋友分开

참 이상해. 이렇게 재미없는 게임을 이 두 아이들은 오전 내내 하고 있으니 말이야. 아무래도 너무 외로워서 서로 떨어지기 싫은가 봐.

질문: 아이들은 어떠한가?

　　A 재미없는 게임을 좋아한다

　　B 매우 외롭다

　　C 친구와 헤어지려 한다

단어 奇怪 qíguài 웹 이상하다, 기이하다 | 没意思 méiyìsi 재미가 없다, 지루하다. | 游戏 yóuxì 엥 게임 | 孩子 háizi 엥 어린이, 아이 | 玩 wán 图 (가지고) 놀다 | 说到底 shuōdàodǐ 图 근본적인 것을 말하다, 결론적으로 말하다 | 孤单 gūdān 웹 고독하다, 쓸쓸하다 | 愿意 yuànyì 图 바라다, 희망하다 | 分开 fēnkāi 图 떨어지다, 헤어지다

해설 '还是他们太孤单了，不愿意和朋友分开(아무래도 너무 외로워서 서로 떨어지기 싫은가 봐)'를 통해 아이들이 매우 외로워 한다는 것을 알 수 있다.

정답_ B

我怎么也接受不了和女人在一起减肥，要去你自己去那儿，我去"海洋之星"，游泳可能减得更快呢。

问：　"海洋之星"可能是：

    A　女人多的地方
    B　女人减肥的地方
✔C　游泳的地方

나는 여자랑 같이 다이어트 하는 것을 정말로 참을 수가 없어. 가려면 너 혼자 가. 나는 '해양지성'에 갈 거야. 수영을 하면 다이어트가 더 잘 될걸.

질문: '해양지성'은 아마도?

    A　여자가 많은 곳
    B　여자가 다이어트 하는 곳
    C　수영하는 곳

단어 接受 jiēshòu 동 받아들이다 | 减肥 jiǎnféi 동 체중을 줄이다, 다이어트 하다 | 海洋 hǎiyáng 명 해양 | 游泳 yóuyǒng 명동 수영(하다) | 更 gèng 부 더욱 | 可能 kěnéng 부 아마도, 아마 | 快 kuài 동 빠르다

해설 '我去"海洋之星"，游泳可能减得更快呢(나는 '해양지성'에 갈 거야. 수영을 하면 다이어트가 더 잘 될걸)'를 통해 '海洋之星(해양지성)'은 수영장임을 알 수 있다.

정답_ C

我原来就说了吧，他一看见我们不在就得回去，你还说他能等我们，你看现在，果然让我说对了吧？

问：　现在他：

✔A　回去了
    B　在等我们
    C　让我说对

내가 말했잖아. 그는 우리가 없는 것을 보면 돌아간다고. 너는 그가 우리를 기다릴 거라고 했지만, 봐, 내 말이 맞지?

질문: 그는 지금?

    A　돌아갔다
    B　우리를 기다리고 있다
    C　내 말이 맞다

단어 原来 yuánlái 부 원래의 | 等 děng 동 기다리다 | 果然 guǒrán 부 과연, 역시 | 让 ràng 동 ~하게 하다, ~하도록 시키다

해설 '我原来就说了吧，他一看见我们不在就得回去(내가 말했잖아. 그는 우리가 없는 것을 보면 돌아간다고)'와 뒷부분의 '果然让我说对了吧?(내 말이 맞지?)'를 통해 그는 이미 돌아갔음을 알 수 있다. '让我说对(내 말이 맞다)'는 비록 문제에 나온 문장이기는 하지만, '他(그)'와는 상관이 없다.

정답_ A

你不是不记得了，而是不想告诉我事实。你骗得了我也骗不了警察啊!

问:　"我"觉得这个人:

A　不记得这件事了

✔B　不想告诉我事实

C　经常骗人

너는 기억하지 못하는 것이 아니고 나한테 사실을 알려 주고 싶지 않은 거야. 네가 나를 속일 수는 있어도 경찰을 속일 수는 없어.

질문: '내' 생각에 이 사람은?

A　이 일을 기억하지 못한다

B　나한테 사실을 알려 주려 하지 않는다

C　늘 사람을 속인다

단어　记得 jìde 동 기억하고 있다 | 告诉 gàosu 동 알리다 | 事实 shìshí 명 사실 | 骗 piàn 동 속이다 | 警察 jǐngchá 명 경찰 | 经常 jīngcháng 부 언제나, 늘, 항상

해설　'你不是不记得了，而是不想告诉我事实(너는 기억하지 못하는 것이 아니고 나한테 사실을 알려 주고 싶지 않은 거야)'을 통해 '나'는 그가 나에게 사실을 알려 주려 하지 않는다고 생각하고 있음을 알 수 있다.

정답_ B

> **Tip**　不是~，而是~
>
> '~이 아니고 ~이다'라는 뜻으로 '不是' 뒷부분은 부정하고 '而是' 뒷부분은 긍정한다.
>
> 他不是初中生，而是高中生。그는 중학생이 아니고 고등학생이다. (初中生 chūzhōngshēng : 중학생 高中生 gāozhōngshēng : 고등학생)
>
> 我不是中国人，而是韩国人。나는 중국인이 아니고 한국인이다.
>
> 这不是我的，而是我弟弟的。이것은 내 것이 아니고 내 남동생 것이다.

遇到一个自己喜欢的人不容易，你要是觉得她对你很重要，就主动一点儿，用你的行动证明你对她的爱。

问:　我觉得"你"应该:

A　重视她

✔B　主动一点儿

C　告诉她你不容易

자기가 좋아하는 사람을 만나기는 쉽지 않아. 그녀가 너한테 중요하다고 생각되면 적극적이어야 해. 너의 행동으로 그녀에 대한 사랑을 증명해 봐.

질문: 나는 '네'가 마땅히 어떻게 해야 한다고 생각하나?

A　그녀를 중시해야 한다

B　적극적이야 한다

C　그녀한테 자기가 쉽지 않다고 알려 줘야 한다

단어　遇到 yùdào 동 만나다, 맞닥뜨리다 | 自己 zìjǐ 대 자기 자신 | 容易 róngyì 형 쉽다 | 要是 yàoshi 접 만약 ~라면 | 重要 zhòngyào 형 중요하다 | 主动 zhǔdòng 형 자발적으로, 적극적으로 | 行动 xíngdòng 명 행동, 행위 | 证明 zhèngmíng 동 증명하다 | 重视 zhòngshì 동 중시하다

해설　'你要是觉得她对你很重要，就主动一点儿(그녀가 너에게 중요하다고 생각되면 적극적이어야 해)'를 통해 나는 네가 적극적으로 행동해야 한다고 말하고 있음을 알 수 있다. '要是'은 '만약에 ~하면'이라는 뜻으로 가정적인 상황을 만들 때 쓰인다.

정답_ B

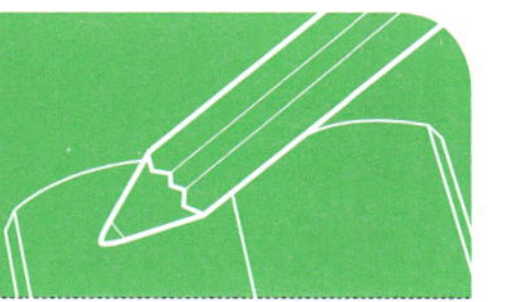

第一部分

● 71~75번 문제

071

床　孩子　在　上　躺	침대 / 아이 / ~에 / ~위에 / 눕다
답안　孩子躺在床上。	**답안**　아이는 침대 위에 누워 있다.

단어　床 chuáng 명 침대 | 孩子 háizi 명 어린이, 어린아이 | 躺 tǎng 동 눕다

해설　이 문장의 술어는 '躺'이며, 주어는 '孩子'이다.

孩子　+　躺
주어　　　술어

전치사 '在'는 장소를 나타내는 명사와 결합하여 '~에서'라는 의미를 나타낸다. 중국어에서 '床'만으로는 장소의 개념을 나타낼 수 없으므로 '床'에 방위사 '上'을 붙여 '床上(침대 위)'이라는 장소를 만든 뒤, '在'와 결합시켜 전치사구를 만들고, 술어 뒤에 놓아 보어로 사용한다.

孩子　+　躺　+　在床上
주어　　　술어　　　보어

Tip　방위명사

'在，来，去，坐' 같은 동사는 일반적으로 장소목적어를 가진다.

다시 말하면, '在，来，去，放，躺，坐' 같은 동사는 장소의 개념이 아닌 명사를 목적어로 가질 수 없다는 뜻이다. 이때는 명사 뒤에 방위명사 등을 붙여 장소의 개념을 만들어야 한다.

① 일반명사 + 上 , 里 → 장소

　일반명사인 '桌子'에 '上'을 붙인 '桌子上'은 장소의 개념이다.
　汉语书在桌子上。 중국어 책은 책상 위에 있다.

② 인칭대사/사람 + 这儿 , 那儿 → 장소
　你来我这儿吧。 너는 내가 있는 곳으로 와라.

072

别人　不要　了　告诉　千万	다른 사람 / ~하지 마라 / (어기조사) / 알리다 / 절대로
답안　千万不要告诉别人了	**답안**　절대로 다른 사람에게 알리면 안 돼요.

단어　不要 búyào 통 ~하지 마라, ~해서는 안 된다 | 告诉 gàosu 통 알리다 | 千万 qiānwàn 뷔 절대로, 제발

해설　이 문장의 술어는 '告诉'이다. '告诉'는 '~에게 ~을 알리다'라는 뜻이며 '告诉+대상+내용'의 순서로 쓰이는데, 이 문장에서는 '내용' 부분이 생략되었으므로 '告诉别人'이다.

告诉　+　别人
술어　　　목적어

'不要'는 동사 앞에서 '~하지 마라'라는 뜻으로 쓰이며, 금지를 나타내고 '了'와 호응한다. 부사 '千万'은 '반드시, 제발'의 뜻이며 '别 , 不要' 등과 함께 '千万别, 千万不要'의 형태로 쓰인다.

千万不要　+　告诉　+　别人　+　了
부사어　　　　　술어　　　목적어

073

预报　说　下雨　天气　要　后天	예브 / 말하다 / 비가 오다 / 날씨 / ~할 것이다 / 모레
답안　天气预报说后天要下雨。	**답안**　일기예보에서 모레 비가 온다고 했다.

단어　预报 yùbào 명 예보 | 下雨 xiàyǔ 통 비가 오다 | 天气 tiānqì 명 날씨 | 后天 hòutiān 명 모레

해설　이 문장의 주어는 '天气预报'이고, '说'가 술어이다. 이러한 문장어서는 일반적으로 일기예보의 내용이 목적어로 와야 한다.

天气预报　+　说　+　예보된 내용
　주어　　　　　술어

일기예보의 내용은 '모레 비가 온다'이므로 시간을 나타내는 명사가 먼저 오고, '~일 것이다'라는 뜻의 조동사 '要'가 다음에 오며 '비가 오다'라는 '下雨'가 그 뒤에 와서 목적어 '后天要下雨'가 완성된다. 이를 '天气预报说'와 결합시켜 전체 문장을 완성한다.

天气预报　+　说　+　后天要下雨
　주어　　　　　술어　　　목적어

像　得　小丽　她　妈妈　长	~같다 / (정도보어) / 샤오리 / 그녀 / 엄마 / 생기다
답안 小丽长得像她妈妈	**답안** 샤오리는 그녀의 엄마처럼 생겼다.

단어 像 xiàng 图 (사물이나 사람이) 닮다, ~같다 | 长 zhǎng 图 생기다(생김새를 나타냄), 자라다

해설 이 문장의 술어는 동사 '长'이며, 주어는 '小丽'이다.

小丽　＋　长
주어　　　술어

'像'은 '사물이나 사람이 닮다'라는 뜻이며, 이 문장에서는 의미상 '小丽像她妈妈(샤오리는 그녀의 엄마와 닮았다)'라는 뜻이다. 문장에 제시된 단어 '得'를 사용하여 정도보어 문장을 만들 수 있는데, 정도보어의 어순은 '주어+술어+得+정도보어' 이므로 '小丽长得像她妈妈'로 정리할 수 있다.

小丽　＋　长　＋　得　＋　像她妈妈
주어　　　술어　　　　　　정도보어

以为　我　电影　结束　已经　了	~라고 생각하다 / 나 / 영화 / 끝나다 / 이미 / (어기조사)
답안 我以为电影已经结束了。	**답안** 나는 영화가 이미 끝났다고 생각했다.

단어 电影 diànyǐng 图 영화 | 结束 jiéshù 图 끝나다 | 已经 yǐjing 图 이미, 벌써

해설 이 문장에서는 동사 '以为(~라고 여기다)'와 동사 '结束(끝나다)'가 있으므로 이 둘 중에서 술어를 찾아야 하는데, 동사 '以为'는 동사절이나 형용사절을 목적어로 취한다. 따라서 이 문장의 술어는 '以为'이며, 주어는 '我'이므로 '我以为+동사절'의 구조를 갖는다.

我　＋　以为
주어　　　술어

'结束'는 목적어 부분의 술어이고, 목적어 부분의 주어는 '电影'이다. '已经'은 '이미 ~했다'는 뜻으로, 주로 '了'와 호응한다. 따라서 이 문장의 목적어는 '电影已经结束了'이며 '我以为' 이는 뒤에 놓여야 한다.

我　＋　以为　＋　电影已经结束了
주어　　　술어　　　　　목적어

● 76~80번 문제

076

照相的时候表情应该**自**然一点。
（自 zì）

사진 찍을 때 표정이 **자연스러워야** 한다.

단어 照相 zhàoxiàng 图 사진을 찍다 | 时候 shíhou 명 때, 시간, 무렵 | 表情 biǎoqíng 명 표정 | 应该 yīnggāi 조동 ~해야 한다 | 自然 zìrán 형 자연스럽다

해설 '自然'은 '자연스럽다'라는 뜻을 가진 형용사이다.

따라 써 보세요

自	然	自	然	自	然				

정답_ 自

077

你来得很**准**时，不早也不晚。
（准 zhǔn）

너는 **제**시간에 잘 왔어. 늦지도 빠르지도 않게 말이야.

단어 准时 zhǔnshí 분 정시에, 제때에 | 早 zǎo 형 (시간상으로) 빠르다, 이르다 | 晚 wǎn 형 (시간상으로) 늦다

해설 '准时'은 '정시에, 제때에'라는 뜻을 가진 부사이다.

따라 써 보세요

准	时	准	时	准	时				

정답_ 准

dào
我已经看了报**道**，了解了这个故事。

나는 이미 **보도**를 봐서 이 이야기에 대해 알고 있다.

단어 报道 bàodào 명동 보도(하다) | 了解 liǎojiě 동 자세히 알다 | 故事 gùshi 명 이야기

해설 '报道'는 '보도'라는 뜻의 명사이고, 동사의 의미로도 쓰인다.

✎ 따라 써 보세요

报	道	报	道	报	道				

정답_ 道

chuán
你可以用___**传**___真发来你的材料。

당신은 **팩스**로 자료를 보내도 됩니다.

단어 可以 kěyǐ 동 ~해도 된다 | 用 yòng 동 쓰다, 사용하다 | 传真 chuánzhēn 명 팩시밀리, 팩스 | 材料 cáiliào 명 재료, 원료, 자료

해설 '传真'은 '팩스'라는 뜻의 명사이다.

✎ 따라 써 보세요

传	真	传	真	传	真				

정답_ 传

这家店的东西比那家**贵**多了。 | 이 상점의 물건이 저 상점의 물건보다 훨씬 **비싸다**.

단어 东西 dōngxi 명 물건 | 比 bǐ 동 비교하다 | 贵 guì 형 비싸다

해설 '贵'는 '비싸다'라는 뜻을 가진 형용사이다.

✎ 따라 써 보세요

贵	贵	贵							

정답_ 贵

Tip	자주 출제되는 어휘

① 参加 cānjiā 동 참가하다

② 学校 xuéxiào 명 학교

③ 办法 bànfǎ 명 방법, 수단

④ 打扫 dǎsǎo 동 청소하다

⑤ 动物 dòngwù 명 동물

⑥ 小心 xiǎoxīn 동 조심하다

⑦ 非常 fēicháng 부 대단히, 매우

⑧ 工作 gōngzuò 명 직업, 일 동 일하다

⑨ 国家 guójiā 명 국가, 나라

⑩ 便宜 piányi 형 저렴하다

新HSK 모의고사 3級

3회 해설

一、听力

第一部分

● 1~5번 문제

001-005

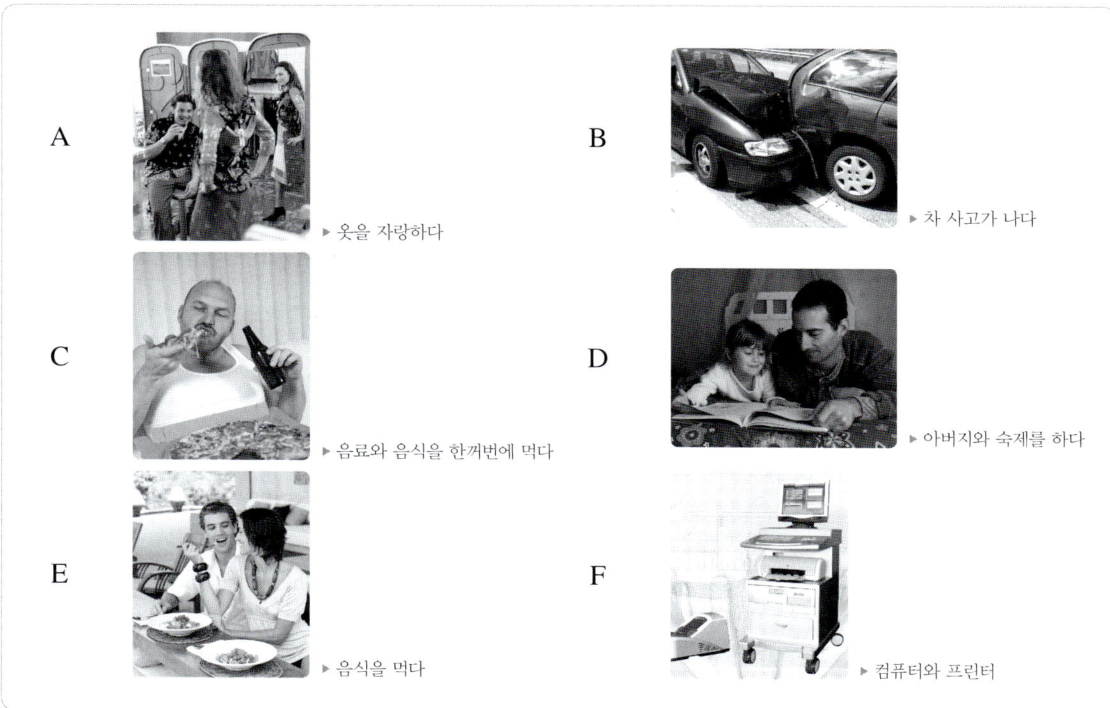

001

男：今天怎么走路来上班了？	남: 오늘 왜 걸어서 출근했어?
女：昨天车不小心撞了一下，现在正在修理呢。	여: 어제 조심하지 않아서 차 사고가 났어. 지금 수리 중이야.

단어 怎么 zěnme 대 어째서, 왜 | 走路 zǒulù 동 걷다 | 来 lái 동 오다 | 上班 shàngbān 동 출근하다 | 昨天 zuótiān 명 어제 | 小心 xiǎoxīn 동 조심하다 형 조심스럽다 | 撞 zhuàng 동 부딪치다 | 现在 xiànzài 명 지금 | 正在 zhèngzài 부 ~하고 있다 | 修理 xiūlǐ 동 수리하다, 고치다

해설 '昨天车不小心撞了一下'가 핵심 문장이다. 여자는 차 사고가 났다고 했으므로 차 두 대가 충돌한 사진을 골라야 한다.

정답_ **B**

002

男: 你怎么吃得这么少，吃不了鱼吗?
女: 除了羊肉，我什么都吃。

남: 왜 이렇게 조금 먹어? 생선은 못 먹니?
여: 양고기 빼고는 다 먹어.

단어 吃 chī 동 먹다 | 这么 zhème 대 이러한, 이렇게 | 少 shǎo 형 적다 | 鱼 yú 명 물고기 | 羊肉 yángròu 명 양고기 | 什么 shénme 대 무엇, 어떤 것(주로 '也 yě' 혹은 '都 dōu' 앞에 놓여 말하는 범위 내에서는 예외가 없음을 나타냄) | 除了 chúle 전 ~을 제외하고

해설 '吃, 鱼, 羊肉'가 핵심어로, 이를 통해 본문이 식사와 관련된 대화임을 알 수 있다. 따라서 두 사람이 식사 중인 그림을 골라야 한다.

정답_ E

> **Tip** 除了~(以外)，都~
>
> '除了~(以外)'는 '~이외에, ~을 제외하고' 라는 뜻으로 뒤에 '都'를 써서 어떤 것을 제외한 나머지에 대하여 예외가 없음을 말할 때 쓴다.
>
> 除了他以外，我们都去中国。 그를 제외하고 우리는 모두 중국에 간다.
>
> 除了放假以外，他都很忙。 방학을 제외하고 그는 항상 바쁘다.

003

女: 怎么样? 我穿这件衣服漂亮吧?
男: 太一般了！

여: 어때요? 이 옷을 입으니 예쁘죠?
남: 너무 평범해!

단어 穿 chuān 동 (옷을) 입다, (신발을) 신다 | 件 jiàn 양 벌, 건(옷·사건 등을 세는 단위) | 衣服 yīfu 명 옷, 의복 | 漂亮 piàoliang 형 예쁘다, 아름답다 | 一般 yìbān 형 보통이다, 평범하다

해설 '衣服'가 핵심어이다. 따라서 옷을 입고 거울 앞에서 남자에게 옷을 자랑하는 여자 그림을 골라야 한다.

정답_ A

> **Tip** 양사 '件'
>
> ① 옷을 세는 데 쓰인다.
>
> 一件衣服 옷 한 벌
>
> ② 사건이나 일을 세는 데 쓰인다.
>
> 一件事情 한 가지 일

男：你能把那份材料借给我看看吗？
女：我电脑里存了，我打印出来，送给你一份吧。

남: 그 자료 나한테 빌려 줄 수 있어?
여: 내 컴퓨터에 저장되어 있으니까 프린트해서 한 부 줄게.

단어 能 néng 조통 ~할 수 있다 | 把 bǎ 전 ~으로, ~을(를) 가지고 | 份 fèn 양 조각, 부〔서류 등을 세는 단위〕| 材料 cáiliào 명 자료 | 借 jiè 통 빌려 주다 | 给 gěi 전 ~에게 | 电脑 diànnǎo 명 컴퓨터 | 存 cún 통 저장하다 | 打印 dǎyìn 통 프린트하다, 인쇄하다 | 出来 통 chūlai 통 동사 뒤에 쓰여 동작이 안에서 밖에 있는 화자 쪽을 향함을 나타냄 | 送 sòng 통 보내다

해설 '电脑, 打印'이 핵심어이다. 그러므로 컴퓨터와 프린터가 있는 그림을 골라야 한다.

정답_ F

女：你怎么边吃饭边喝水呢？
男：我知道这是个坏习惯，可是这个毛病从小就养成了，改不了了。

여: 왜 밥 먹으면서 물을 마셔?
남: 나도 이 습관이 나쁘다는 것은 알지만 어려서부터 길러진 거라 고치지 못해.

단어 喝 hē 통 마시다 | 知道 zhīdao 통 알다, 이해하다 | 坏 huài 형 나쁘다 | 习惯 xíguàn 명 버릇, 습관 | 毛病 máobìng 명 결점, 단점 | 从 cóng 전 ~부터 | 养成 yǎngchéng 통 습관이 되다, 길러지다 | 改 gǎi 통 바로잡다, 바꾸다

해설 '边吃饭边喝水'가 핵심 문장이므로 음식을 먹으면서 물도 같이 마시고 있는 그림을 골라야 한다.

정답_ C

006-010

A
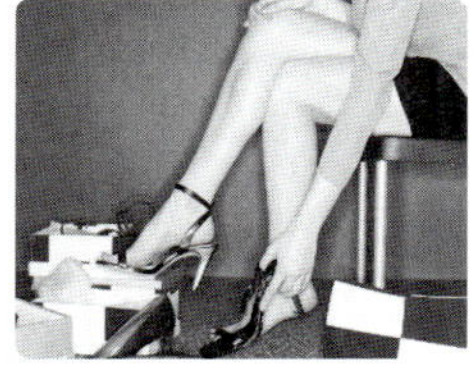
▶ 신발을 신다

B
▶ 집이 지저분하다

C

▶ 828元 짜리 옷

D
▶ 주차 금지

E

▶ 유리에 부딪치다

006

男：带八百块钱够买那件衣服了吧？	남: 800위안으로 그 옷을 살 수 있겠지？
女：多带点儿吧，老李不是说八百左右吗？万一带少了怎么办？	여: 더 가져가. 라오리가 800위안 정도라고 하지 않았어? 만에 하나 모자라면 어떡해?

단어 带 dài 동 (몸에) 지니다, 가지다 | 钱 qián 명 돈 | 够 gòu 동 충분하다 | 衣服 yīfu 명 옷 | 说 shuō 동 말하다, 이야기하다 | 左右 zuǒyòu 명 정도 | 万一 wànyī 부 만약에, 만에 하나 | 怎么办 zěnme bàn 어떡해

해설 '八百块钱'과 '衣服'가 핵심어이므로 800위안 정도 되는 옷이 있는 그림을 골라야 한다.

정답_ C

Tip	**숫자 읽기**		
10	十 shí	110	一百一(十) yì bǎi yī / yì bǎi yì shí
11	十一 shí yī	111	一百一十一 yì bǎi yì shí yī
20	二十 èr shí	1000	一千 yì qiān
99	九十九 jiǔ shí jiǔ	1001	一千零一 yì qiān líng yī
100	一百 yì bǎi	1010	一千零一十 yì qiān líng yì shí
101	一百零一 yì bǎi líng yī	1100	一千一(百) yì qiān yī / yì qiān yì bǎi

101과 같이 백의 자리와 일의 자리는 채워져 있고 십의 자리가 비어 있는 경우에는, 비어 있는 십의 자리에 반드시 '零'을 써야 한다는 것을 기억하자.

女：你怎么往门上撞啊？
男：这玻璃门擦得太干净，我还以为没有玻璃呢！

여: 왜 문에 부딪친 거야?
남: 이 유리문은 너무 깨끗하게 닦여져 있어서 난 유리가 없는 줄 알았어.

단어 往 wǎng 젠 ~쪽으로, ~을 향해 | 撞 zhuàng 동 부딪치다 | 玻璃 bōlí 명 유리 | 门 mén 명 문 | 擦 cā 동 닦다 | 干净 gānjìng 형 깨끗하다

해설 '这玻璃门擦得太干净'이 핵심 문장이다. 남자는 유리문이 너무 깨끗해서 앞에 문이 있는 줄 모르고 지나가다가 부딪쳤으므로 유리문에 부딪친 남자의 그림을 골라야 한다.

정답_ E

男：车停在这儿吧！
女：你没看见那个牌子吗？你还敢停在这里？

남: 차를 여기에 세우자.
여: 저 표지판 못 봤어? 감히 여기에 세우겠다고?

단어 停 tíng 동 정지하다, 멈추다 | 看见 kànjiàn 동 보이다 | 牌子 páizi 명 팻말 | 敢 gǎn 동 감히 ~하다

해설 '车，停'과 '牌子'가 핵심어이다. 따라서 주차 금지 표지판을 나타내는 그림을 골라야 한다.

정답_ D

女：你这家里也太乱了！
男：最近忙，没时间收拾

여: 너네 집은 너무 지저분해!
남. 요즘 바빠서 정리할 시간이 없어.

단어 乱 luàn 형 어지럽다, 무질서하다 | 最近 zuìjìn 명 최근, 요즈음 | 忙 máng 형 바쁘다, 틈이 없다 | 时间 shíjiān 명 시간 | 收拾 shōushi 동 정리하다, 정돈하다

해설 '你这家里也太乱了'가 핵심 문장이므로 방 안이 지저분한 그림을 골라야 한다.

정답_ B

女：这鞋怎么一大一小呢？
男：不可能，可能是你脚有毛病。

여: 이 신발은 왜 하나는 크고 하나는 작지?
남: 그럴 리가 없어, 아마 네 발에 문제가 있겠지.

단어 鞋 xié 명 신발, 구두 | 怎么 zěnme 대 어째서, 왜 | 不可能 bùkěnéng 불가능하다, 말도 안 된다 | 可能 kěnéng 부 아마도, 아마 | 脚 jiǎo 명 발 | 毛病 máobìng 명 문제, 결점

해설 '鞋'가 핵심어이다. 따라서 한 여자가 신발을 신어 보는 그림을 골라야 한다.

정답_ A

● 11~20번 문제

011

跟我走没错，我对这里熟悉得像自己家一样。

问： 这里是我的家。

나하고 같이 가면 틀림없어. 나는 이곳이 마치 우리 집 같이 익숙하거든.

질문: 이곳은 나의 집이다.

단어 跟 gēn 〔전〕 ~와 | 像~一样 xiàng~yíyàng 〔형〕 ~와 같다, ~와 동일하다 | 没错 méicuò 〔형〕 틀림없다, 옳다 | 对 duì 〔전〕 ~에 대하여 | 熟悉 shúxī 〔동〕 익숙하다 | 自己 zìjǐ 〔대〕 자기, 자신, 스스로

해설 像은 '마치 ~인 것 같다'라는 뜻으로 '一样'과 함께 쓰인다. '我对这里熟悉得像自己家一样'은 사실 우리 집이 아니지만 우리 집처럼 느껴진다는 뜻이므로 '这里是我的家'는 맞지 않는 문장이다.

정답_ X

> **Tip** 像~一样
>
> '像'은 '一样'과 호응하여 '마치 ~와 같다'는 뜻을 나타낸다.
>
> 她长得像明星一样。 그녀는 유명 스타처럼 생겼다. (明星 míngxīng : 유명 스타)
>
> 最近天气很冷像冬天一样。 요즘 날씨는 겨울처럼 춥다.
>
> 老师对我们很好，像妈妈一样。 선생님은 우리에게 엄마처럼 잘해 주신다.

3회

012

生命在于运动，你怎么还不动起来?

问： 你应该多运动。

운동하면 건강에 좋은데, 당신은 왜 아직 움직이지 않나요?

질문: 당신은 운동을 많이 해야 한다.

단어 生命 shēngmìng 〔명〕 생명, 목숨 | 在于 zàiyú 〔동〕 ~에 있다 | 运动 yùndòng 〔명〕 운동, 스포츠 | 怎么 zěnme 〔대〕 어째서, 왜 | 起来 qǐlai 동사 뒤에 쓰여 어떤 동작이 완성되거나 일정한 목적이 달성됨을 나타냄

해설 '你怎么还不动起来?'라는 말은 '어째서 아직 움직이지 않나요?'라는 의미로, 운동을 많이 해야 한다는 말과 상통한다.

정답_ ✓

013

你今天就这么紧张，正式比赛的时候怎么办?

问： 今天有正式比赛。

오늘도 이렇게 긴장하는데 정식으로 시합할 땐 어떡해?

질문: 오늘 정식 시합이 있다.

단어 紧张 jǐnzhāng 〔형〕 긴장하다 | 正式 zhèngshì 〔형〕 정식의 | 比赛 bǐsài 〔명〕 시합, 경기 | 时候 shíhou 〔명〕 때, 시간, 무렵 | 怎么办 zěnme bàn 어떡해

해설 '正式比赛的时候怎么办?'을 통해서는 시합 때 더 긴장할 것 같다는 내용만 알 수 있고 정식 시합 일정에 대해서는 알 수 없다.

정답_ X

还没到年末，你的工作总结就已经写好了，真积极！

问： 年末的时候他应该写工作总结。

아직 연말도 안 되었는데, 이미 사업 총결산을 다 썼군요. 정말 적극적이네요!

질문: 그는 연말에 사업 총결산을 써야 한다.

단어 到 dào 통 ~에 이르다 | 年末 niánmò 명 연말 | 工作 gōngzuò 명 일 | 总结 zǒngjié 명 총결산 | 已经 yǐjing 부 이미, 벌써 | 写 xiě 통 (글씨를) 쓰다 | 积极 jījí 형 적극적이다, 의욕적이다

해설 '工作总结'는 연말마다 그 해의 사업을 총결산하며 쓰는 것이기 때문에 원칙적으로 생각했을 때, 연말에 총결산을 쓰는 것이 맞다. 따라서 '年末的时候他应该写工作总结'는 본문과 일치한다.

정답 ✓

我也想住多层的房子，可是它不是比高层的贵吗?

问： 高层的房子贵。

저도 복층 아파트에 살고 싶지만 고층 아파트보다 비싸지 않나요?

질문: 고층 아파트가 비싸다.

단어 住 zhù 통 살다, 거주하다 | 层 céng 명 층 | 房子 fángzi 명 집, 건물 | 它 tā 대 그것, 저것 | 比 bǐ 전 ~에 비해, ~보다 | 高层 gāocéng 형 고층의 | 贵 guì 형 비싸다, 귀하다

해설 '它不是比高层的贵吗?'의 '不是~吗?'는 '~인 거 아니야?'라는 반어적인 표현으로, '~인 거죠?'라는 의미이다. '它'는 복층 아파트를 가리키므로 이 문장의 본뜻은 '복층 아파트가 고층 아파트보다 비싸다'는 것으로 고층 아파트가 비싼지의 여부는 알 수 없다.

정답 X

你再去打扰爸爸工作，他就做不完那个计划了，明天当然也没办法带你去玩儿了。

问： 爸爸正在工作。

네가 또 아빠의 일을 방해하면 아버지는 계획을 마무리할 수 없어서 당연히 내일 너를 데리고 놀러 갈 수도 없단다.

질문: 아빠는 지금 일하고 계신다.

단어 打扰 dǎrǎo 통 방해하다, 지장을 주다 | 做 zuò 통 하다, 만들다 | 完 wán 통 완성하다, 끝내다 | 计划 jìhuà 명통 계획(하다) | 当然 dāngrán 부 당연히, 물론 | 没办法 méi bànfǎ 방법이 없다 | 带 dài 통 인솔하다, 데리다 | 玩 wán 통 놀다

해설 '你再去打扰爸爸工作，他就做不完那个计划了'의 '你再去打扰爸爸工作'는 가정절로써 '만약 네가 또 아버지 일을 방해하면'이라는 뜻이며, 마지막 절에 방해를 하면 내일 놀러 갈 수 없다고 했으므로 대화를 하는 시점이 '지금'임을 알 수 있다.

정답 ✓

你鼻子怎么那么灵？鱼放在冰箱里你都能闻到味儿。

问：　冰箱里有鱼。

네 코는 어쩜 그렇게 민감하니? 생선이 냉장고에 있다는 것까지 냄새를 맡아 내다니.

질문: 냉장고에 생선이 있다.

단어 鼻子 bízi 몡 코 | 灵 líng 혱 기민하다, 영리하다 | 鱼 yú 몡 생선 물고기 | 放 fàng 동 놓다 | 冰箱 bīngxiāng 몡 냉장고 | 都 dōu 튀 모두, 다, 전부 | 闻 wén 동 (냄새를) 맡다 | 味儿 weìr 몡 냄새 맛

해설 '鱼放在冰箱里'에서 냉장고에 생선이 있음을 직접적으로 언급하고 있다.

정답 _ ✓

我怎么能不着急？如果一切顺利，他两个小时以前就应该到了。

问：　我觉得他很顺利。

내가 어떻게 초조해 하지 않겠어? 만약 모든 것이 순조롭다면 그는 2시간 전에 도착했어야 하는데.

질문: 나는 그가 매우 순조롭다고 생각한다.

단어 如果 rúguǒ 젭 만약, 만일 | 一切 yíqiè 때 전부, 모든 | 顺利 shùnlì 혱 순조롭다, 일이 잘 되다 | 小时 xiǎoshí 몡 시간, 시간 단위 | 以前 yǐqián 몡 과거, 이전 | 应该 yīnggāi 동 반드시 ～할 것이다

해설 '如果'는 '만약'의 뜻이므로 '如果一切顺利，他两个小时以前就应该到了'를 통해 그가 아직 도착하지 않았고, 이로써 나는 그가 순조롭지 않다고 생각하고 있음을 알 수 있다.

정답 _ X

Tip　가정복문

① 如果～就～: 만약 ～라면 곧 ～하다
　如果你喜欢，我就给你吧。 만약 네가 좋아하면, 너에게 줄게.

② 要是～(就)～: 만일 ～라면
　要是他要去，怎么办？ 만일 그가 가려고 하면 어쩌지?

③ 要不是～(就)～: 만약 ～이 아니라면
　要不是你帮我，我一个人不能去。 만약 네가 도와주지 않았다면 나 혼자서는 못 갔을거야.

我真看不出来这二十块一斤的苹果和两块一斤的有什么区别。

问: 我认为两种苹果都一样。

나는 정말 이 한 근에 20위안짜리 사과하고 한 근에 2위안짜리 사과가 뭐가 다른지 모르겠어.

질문: 나는 두 가지 사과가 똑같다고 생각한다.

단어 出来 chūlái 통 동사 뒤에 쓰여 숨겨져 있다가 드러남을 표시함 | 斤 jīn 양 근 | 苹果 píngguǒ 명 사과 | 区别 qūbié 명 구별, 차이 | 认为 rènwéi 통 여기다, 생각하다

해설 '看不出来'는 '알아낼 수 없다'라는 뜻이며, '看不出来这二十块一斤的苹果和两块一斤的有什么区别'에서 두 종류의 사과가 뭐가 다른지 모르겠다고 했으므로 나는 두 사과가 똑같다고 생각하고 있음을 알 수 있다.

정답_ ✓

Tip   가능보어

가능보어는 동사 뒤에 쓰여서 동작의 가능 여부를 나타내는 보어이다.

① 긍정형 동사 + 得 + 가능보어(결과보어/방향보어/了)
买得到 살 수 있다
看得出来 알아낼 수 있다
去得了 갈 수 있다

② 부정형 동사 + 不 + 가능보어(결과보어/방향보어/了)
买不到 살 수 없다
看不出来 알아낼 수 없다
去不了 갈 수 없다

取签证的时候不一定本人去大使馆，这和送的时候不一样。

问: 送签证的时候一定要本人去大使馆。

비자를 찾을 때에는 본인이 꼭 대사관에 가지 않아도 되며, 이것은 신청할 때와 다르다.

질문: 비자를 신청할 때에는 꼭 본인이 대사관에 가야 한다.

단어 取 qǔ 통 찾다, 가지다 | 签证 qiānzhèng 명 비자(visa) | 时候 shíhou 명 때, 시간, 무렵 | 本人 běnrén 명 본인 | 大使馆 dàshǐguǎn 명 대사관 | 送 sòng 통 주다, 보내다

해설 '这和送的时候不一样'에서 '这'가 가리키는 것은 '取签证的时候不一定本人去大使馆'이다. 즉, 비자를 찾을 때에는 본인이 가지 않아도 되지만, 신청할 때에는 반드시 본인이 가야 한다는 의미이다.

정답_ ✓

第三部分

021

女：你可真有钱。一下子就拿出来二十万。

男：这其中要是有一半儿是我的就好了。

问：**男的有多少钱?**

   A　10万多

 ✔B　**不到10万**

   C　20万

여: 너는 정말 돈이 많구나. 단번에 20만 위안이나 뽑을 수 있다니.

남: 이 중에 절반이라도 내 것이면 좋겠어.

질문: 남자는 돈이 얼마나 있나?

   A　10만 위안이 넘는다

  B　10만 위안이 안 된다

   C　20만 위안이 있다

단어 ｜ 钱 qián 몡 돈, 화폐 ｜ 拿 ná 통 (방법이나 재물 등을) 제공하다, 내놓다 ｜ 出来 chūlái 통 (안에서 밖으로) 나오다 ｜ 其中 qízhōng 뗴 그중에, 그 안에 ｜ 一半 yíbàn 반, 절반 ｜ 多少 duōshao 뗴 얼마, 몇 ｜ 不到 búdào 통 (일정한 수량에) 미치지 못하다

해설 ｜ 여자가 '一下子就拿出来二十万'이라고 하자 남자는 '这其中要是有一半儿是我的就好了'라고 하고 있다. 이로써 찾은 돈 중에 남자의 돈은 절반도 되지 않음을 알 수 있으므로 남자의 돈은 10만 위안이 채 안된다.

정답＿ B

Tip　방향보어

방향보어는 동사 뒤에 쓰여서 동작의 이동 방향을 나타낸다.

Ⅰ. 단순방향보어

① 기본형 동사 + 방향보어(来/去/上/下/进/出/回/过/起/开)

他走进了。 그는 걸어 들어갔다.

'来，去'는 화자로부터 가까워지는지 멀어지는지를 나타내고, 나머지 '上，下，进，出，回，过，起，开'는 이동 방식을 나타낸다.

② 목적어의 위치

목적어가 장소이고 보어가 '来 혹은 去'일 때는 '술어＋장소목적어＋来/去'의 순으로 써야 한다.

他进教室来。 그는 교실로 들어왔다.

她回韩国去。 그녀는 한국으로 돌아갔다.

Ⅱ. 복합방향보어

① 기본형 동사 + 방향보어1(上/下/进/出/回/过/起/开) + 방향보어2(来/去)

他跑出去了。 그는 뛰어나갔다.

我的儿子哭起来了。 아들이 울기 시작했다.

② 목적어가 장소를 나타내는 명사일 때, 목적어는 반드시 복합방향보어 사이에 와야 한다.

他跑回宿舍去了。 그는 뛰어서 기숙사로 돌아갔다.

022

男：今天是十五吧?

女：不可能，你看那月亮，一点儿也不圆。

问：**十五的时候月亮怎么样?**

 ✔A　**很圆**

   B　一点儿也不圆

   C　有一点儿圆

남: 오늘은 보름이지?

여: 그럴 리가. 저 달을 봐. 전혀 둥글지 않잖아.

질문: 보름이면 달이 어떠한가?

  A　매우 둥글다

   B　조금도 둥글지 않다

   C　조금 둥글다

단어 ｜ 十五 shíwǔ 음력 보름 ｜ 看 kàn 통 보다, 구경하다 ｜ 月亮 yuèliang 몡 달 ｜ 圆 yuán 혱 둥글다

해설 ｜ '今天是十五吧?'라는 말에 '不可能, 你看那月亮，一点儿也不圆'이라고 말하는 것으로 보아 보름에는 달이 둥글다는 것을 알 수 있다.

정답＿ A

女：你怎么一会儿上楼一会儿下楼的，忘了什么东西吗？

男：哎，不是为了减肥吗？一天跑五次楼梯，这是你嫂子给我的任务。

问：男人为什么总是上下楼？

    A 忘了东西

  ✔B 减肥

    C 找嫂子

여: 왜 계단을 오르락내리락하는 거야? 물건을 잊었어?

남: 참, 다이어트 하기 위해서 아니겠니? 하루에 5번 층계를 오르내려야 해. 이것은 네 올케가 나한테 준 임무야.

질문: 남자는 왜 층계를 오르내리나?

    A 물건을 잊었다

    B 다이어트 한다

    C 올케를 찾는다

단어 上楼 shànglóu 통 위층으로 올라가다 | 下楼 xiàlóu 통 아래층으로 내려가다 | 忘 wàng 통 잊다, 망각하다 | 为了 wèile 전 ~하기 위하여 | 减肥 jiǎnféi 통 살을 빼다, 다이어트 하다 | 跑 pǎo 통 달리다, 뛰다 | 楼梯 lóutī 명 계단, 층계 | 嫂子 sǎozi 명 형수, 올케, 아주머니 | 给 gěi 전 ~에게 통 주다 | 任务 rènwu 명 임무

해설 '你怎么一会儿上楼一会儿下楼的'라는 여자의 물음에 남자는 '不是为了减肥吗？'라며 '다이어트를 하기 위해서 아니겠니?'라고 반어적으로 대답하고 있으므로 남자는 다이어트를 위해 층계를 오르내렸음을 알 수 있다.

정답_ B

Tip	반어적 표현

① 不是~吗？

你不是要开会吗？ 너 회의해야 하는 거 아니야? (너는 회의를 해야 한다)

这不是你的吗？ 이거 네 것 아니야? (이것은 네 것이다)

② 难道~吗？

你难道不去上课吗？ 너 설마 수업에 안 가려는 건 아니지? (수업에 가야 한다)

你难道不知道吗？ 너 설마 몰랐던 건 아니지? (네가 몰랐을 리가 없다)

男：小丽，你怎么又要搬家，原来的房间多好啊！

女：那个房间不是在歌厅楼上嘛？晚上太热闹，我睡不好觉。

问：小丽为什么要搬家？

    A 喜欢住在歌厅楼上

    B 想热闹一点

  ✔C 在原来的房间睡不好

남: 샤오리, 왜 또 이사하려고 해? 원래 방 좋았잖아!

여: 그 방은 노래방 위에 있잖아. 밤이면 너무 시끄러워서 내가 잠을 제대로 못 자.

질문: 샤오리는 왜 이사하려고 하나?

    A 노래방 위에 사는 것을 좋아해서

    B 떠들썩하고 싶어서

    C 원래의 방에서는 잠을 제대로 못 자서

단어 又 yòu 부 또, 다시, 거듭 | 搬家 bānjiā 통 이사하다, 집을 옮기다 | 原来 yuánlái 형 원래의, 본래의 | 房间 fángjiān 명 방 | 歌厅 gētīng 명 노래방 | 热闹 rènao 형 떠들썩하다, 시끌벅적하다 | 睡觉 shuìjiào 통 잠을 자다

해설 '那个房间不是在歌厅楼上嘛？晚上太热闹，我睡不好觉'라는 문장을 듣고 샤오리는 지금의 방에서는 시끄러워 잠을 잘 못 자기 때문에 이사하려 한다는 것을 알 수 있다.

정답_ C

女：你出国的时候给我哥带五瓶白酒，他没事儿喜欢
　　喝两杯！

男：你拿出来三瓶，海关有限制。

问：男的可以带几瓶酒？

　　A 五瓶

　✔B 两瓶

　　C 三瓶

여: 출국할 때 우리 오빠한테 고량주 5병 갖다 줘. 그는 심심할
　　때 두어 잔 하는 걸 좋아해.

남: 3병 꺼내. 세관에 걸려.

질문: 남자는 술을 몇 병 가지고 갈 수 있나?

　　A 5병

　B 2병

　　C 3병

단어　出国 chūguó 图 출국하다 | 给 gěi 젭 ~에게 | 带 dài 图 (몸에) 지니다, 가지다 | 瓶 píng 窗 병 | 白酒 báijiǔ 阌 바이주, 고량주 | 没事 méishì 图 할 일이 없다, 한가하다 | 喝 hē 图 마시다, 음주하다 | 杯 bēi 窗 잔, 컵 | 拿 ná 图 (방법이나 재물 등을) 제공하다, 내놓다 | 海关 hǎiguān 阌 세관 | 限制 xiànzhì 阌 제한, 규정된 범위

해설　여자가 '你出国的时候给我哥带五瓶白酒'라고 했으나 남자는 '你拿出来三瓶'이라고 했으므로 결론적으로 5병에서 3병을 뺀, 2병을 가지고 갈 수 있음을 알 수 있다.

정답_ B

男：孩子这么小，怎么就戴上眼镜啦？

女：这是治疗镜，医生说如果再不好好儿保护眼睛，
　　就会发展得更快。

问：孩子为什么戴眼镜？

　✔A 为了治疗

　　B 为了保护眼睛的发育

　　C 为了眼睛发展更快

남: 애가 이렇게 어린데 어쩌다가 안경을 쓴 거야?

여: 이것은 치료용 안경이야. 의사가 말하기를, 눈을 잘 보호하
　　지 않으면 금방 나빠진대.

질문: 아이는 왜 안경을 썼나?

　　A 치료를 위하여

　　B 눈의 발육을 보호하기 위하여

　　C 눈이 빨리 성장하도록 하기 위하여

단어　戴 dài 图 (머리·팔·손 등에) 착용하다, 쓰다 | 眼镜 yǎnjìng 阌 안경 | 治疗 zhìliáo 图 치료하다 | 医生 yīshēng 阌 의사, 의원 | 如果 rúguǒ 젭 만약, 만일 | 保护 bǎohù 图 보호하다 | 眼睛 yǎnjing 阌 눈 | 发展 fāzhǎn 图 발전하다, 성장하다 | 更 gèng 囝 더욱, 훨씬 | 快 kuài 혱 빠르다

해설　여자의 말 '这是治疗镜'을 통해 아이가 안경을 쓴 이유는 치료를 위한 것임을 알 수 있다.

정답_ A

女： 无论多无聊的事从你嘴里说出来都成了笑话。

男： 我的听众怎么不像你这么想呢？

问： 男的最可能在什么地方工作？

  ✔A 广播电台

  B 电视台

  C 报社

여: 아무리 재미없는 일도 네 입에서 나오면 재미있어.

남: 내 청중들은 왜 너처럼 생각하지 않을까?

질문: 남자는 어디에서 일을 하나?

  A 라디오 방송국

  B 텔레비전 방송국

  C 신문사

단어 无论 wúlùn 접 ~에 관계없이 | 无聊 wúliáo 형 지루하다 | 从 cóng 전 ~부터 | 嘴 zuǐ 명 입 | 成了 chéngle 통 되다, 변하다 | 笑话 xiàohua 명 우스운 이야기, 우스갯소리 | 听众 tīngzhòng 청중 | 像 xiàng 통 같다, 비슷하다 | 地方 dìfang 명 곳, 장소 | 工作 gōngzuò 통 일하다 | 广播 guǎngbō 통 방송하다 | 报社 bàoshè 명 신문사

해설 '听众'은 '강연이나 라디오 등을 듣는 사람'을 뜻하므로 '我的听众怎么不像你这么想呢?'를 통해 남자가 라디오 방송국에서 일하고 있음을 유추할 수 있다.

정답_ A

Tip 방송국 관련 어휘

① 라디오
听众 tīngzhòng 청취자
谢谢收听 xièxie shōutīng 청취해 주셔서 감사합니다
广播电台 guǎngbō diàntái 라디오 방송국

② TV
观众 guānzhòng 시청자
谢谢收看 xièxie shōukàn 시청해 주셔서 감사합니다
电视台 diànshìtái 텔레비전 방송국

男： 6号是我们的结婚纪念日，你到时候提醒我一下啊！

女： 这还要我帮你记？你忘了就算了，我一个人过。

问： 女的是什么意思？

  A 我提醒你

  ✔B 你自己应该记住

  C 我喜欢一个人过

남: 6일은 우리 결혼기념일인데, 그 날 당신이 나한테 알려 줘요!

여: 이것조차 내가 기억하게 도와줘야 해요? 잊어버리면 됐어요. 나 혼자서 보낼 거예요.

질문: 여자의 말은 무슨 뜻인가?

  A 내가 당신을 상기시켜 주겠다

  B 당신 스스로 기억해야 한다

  C 나는 혼자서 보내는 게 좋다

단어 结婚 jiéhūn 통 결혼하다 | 纪念日 jìniànrì 명 기념일 | 提醒 tíxǐng 통 일깨우다, 상기시키다 | 帮 bāng 통 돕다, 거들다 | 记 jì 통 기억하다, 명심하다 | 忘 wàng 통 잊다, 망각하다 | 算了 suànle 통 됐다, 필요 없다 | 过 guò 통 (시간을) 지내다, 보내다 | 意思 yìsi 명 의미, 뜻

해설 여자의 말 '这还要我帮你记? 你忘了就算了，我一个人过'는 남자가 잊어버리면 할 수 없다는 뜻이므로 남자 스스로 결혼기념일을 기억해야 한다는 의미이다. 따라서 이는 '你自己应该记住'와 상통한다.

정답_ B

女：今年研究生招生人数要减少了。

男：你从哪儿听到的消息？我听说的怎么和你的正相
　　反呢。

问：男的听说什么了？

　　A 招生人数减少
　✔B 招生人数增多
　　C 不知道这方面消息

여 올해 대학원생 모집 인원이 줄어든대.

남 너 어디서 들은 거야? 내가 들은 것은 왜 네가 들은 것과 정
　　반대지?

질콘: 남자는 무엇을 들었나?

　　A 모집 인원이 감소한다
　B 모집 인원이 증가한다
　　C 이 방면의 소식을 모른다

단어 研究生 yánjiūshēng 몡 대학원생 ｜ 招生 zhāoshēng 통 신입생을 모집하다 ｜ 人数 rénshù 몡 사람 수 ｜ 减少 jiǎnshǎo 통 줄이다, 감소하다 ｜ 从 cóng 젠 ~부터 ｜ 消息 xiāoxi 몡 정보, 소식 ｜ 相反 xiāngfǎn 통 상반되다, 반대되다

해설 여자의 말 '今年研究生招生人数要减少了'를 듣고 남자가 '我听说的怎么和你的正相反呢'라고 하고 있으므로 남자는 올해 대학원생 모집 인원이 늘어난다고 들었음을 알 수 있다.

정답_ B

男：去年考五百分就能进这个大学，估计今年也没问
　　题。

女：谁说的？今年题简单了，分数也提高了。

问：今年多少分可能进这个大学？

　　A 500
　　B 490
　✔C 520

남: 작년엔 500점이면 이 대학에 들어갈 수 있었어. 아마 올해에
　　도 문제없을 거야.

여: 누가 그래? 올해는 문제가 쉬워서 점수가 많이 올라갔어.

질문: 올해는 몇 점을 받아야 이 대학에 들어갈 수 있나?

　　A 500점
　　B 490점
　C 520점

단어 去年 qùnián 몡 작년 ｜ 进 jìn 통 들어가다 ｜ 估计 gūjì 통 추측하다, 짐작하다 ｜ 问题 wèntí 몡 문제 ｜ 谁 shéi 때 누구, 누가 ｜ 简单 jiǎndān 혱 평범하다, 보통이다 ｜ 分数 fēnshù 몡 점수 ｜ 提高 tígāo 통 향상시키다, 높이다

해설 '去年考五百分就能进这个大学'라는 남자의 말에 '谁说的？今年题简单了，分数也提高了'라고 했으므로 올해 이 대학에 들어가기 위해서는 500점 이상을 받아야 한다는 것을 알 수 있다.

정답_ C

第四部分

● 31~40번 문제

031

男：来两本杂志。

女：什么杂志?

男：只要有意思就行，我上火车看。

女：哦，那给你一本《读者》，一本《故事会》吧，一共十块五。

问：男的可能在哪儿, 做什么?

    A 在车站买火车票

  ✔B 在书摊买杂志

    C 在图书馆借书

남: 잡지 두 권 주세요.

여: 어떤 잡지요?

남: 그냥 재미있기만 하면 돼요. 기차에서 보려고요.

여: 네. 그럼 '독자' 한 권과 '이야기 모임' 한 권을 드릴게요. 모두 10위안 5마오입니다.

질문: 남자는 어디에서 무엇을 하나?

    A 역에서 기차표를 산다

    B 책 파는 노점에서 잡지를 산다

    C 도서관에서 책을 빌린다

단어 杂志 zázhì 몡 잡지 | 只要 zhǐyào 젭 ~하기만 하면 | 有意思 yǒuyìsi 혱 흥미 있다, 재미있다 | 火车 huǒchē 몡 기차 | 一共 yígòng 뷘 모두 | 书摊 shūtān 몡 책을 파는 노점 | 图书馆 túshūguǎn 몡 도서관 | 借 jiè 동 빌리다

해설 남자의 말 '来两本杂志'과 여자의 말 '那给你一本《读者》, 一本《故事会》吧, 一共十块五'라는 말을 통해서 남자가 책을 사고 있음을 알 수 있다. 도서관에서 책을 빌릴 때에는 돈을 내지 않으므로 C는 답이 아니다.

정답_ B

032

女：这个音乐听起来怎么这么耳熟?

男：女儿跳舞用的就是这个曲子。

女：香港有个歌手唱过这个歌儿吧?

男：词是她写的，曲子是日本的。

问：他们在谈论什么?

  ✔A 一首歌

    B 孩子的跳舞问题

    C 香港和日本的区别

여: 이 음악은 왜 이렇게 귀에 익을까?

남: 딸이 춤출 때 쓰는 곡이 바로 이 곡이잖아.

여: 홍콩의 한 가수가 이 노래를 불렀었지?

남: 가사는 그녀가 썼고, 곡은 일본 거야.

질문: 그들은 무엇을 말하고 있나?

    A 노래

    B 아이의 춤추는 문제

    C 홍콩과 일본의 차이

단어 音乐 yīnyuè 몡 음악 | 听起来 tīngqǐlái 동 듣자하니 ~인 것 같다 | 耳熟 ěrshú 혱 귀에 익다 | 跳舞 tiàowǔ 동 춤을 추다 | 曲子 qǔzi 몡 멜로디, 곡 | 香港 Xiānggǎng 몡 홍콩 | 歌手 gēshǒu 몡 가수 | 歌词 gēcí 몡 가사 | 写 xiě 동 짓다, 창작하다 | 日本 Rìběn 몡 일본 | 谈论 tánlùn 동 논의하다 | 首 shǒu 양 곡, 수(노래 등을 세는 단위) | 区别 qūbié 몡 차이

해설 '这个音乐听起来怎么这么耳熟?, 词是她写的, 曲子是日本的'에서 노래와 관련된 단어인 '这个音乐, 词, 曲子' 등을 통해 그들이 노래에 대해 이야기하고 있음을 유추할 수 있다.

정답_ A

男：小李结婚了，咱们是不是该送个红包？

女：他就是怕大家花钱，所以才没告诉别人这个消息。

男：不给钱可以，可是结婚这么大的事，我们至少也得送个礼物呀？

女：只要祝福就够了，他说这是他最想要的。

问：男的可能要做什么？

✔A 给小李钱或礼物

B 祝福小李

C 把消息告诉别人

남: 샤오리가 결혼하는데 우리 축의금을 내야 하지 않아?

여: 그는 사람들이 돈을 쓸까 봐 일부러 이 소식을 알리지 않았어.

남: 돈을 내지 않는 것은 그렇다 쳐도 결혼같은 이런 큰 일에 우린 적어도 선물은 보내야 하잖아?

여: 그냥 축복해 주면 될 거야. 이게 그가 가장 바라는 거라고 했어.

질문: 남자는 무엇을 하려고 하나?

A 샤오리에게 돈이나 선물을 주려고 한다

B 샤오리를 축복하려고 한다

C 소식을 다른 사람에게 알리려고 한다

단어 该 gāi 조통 마땅히 ~해야 한다, ~하는 것이 당연하다 | 红包 hóngbāo 명 (축의금 등을 넣는) 붉은 종이봉투 | 怕 pà 통 염려하다, 걱정이 되다 | 花钱 huāqián 통 돈을 쓰다, 소비하다 | 告诉 gàosu 통 말하다, 알리다 | 消息 xiāoxi 명 정보, 소식 | 至少 zhìshǎo 부 적어도, 최소한 | 祝福 zhùfú 통 축복하다, 축원하다 | 够了 gòule 통 충분하다, 족하다

해설 남자의 말 '小李结婚了，咱们是不是该送个红包?', '可是结婚这么大的事，我们至少也得送个礼物呀?'를 통해 남자는 샤오리에게 결혼을 축하하기 위해 돈이나 선물을 주려 한다는 것을 알 수 있다.

정답_ A

| Tip | 여러 가지 의미의 '花' |

① 명사 : 꽃

花开了。 꽃이 피었다.

这种花叫什么名字? 이런 꽃은 이름이 뭐예요?

② 동사 : 소비하다, 쓰다

他花了很多钱。 그는 많은 돈을 썼다.

从你家到学校花多长时间? 너네 집에서 학교까지 시간이 얼마나 걸리니?

女： 又到了周末了。

男： 累了一个星期了，你可以好好休息休息了。

女： 休息什么呀？周六陪儿子上一天课，周日除了带他玩儿，还得打扫、买菜、洗衣服，还不如上班呢。

男： 原来家家都是一样的啊！我还以为就我家这样呢。

问： 男人周末的时候怎么样？

    A 好好休息

✔B 很累

    C 做特别的事

여: 또 주말이 되었구나.

남: 한 주 동안 수고했으니, 푹 쉴 수 있겠다.

여: 쉬기는 뭘 쉬어? 토요일에는 아들과 같이 온종일 수업에 참가해야 하고, 일요일에는 애를 데리고 노는 것 이외에 청소도 해야 하고 장도 봐야 하고 빨래도 해야 돼서 출근하는 것보다 더 힘들어.

남: 알고 보니 모든 집이 다 똑같네! 나는 우리 집만 그런 줄 알았더니만.

질문: 남자는 주말에 어떠한가?

    A 잘 쉰다

B 힘들다

    C 특별한 일을 한다

단어 又 yòu 부 또, 다시 | 周末 zhōumò 명 주말 | 休息 xiūxi 동 휴식을 취하다, 쉬다 | 周日 zhōurì 명 일요일 | 带 dài 동 인솔하다, 데리고 가다 | 打扫 dǎsǎo 동 청소하다 | 玩 wán 동 놀다, 장난하다 | 菜 cài 명 채소, 반찬, 음식 | 衣服 yīfu 명 옷 | 不如 bùrú 동 ~만 못하다 | 上班 shàngbān 동 출근하다 | 原来 yuánlái 부 알고 보니

해설 주말이 출근할 때보다 더 힘들다는 여자의 말에 남자가 '原来家家都是一样的啊！'라고 했으므로 남자도 주말에 힘들다는 것을 알 수 있다.

정답_ B

Tip   부사 '原来'

① 원래(원래는 그랬지만 지금은 그렇지 않다)

这是我给他的，原来是我的。 이건 내가 그에게 준거야, 원래는 내 거야.

我原来不会说汉语，可是现在会说。 나는 원래 중국어를 할 줄 몰랐지만 지금은 할 줄 안다.

② 알고 보니(모르고 있던 상황을 알게 되었다)

原来是这样！ 알고 보니 이런 거군요!

原来他没有去中国，还在韩国。 알고 보니 그는 중국에 안 가고 아직 한국에 있다.

男： 和狮子这样的动物接触，你不害怕吗？
女： 为了研究它们，我往往忘记了害怕。
男： 你从来没遇到过危险吗？
女： 那怎么可能？
问： 从这段对话可以知道什么？

  ✔**A** 女人和狮子打交道
  B 女人没遇到过危险
  C 女人忘记了怎么接触狮子

남: 사자와 같은 동물과 접촉하는 것이 무섭지 않나요？
여: 동물들을 연구하기 위해서 항상 무서움을 잊어버려요.
남: 지금까지 위험에 처한 적은 없나요？
여: 그럴 리가 있나요？
질문: 이 말을 통하여 무엇을 알 수 있나？

  A 여자와 사자가 접촉한다
  B 여자는 위험에 처한 적이 없다
  C 여자는 어떻게 사자와 접촉하는지를 잊어버렸다

단어 狮子 shīzi 몡 사자 | 动物 dòngwù 몡 동물 | 接触 jiēchù 동 접촉하다, 왕래하다 | 害怕 hàipà 동 겁내다, 두려워하다 | 为了 wèile 전 ~을 하기 위하여 | 研究 yánjiū 동 연구하다 | 往往 wǎngwǎng 튀 이따금, 때때로, 종종 | 忘记 wàngjì 동 잊어버리다 | 从来 cónglái 튀 (과거부터) 지금까지, 이제까지 | 遇到 yùdào 동 만나다, 맞닥뜨리다 | 危险 wēixiǎn 몡 위험

해설 남자가 여자에게 '和狮子这样的动物接触，你不害怕吗？'라고 질문하는 것으로 보아 여자는 사자와 접촉함을 알 수 있다. 또한 '你从来没遇到过危险吗？'라는 질문에 '그럴 리가 있나요？'라고 대답했으므로 여자는 위험에 처한 적이 있음을 알 수 있다.

정답_ A

女： 你到底邀请了多少个客人？
男： 我通知了十个，可是他们不一定都能来。
女： 那我应该按照多少个客人准备菜呢？
男： 十个吧，菜剩了没关系，不够就不好了。
问： 为什么要准备十个人的菜？

  A 来10个客人
  ✔**B** 担心菜不够
  C 不想剩

여: 당신은 도대체 손님을 몇 명 초청했어요？
남: 10명에게 알렸는데, 다 올 수는 없을 거야.
여: 그러면 요리를 몇 인분 준비할까요？
남: 10인분으로 해요. 남으면 괜찮지만 모자라면 큰일이니까.
질문: 왜 10인분의 음식을 준비하나？

  A 10명의 손님이 와서
  B 요리가 부족할까 봐 걱정되서
  C 남기고 싶지 않아서

단어 到底 dàodǐ 튀 도대체 | 客人 kèrén 몡 손님 | 通知 tōngzhī 동 알리다 | 不一定 bùyídìng 튀 반드시 ~한 것은 아니다 | 应该 yīnggāi 조동 마땅히 ~해야 한다 | 按照 ànzhào 전 ~에 따라 | 准备 zhǔnbèi 동 준비하다 | 剩 shèng 동 남다, 남기다 | 不够 búgòu 동 (수량이나 정도가 요구에) 모자라다, 미치지 못하다 | 担心 dānxīn 동 걱정하다, 염려하다

해설 '菜剩了没关系，不够就不好了'를 통해 요리가 부족할까 봐 걱정되서 10인분의 요리를 준비한다는 것을 알 수 있다.

정답_ B

男：你能不能说得再详细一点儿？

女：我知道的就这些了。

男：要不我再问问老刘？

女：我们俩一起去的，估计她说的和我完全相同。

问：老刘了解的情况怎么样？

　　A　更详细

　　B　知道得不多

✔C　知道的和女的一样

남: 더 구체적으로 말해 줄 수 있어?

여: 내가 아는 것은 이것뿐이야.

남: 그러면 내가 라오리우한테 다시 물어 볼까?

여: 우리는 같이 갔기 때문에 그녀도 내가 말한 것과 완전히 똑같을 거야.

질문: 라오리우가 알고 있는 상황은 어떠한가?

　　A　더욱 상세하다

　　B　아는 것이 적다

C　아는 것이 여자하고 같다

단어 详细 xiángxì 혱 상세하다, 자세하다 | 知道 zhīdao 툉 알다, 이해하다 | 些 xiē 양 조금, 약간 | 问 wèn 툉 묻다 | 估计 gūjì 툉 추측하다, 짐작하다 | 完全 wánquán 튄 완전히, 아주 | 相同 xiāngtóng 혱 똑같다, 일치하다 | 了解 liǎojiě 툉 자세하게 알다, 이해하다 | 情况 qíngkuàng 몡 상황, 사정

해설 '我们俩一起去的，估计她说的和我完全相同'을 통해 여자가 아는 것과 라오리우가 아는 것이 같음을 알 수 있다.

정답_ C

女：介绍一下，这是我爱人的弟弟。

男：我刚才还奇怪呢，老王怎么变得这么年轻了？

女：大家都说他们两兄弟像一个人似的。

男：还是有区别的，他的脸比老王圆。

问：男的有什么看法？

　　A　老王年轻了

✔B　老王和弟弟不完全一样

　　C　老王的脸更圆

여: 소개할게요. 이 분은 제 남편의 동생입니다.

남: 그렇지 않아도 방금 이상하다고 생각했어요. 라오왕이 갑자기 어떻게 이렇게 젊어졌나 했어요.

여: 모두 두 형제가 똑같이 생겼다고 해요.

남: 그래도 다른 점이 있네요. 그의 얼굴이 라오왕보다 둥글어요.

질문: 남자의 관점은?

　　A　라오왕이 젊어졌다

B　라오왕과 남동생은 완전히 같지는 않다

　　C　라오왕의 얼굴이 더욱 둥글다

단어 介绍 jièshào 툉 소개하다 | 爱人 àiren 몡 남편 혹은 아내 | 刚才 gāngcái 몡 지금 막, 방금 | 奇怪 qíguài 혱 기이하다, 이상하다 | 变 biàn 툉 변하다 | 年轻 niánqīng 혱 젊다, 어리다 | 大家 dàjiā 때 모두, 다들 | 兄弟 xiōngdì 몡 형과 아우, 형제 | 像 xiàng 툉 비슷하다, 닮다 | 似的 shìde 조 ~와 같다, ~와 비슷하다 | 脸 liǎn 몡 얼굴 | 比 bǐ 젠 ~에 비해서 | 圆 yuán 혱 둥글다

해설 남자의 말 '还是有区别的，他的脸比老王圆'을 통해 남자가 라오왕과 남동생이 완전히 똑같이 생기지는 않았다고 생각하는 것을 알 수 있다.

정답_ B

男：老张他们两口子又去国外旅游了。

女：你羡慕他们了？

男：谁不羡慕呀？要不咱俩也去一趟？

女：如果医生允许我坐飞机的话，咱们不是早就去了吗？

问：女的是什么意思？

　　A 他们也要去

　　B 他们早就去过了

✔C 他们去不了

남: 라오장 부부는 또 해외로 여행 갔어요.

여: 그들이 부러워요?

남: 누가 안 부러워하겠어요? 우리도 같이 여행 한번 갈까요?

여: 의사가 나한테 비행기를 타도 괜찮다고 했으면 우린 벌써 떠났겠죠?

질문: 여자의 말은 무슨 뜻인가?

　　A 그들도 가려 한다

　　B 그들은 이미 간 적이 있다

　　C 그들은 가지 못한다

단어 国外 guówài 명 외국 | 旅游 lǚyóu 통 여행하다 | 羡慕 xiànmù 통 부러워하다 | 咱 zán 대 우리 | 俩 liǎ 수 두 사람 | 趟 tàng 양 차례, 번〔왕래한 횟수를 세는 단위〕 | 医生 yīshēng 명 의사 | 允许 yǔnxǔ 통 허락하다

해설 '如果'는 '만약'이란 뜻으로, 뒤에는 가설인 상황이 온다. 그러므로 '如果医生允许我坐飞机的话，咱们不是早就去了吗?'를 통해 그들은 여자의 건강 때문에 여행을 갈 수 없음을 알 수 있다.

정답_ C

> **Tip　동량보어**
>
> 동량보어는 동사의 뒤에 쓰여 동작의 횟수를 나타내는 보어이다.
>
> ① 긍정형: - 주어 + 술어(동사) + 동량보어
>
> 　我去过两次。 나는 두 번 가 봤다.
>
> 　他吃过一次。 그는 한 번 먹어 봤다.
>
> ② 목적어와의 결합
>
> - 목적어가 일반명사이면 '동사 + 동량보어 + 일반목적어'의 순으로 쓴다.
>
> 　我吃了三次药。 나는 약을 세 번 먹었다.
>
> - 목적어가 대사이면 '동사 + 대사목적어 + 동량보어'의 순으로 쓴다.
>
> 　今天我看了他一次。 오늘 나는 그를 한 번 보았다.

女：您这么大年纪，还上班呢！

男：还不是为了多赚两个钱嘛！

女：您儿子不是工作了吗？不能帮帮您？

男：他能照顾好自己我就谢天谢地了。

问：男人的儿子怎么样？

　　A 赚钱多

　　B 常帮助老人

✔C 不能照顾自己

여: 이렇게 연세가 많으신데도 출근하시네요!

남: 돈을 좀 더 벌기 위해서죠!

여: 아드님이 일하잖아요? 당신을 도와줄 수 없나요?

남: 그가 스스로 앞가림을 할 수 있다면 다행이지요.

질문: 남자의 아들은 어떠한가?

　　A 돈을 많이 번다

　　B 늘 노인을 돌봐 준다

　　C 자신을 챙기지 못한다

단어 年纪 niánjì 명 나이, 연령 | 上班 shàngbān 통 출근하다 | 赚 zhuàn 통 (돈을) 벌다 | 儿子 érzi 명 아들 | 工作 gōngzuò 명 일, 직업 | 帮 bāng 통 돕다, 거들다 | 照顾 zhàogù 통 보살피다, 돌보다 | 谢天谢地 xiètiānxièdì 성 다행이다, 천만다행이다

해설 남자의 마지막 말 '他能照顾好自己我就谢天谢地了'의 '他'는 남자의 아들을 가리킨다. '그가 스스로 앞가림을 할 수 있다면 다행이지요'라는 말을 통해 남자의 아들은 자기 자신도 챙기지 못한다는 것을 알 수 있다.

정답_ C

二、阅读

第一部分

041-045

A 怎么没给孩子带饭呢？	A 왜 애한테 도시락을 싸 주지 않았어?
B 当然。我们先坐公共汽车，然后换地铁。	B 당연하지. 먼저 버스를 타고 그 다음에 전철로 갈아타.
C 选什么样的人当这个负责人最好呢？	C 어떤 사람을 책임자로 선발해야 좋을까?
D 他竟然这样说我！	D 그가 뜻밖에도 나에 대해 이렇게 말하다니!
E 买台加湿器吧！	E 가습기 한 대 사라!
F 可我觉得他的英语没有你说得流利！	F 그렇지만 내가 보기에 그의 영어는 너보다 유창하지 않아!

 **단어** 带 dài 图 (몸에) 지니다, 휴대하다 | 饭 fàn 圆 식사, 밥 | 当然 dāngrán 圈 당연하다 | 选 xuǎn 图 선발하다, 뽑다 | 什么样 shénmeyàng 団 어떠한, 어떤 모양 | 当 dāng 图 담당하다, 맡다 | 负责人 fùzérén 圆 책임자 | 最好 zuìhǎo 圈 제일 좋다 | 竟然 jìngrán 퇴 뜻밖에도 | 这样 zhèyàng 団 이렇게 | 说 shuō 图 말하다 | 买 mǎi 图 사다 | 台 tái 앙 대(기계 등을 세는 단위) | 加湿器 jiāshīqì 圆 가습기 | 觉得 juéde 图 ~라고 생각하다 | 英语 yīngyǔ 圆 영어 | 说 shuō 图 말하다 | 流利 liúlì 圈 (말·문장이) 유창하다, 막힘이 없다

041

没有比她更合适的人了！	그녀보다 더 적합한 사람은 없어!

 **단어** 比 bǐ 졘 ~보다 | 更 gèng 퇴 더욱, 더 | 合适 héshì 圈 적합하다, 알맞다

해설 C의 '选什么样的人(어떤 사람을 선출하다)'과 문제의 '合适的人(적합한 사람)'이 관련되어 있다. 그러므로 'C 选什么样的人当这个负责人最好呢? (어떤 사람을 책임자로 선발해야 가장 좋을까?)'에 대한 답이 '没有比她更合适的人了! (그녀보다 더 적합한 사람은 없어!)'로 연결됨을 알 수 있다.

정답_ C

他在英国留学了三年。　　　　　　　　　그는 영국에서 3년 유학했어요.

단어　在 zài 젠 ~에서 | 英国 Yīngguó 몡 영국 | 留学 liúxué 통 유학하다

해설　'英国留学(영국 유학)'와 'F 英语(영어)'가 관련이 있으므로 '他在英国留学了三年(그는 영국에서 3년 유학했어요)'이라는 말과 '可我觉得他的英语没有你说得流利!(그렇지만 내가 보기에 그의 영어는 너보다 유창하지 않아)'라는 말이 서로 이어져야 한다.

정답_ F

Tip　시량보어

시량보어는 동작이 이루어진 시간의 양을 나타내며, 크게 다음의 두 가지 용법이 있다.

1. 동작이 지속된 시간을 나타낸다.

① 긍정형 주어 + 술어(동사) + 시량보어
　我每天工作八个小时。 나는 매일 8시간 동안 일한다.
　我学了两个月。 나는 2개월 배웠다.

② 목적어와의 결합
　– 기본적으로 술어(동사) + 목적어 + 술어(동사) + 시량보어
　　我学汉语学了两个月。 나는 중국어를 2개월 배웠다.

　– 목적어가 일반명사이면 술어(동사) + 시량보어 + (的) + 목적어
　　我学了两个月(的)汉语。 나는 중국어를 2개월 배웠다.

　– 목적어가 인칭대사이면 술어(동사) + 인칭대사목적어 + 시량보어
　　我等了他二十分钟。 나는 그를 20분 기다렸다.

2. 동작이 발생한 후부터 말하는 시점까지 경과된 시간을 나타내며, 주요 동사로는 '分手，来，去，结婚，毕业' 등이 있다. 이 경우엔 목적어를 시량보어 앞에 놓는다.
　他来北京一个月了。 그는 북경에 온 지 한 달이 되었다.

冬天的时候，房间里太干燥了。　　　　　　겨울에는 방이 너무 건조해요.

단어　冬天 dōngtiān 몡 겨울, 겨울철 | 房间 fángjiān 몡 방 | 干燥 gānzào 혱 건조하다

해설　'干燥(건조하다)'와 E의 '加湿器(가습기)'가 관련되어 있다. '冬天的时候，房间里太干燥了(겨울에는 방이 너무 건조해요)'의 대답으로 '买台加湿器吧!(가습기 한 대 사!)'가 적당하다.

정답_ E

044

学校的食堂提供午饭！ | 학교 식당에서 점심 식사를 제공해!

단어 学校 xuéxiào 몡 학교 | 食堂 shítáng 몡 구내식당, 식당 | 提供 tígōng 통 제공하다, 공급하다 | 午饭 wǔfàn 몡 점심밥, 오찬

해설 의미상 '学校的食堂提供午饭!(학교 식당에서 점심 식사를 제공해요!)'가 아이에게 도시락을 싸 주지 않는 이유가 되므로 'A 怎么没给孩子带饭呢?(왜 애한테 도시락을 안 싸줬어?)'와 '学校的食堂提供午饭!(학교 식당은 점심 식사를 제공해요!)'가 자연스럽게 어울린다.

정답_ A

045

别理他，他说话从来不仔细考虑。 | 신경 쓰지 마. 그는 항상 잘 생각하지 않고 말하잖아.

단어 理 lǐ 통 상대하다 | 说话 shuōhuà 몡 말하다 | 从来 cónglái 뷔 (과거부터) 지금까지 | 仔细 zǐxì 혱 세심하다, 꼼꼼하다 | 考虑 kǎolù 통 고려하다, 생각하다

해설 주어진 문장은 상대방에게 불만을 가지고 있는 사람을 위로하는 말투이므로 다른 사람에게 불만을 토로하고 있는 문장 'D 他竟然这样说我!(그가 뜻밖에도 나에 대해 이렇게 말하다니!)'가 적당하다.

정답_ D

046-050

<table>
<tr><td>

A 坚持也不一定就会成功。
B 孩子这么多毛病，你怎么不批评她呢？
C 我刚吃完一碗面条。
D 一方面靠机会，一方面靠自己的努力。
E 前面的路口怎么又堵车了？

</td><td>

A 계속해 나간다고 해서 꼭 성공하는 것은 아니야.
B 애한테 이렇게 문제가 많은데 너는 왜 혼내지 않니?
C 나는 금방 국수 한 그릇을 먹었어.
D 한편으로는 기회를 잡은 거고 한편으로는 자기의 노력
   에 의한 거지.
E 앞쪽 길목이 왜 또 막히지?

</td></tr>
</table>

단어 坚持 jiānchí 동 단호히 지키다, 고수하다 | 不一定 bùyídìng 투 (반드시) ~한 것은 아니다 | 会 huì 조동 ~일 것이다 | 成功 chénggōng 동 성공하다, 이루다 | 毛病 máobìng 명 나쁜 버릇 | 批评 pīpíng 동 꾸짖다 | 刚 gāng 부 ~하자마자 곧 | 吃 chī 동 먹다, 마시다 | 完 wán 동 완성하다, 다하다 | 碗 wǎn 양 그릇, 공기(밥·비판 등을 세는 단위) | 面条 miàntiáo 명 국수 | 一方面~, 一方面~ yìfāngmiàn~ yìfāngmiàn~ 한편으로 ~하면서 또 한편으로 ~하다 | 靠 kào 동 의지하다, ~에 달려 있다 | 机会 jīhuì 명 기회, 찬스 | 努力 nǔlì 동 노력하다, 열심히 하다 | 前面 qiánmian 명 앞쪽 | 又 yòu 부 또 | 堵车 dǔchē 동 교통이 꽉 막히다

3회

046

她从服务员干到管理人员的位置真不容易！ | 그녀는 종업원에서 관리자까지 올라가기가 정말 쉽지 않았어!

단어 从 cóng 전 ~부터, ~에서 | 服务员 fúwùyuán 명 종업원 | 管理人员 guǎnlǐ rényuán 관리자 | 位置 wèizhi 명 직위 | 容易 róngyì 형 쉽다, 용이하다

해설 종업원에서 관리자까지 되려면 노력이 필요하다. 보기 중 노력과 관련된 것은 'D 一方面靠机会，一方面靠自己的努力(한편으로는 기회를 잡은 거고 한편으로는 자기의 노력에 의지한 거지)'이다.

정답_ D

> **Tip** 一方面~, 一方面~
> '한편으로 ~하면서, 한편으론 ~하다'의 뜻이며 병렬관계를 나타낸다. 앞부분과 뒷부분은 서로 상관있는 내용이어야 한다.
> 一方面样子漂亮，一方面价格便宜。 한편으로는 모양이 예쁘고 한편으로는 가격이 싸다.
> 她每天都很忙，一方面要照顾孩子，一方面要做家务。 한편으로는 아이를 돌봐야 하고 한편으로는 집안일을 해야 해서 그녀는 매일 바쁘다.
> 我努力学习，一方面是因为学习对我很重要，一方面工作需要。 내가 열심히 공부하는 것은 한편으로는 공부가 나에게 중요해서이고,
> 한편으로는 일에 필요해서이다.

047

在上下班的时候，这样的交通情况很正常。 | 출·퇴근할 때 이런 교통 상황은 일반적인 거야.

단어 上下班 shàngxiàbān 동 출·퇴근하다 | 交通 jiāotōng 명 교통 | 情况 qíngkuàng 명 상황 | 正常 zhèngcháng 형 정상적인

해설 '在上下班的时候，这样的交通情况(출·퇴근 시의 이런 교통 상황)'과 E의 '堵车(차가 막히다)'가 관련되어 있다. '前面的路口怎么又堵车了?(앞쪽 길목이 왜 또 막히지?)'라는 말에 '在上下班的时候，这样的交通情况很正常(출·퇴근 할 때 이런 교통 상황은 일반적인 거야)'라는 대답이 자연스럽게 어울린다.

정답_ E

你饿不饿？一起吃点儿？　　　　배고프지 않아? 같이 좀 먹을래?

단어 饿 è 톙 배고프다 | 一起 yìqǐ 톙 같이, 함께 | 吃 chī 톙 먹다, 마시다

해설 '饿(배고프다), 吃(먹다)'라는 단어와 C의 '一碗面条(국수 한 그릇)'가 관련 있다. '你饿不饿? 一起吃点儿?(배고프지 않아? 같이 좀 먹을래?)'라고 물었으므로 이에 대해 동의나 거절의 대답이 나와야 한다. 이에 거절의 의미로 한 말은 'C 我刚吃完一碗面条(나는 금방 국수 한 그릇을 먹었어)'의 문장이 오는 것이 적당하다.

정답_ C

你真想放弃了吗？　　　　너 정말 포기할 거야?

단어 真 zhēn 톙 확실히, 참으로 | 想 xiǎng 조통 ~하기를 바라다, ~하고 싶다 | 放弃 fàngqì 톙 버리다, 포기하다

해설 '放弃(포기하다)'라는 단어와 A의 '坚持(계속해 나가다)'이 관련되어 있다. '你真想放弃了吗?(너 정말 포기할 거야?)'라는 물음에는 'A 坚持也不一定就会成功(계속해 나간다고 해서 꼭 성공하는 것은 아니야)'라는 대답이 어울린다.

정답_ A

她自信心不强，得多鼓励。　　　　그녀는 자신감이 강하지 않아서 많이 격려해 줘야 해

단어 自信心 zìxìnxīn 톙 자신감 | 强 qiáng 톙 강하다 | 得 děi 조통 ~해야 한다 | 鼓励 gǔlì 톙 격려하다, (용기를) 북돋우다

해설 '得多鼓励(많이 격려해 줘야 해)'는 B의 '不批评(혼내지 않다)'과 관련 있다. 'B 孩子这么多毛病, 你怎么不批评她呢?(애한테 이렇게 문제가 많은데 너는 왜 혼내지 않니?)'라고 물었으므로 아이를 혼내지 않는 이유를 알려 줘야 한다. 따라서 '她自信心不强，得多鼓励(그 아이는 자신감이 강하지 않아서 많이 격려해 줘야 해)'라는 대답이 적당하다. 이 문장에서 '得'는 '~해야 한다'는 뜻이다.

정답_ B

第二部分

● 51~55번 문제

051-055

<table>
<tr><td>A 即使</td><td>A 젭 jíshǐ 설령 ~할 지라도</td></tr>
<tr><td>B 声音</td><td>B 몡 shēngyīn 소리, 목소리</td></tr>
<tr><td>C 代表</td><td>C 몡 dàibiǎo 대표</td></tr>
<tr><td>D 来不及</td><td>D 됭 láibují 제 시간에 갈 수 없다, 미처 ~(하지) 못하다</td></tr>
<tr><td>E 不管</td><td>E 젭 bùguǎn ~에 상관없이</td></tr>
<tr><td>F 极其</td><td>F 붐 jíqí 아주</td></tr>
</table>

051

E 不管 有多大的困难，他都坚持自己的理想。 | 큰 어려움에도 E 상관없이, 그는 자신의 이상을 단호히 지켰다.

단어 困难 kùnnan 몡 곤란, 어려움 | 坚持 jiānchí 됭 단호히 지키다, 고수하다 | 理想 lǐxiǎng 몡 이상

해설 내용상 '큰 어려움에도 ~, 그는 자신의 이상을 단호히 지켰다'라그 했으므로 '~에 상관없이 ~하다'라는 의미의 '不管~都~' 구문을 쓰면 된다. 뒷 절에 '都'가 있으므로 괄호에는 'E 不管(~에 상관없이)'이 오면 적절하다.

정답_ E

> **Tip** 不管~都~
>
> '~든지 ~하다, ~임에 관계없이 ~하다'라는 뜻으로, '不管' 뒤에는 의문다사나 병렬 성분이 오며 어떤 조건에서도 결론은 같음을 의미한다.
> **不管谁都可以去。** 누구든지 상관없이 모두 갈 수 있다.
> **不管学什么，都要认真。** 무엇을 배우든지 상관없이 열심히 해야 한다.

052

四月下雪，这是 F 极其 少见的气候现象。 | 4월에 눈이 내리는 것은 F 아주 보기 드문 기후 현상이다.

단어 下雪 xiàxuě 됭 눈이 내리다 | 少见 shǎojiàn 혱 보기 드물다, 희귀하다 | 气候 qìhòu 몡 기후 | 现象 xiànxiàng 몡 현상

해설 '这是~少见的气候现象'은 '이것은 ~ 보기 드문 기후 현상이다'라는 뜻으로 괄호에는 형용사 '少见'을 꾸며 주는 부사가 들어가야 하므로 제시된 단어 중 'F 极其(아주)'가 가장 적합하다.

정답_ F

他希望成为会议的 **C** 代表。

그는 회의의 **C** 대표가 되기를 바란다.

단어 希望 xīwàng 图 희망하다, 바라다 | 成为 chéngwéi 图 ~이 되다, ~으로 되다 | 会议 huìyì 멱 회의

해설 괄호 앞에 '的'가 있으므로 괄호에는 명사가 들어가야 하는데, 내용상 '회의의 ~이 되기를 바라다'이므로 품사와 뜻이 가장 적합한 'C 代表(대표)'를 넣어야 한다.

정답_ C

Tip 구조조사

수식하는 말과 수식을 받는 말을 연결시켜 주는 조사이다.

① 的: 수식하는 말(관형어) + 的 + 수식 받는 말(주어, 목적어-일반적으로 명사)
聪明的人 똑똑한 사람
我的汉语书 나의 중국어 책

② 地: 수식하는 말(부사어) + 地 + 수식 받는 말(술어-일반적으로 동사나 형용사)
认真地学习 열심히 공부하다.
高兴地说 기뻐하며 말한다.

③ 得: 수식 받는 말(술어-일반적으로 동사나 형용사) + 得 + 보충하는 말(보어)
说得很好 말을 잘 한다. (정도를 나타냄)
洗得干净 깨끗하게 빨 수 있다. (가능을 나타냄)

A **即使**你取得了一定的成绩，也不要满足，还应该努力。

설령 당신이 어느 정도 성적을 거둔다 **A** **할 지라도**, 만족하지 말고 더 노력해야 한다.

단어 取得 qǔdé 图 얻다, 획득하다 | 成绩 chéngjì 멱 성적, 성과 | 不要 búyào 图 ~하지 마라 | 满足 mǎnzú 图 만족하다, 흡족하다 | 应该 yīnggāi 조통 마땅히 ~해야 한다 | 努力 nǔlì 图 노력하다

해설 '即使~也(还)'는 '설령 ~라고 할 지라도'의 가정적인 상황을 나타내는 구문으로, 내용상 '당신이 어느 정도 성적을 거둔다고 ~, 만족하지 말고 더 노력해야 한다'라는 의미이므로 가정을 나타내는 'A 即使(설령 ~할 지라도)'가 와야 적합하다.

정답_ A

这个时间去大超市 **D** **来不及**了，去小商店看看吧。

지금 이 시간은 큰 슈퍼에 갈 **D** **시간은 안되니**, 작은 상점에 가 보세요.

단어 时间 shíjiān 멱 시간 | 超市 chāoshì 멱 슈퍼마켓 | 商店 shāngdiàn 멱 상점, 판매점

해설 '来不及'는 '시간이 촉박해서 시간 안에 해내지 못하다'라는 뜻이다. 내용상 '지금 이 시간은 큰 슈퍼 갈 ~, 작은 상점에 가 보세요'라고 했으므로 'D 来不及(제 시간에 갈 수 없다)'가 적당하다.

정답_ D

056-060

A 经历	A 몡 jīnglì 경험, 경력 동 겪다, 경험하다
B 爱好	B 몡 àihào 취미
C 果然	C 閏 guǒrán 과연, 아니나다를까, 생각한대로
D 结果	D 몡 jiéguǒ 결과, 결실
E 经验	E 몡 jīngyàn 경험
F 可爱	F 혱 kě'ài 사랑스럽다, 귀엽다

056

A: 那个小女孩长得怎么样?
B: 不漂亮，大胖脸，小眼睛，但是特别 **F 可爱**。

A: 그 여자애는 어떻게 생겼어?
B: 예쁘진 않아. 뚱뚱한 얼굴에 눈도 작아. 하지만 아주 **F 귀여워**.

단어 漂亮 piàoliang 혱 예쁘다, 아름답다 | 胖 pàng 혱 뚱뚱하다 | 眼睛 yǎnjing 몡 눈 | 特别 tèbié 閏 특별히, 아주

해설 '但是'은 '그러나'의 의미로 앞 문장과 상반되는 뜻의 문장을 이끌 때 쓰인다. 그러므로 '但是' 앞에서 '不漂亮，大胖脸，小眼睛(예쁘진 않아. 뚱뚱한 얼굴에 눈도 작아)'이라고 했으므르 '但是' 다음 내용은 의미상 '不漂亮'과 상반되는 '可爱'가 오는 것이 적합하다.

정답_ F

057

A: 你们为什么都喜欢听他讲的故事?
B: 他的年纪不大，但是 **A 经历** 的事情特别多。

A: 당신들은 왜 그가 하는 이야기를 즐겨 들어요?
B: 그가 비록 나이는 많지 않지만 **A 경험한** 일이 아주 많아서요.

단어 讲 jiǎng 동 말하다, 논하다 | 故事 gùshi 몡 이야기 | 事情 shìqing 몡 일, 사건

해설 그의 이야기를 즐겨 듣는 이유로 '他的年纪不大，但是~的事情特别多(그가 비록 나이는 많지 않지만 ~한 일이 아주 많아서요)'라고 대답하고 있다. 문장 중간에 '但是'이 들어가서 전환의 의미를 나타내고 있으므로 '但是' 뒤의 문장은 어린 나이답지 않게 경험한 일이 많다는 말이 오는 것이 적합하다. '经历(경험하다)'는 '실제 눈으로 보고 귀로 들은 경험'을 지칭한다.

정답_ A

A： 他今天一定会迟到。	A: 그는 오늘 반드시 지각할 걸.
B： C **果然**让你猜对了。	B: C **역시** 알아맞혔네.

단어 一定 yídìng 🖹 반드시, 꼭 | 会 huì 조동 ~일 것이다 | 迟到 chídào 통 지각하다 | 果然 guǒrán 과연, 역시 | 猜对 cāiduì 통 추측하여 알아맞히다

해설 '果然'은 '역시'의 뜻으로 생각한 것과 사실이 같을 때 쓰인다. '他今天一定会迟到(그는 오늘 반드시 지각할 걸)'라는 말에 대한 대답으로 '~ 알아맞혔네'라고 대답하고 있으므로 'C 果然(역시)'이 오는 것이 자연스럽다.

정답_ C

A： 丽丽，和我结婚吧。	A: 리리, 나와 결혼하자.
B： 我们性格不合适，在一起不会有好的 D **结果**。	B: 우리는 성격이 맞지 않아서 같이 있으면 D **결과**가 좋지 않을 거야.

단어 性格 xìnggé 명 성격 | 合适 héshì 형 적합하다, 알맞다 | 一起 yìqǐ 🖹 같이, 함께

해설 괄호 앞에 구조조사 '的'가 있으므로 괄호에는 명사가 들어갈 것임을 알 수 있다. '和我结婚吧(나와 결혼하자)'라는 말에 '我们性格不合适，在一起不会有好的~ (우리는 성격이 맞지 않아서 같이 있으면 ~가 좋지 않을 거야)'라고 하고 있으므로 적절한 단어는 'D 结果(결과)'이다.

정답_ D

A： 请问，您觉得怎么做比较好?	A: 어떻게 하는 것이 비교적 좋을까요?
B： 我也是刚来的，一点儿 E **经验**都没有。	B: 나도 금방 와서 아무런 E **경험**이 없어.

단어 比较 bǐjiào 🖹 비교적 | 刚 gāng 🖹 ~하자마자 곧 | 来 lái 통 오다 | 一点儿 yìdiǎnr 양 조금

해설 '어떻게 하는 것이 좋겠냐'는 방법을 묻는 물음에 '我也是刚来的，一点儿~都没有(나도 금방 와서 아무런 ~이 없어)'라고 대답하고 있다. 내용상 '经验(경험)'이 가장 어울린다. '经验'은 '업무상의 경험'을 나타낸다.

정답_ E

Tip 经历 vs 经验

经历	经验
자신이 직접 몸으로 겪은 것을 나타낸다.	'经历'를 포함한 포괄적인 지식이나 깨달음을 나타낸다.
我公司需要有经历的人.	以我的经验来看, 这件事情解决不了.
우리 회사는 경력 있는 사람이 필요합니다.	내 경험으로 봐서는, 이 일을 해결할 수 없다.

'经历'는 '经验'이 될 수 있으나, '经验'은 반드시 '经历'로만 이루어지는 것은 아니다. 왜냐하면 직접 겪지는 않았어도 책이나 다른 사람의 말을 통해서도 '经验'을 쌓을 수 있기 때문이다.

第三部分

061

你要是真觉得后悔了，就离开现在的公司，再回到学校教计算机去。

问： 这个人以前可能做什么工作？

✔ A 他是老师

B 他做生意

C 他修计算机

정말 후회되면 지금의 회사를 그만두고, 다시 학교로 돌아가서 컴퓨터를 가르쳐.

질문: 이 사람은 이전에 무슨 일을 했는가?

A 선생님

B 사업

C 컴퓨터 수리

단어 后悔 hòuhuǐ 통 후회하다, 뉘우치다 | 离开 líkāi 통 떠나다, 벗어나다 | 公司 gōngsī 명 회사, 직장 | 教 jiāo 통 가르치다 | 计算机 jìsuànjī 명 컴퓨터

해설 '再回到学校教计算机去(다시 학교로 돌아가서 컴퓨터를 가르쳐)'라고 했으므로 이 사람이 이전에 학교에서 일했다는 것을 알 수 있으며 보기 중 학교에서 일하는 직업은 선생님이다.

정답_ A

062

什么事情都有个过程，心急吃不了热豆腐。

问： 你不能：

A 看过程

✔ B 太着急

C 吃热的东西

무슨 일이든 과정이 있어. 조급하다고 뜨거운 두부를 먹을 순 없지.

질문: 하지 말아야 할 것은?

A 과정을 본다

B 조급해 한다

C 뜨거운 음식을 먹는다

단어 事情 shìqing 명 일, 사건 | 过程 guòchéng 명 과정 | 心急 xīnjí 형 조급해 하다, 조급하게 서두르다 | 热 rè 형 덥다, 뜨겁다 | 豆腐 dòufu 명 두부

해설 '心急吃不了热豆腐(조급하다고 뜨거운 두부를 먹을 순 없지)'의 의미는 '서두르지 말고 차근차근 해야 한다, 서두르면 일을 그르친다'는 것이다. 이를 통해 우리가 하지 말아야 할 것은 'B 太着急(조급해 한다)'라는 것을 알 수 있다.

정답_ B

| Tip | 의문대사 '什么' |

① 의문을 나타냄수

这是什么? 이것은 무엇입니까?

你叫什么名字? 당신의 이름은 무엇입니까?

② 임의의 것을 나타냄: '都, 也' 앞에 오며 말한 범위 내에서 예외가 없음을 의미한다.

这里什么东西也没有。 이곳엔 어떠한 것도 없다.

买什么都可以。 무엇을 사든 다 괜찮다.

谁说学习没有用，让你今天成功的经验都来自哪儿？不还是平时的积累吗？

问： 从这句话可以知道：

　A 学习没有用

　B 你现在还不成功

　✔C 你成功的经验来自平时的积累

누가 공부해도 소용없대? 오늘날 너를 성공하게 한 경험은 어디에서 온 거지? 모두 평소에 쌓아 온 거 아니야?

질문: 이 말에서 알 수 있는 것은?

　A 공부는 필요 없다

　B 너는 아직 성공하지 못했다

　C 너를 성공하게 한 경험은 평소에 쌓아 온 것이다

 谁 shéi 대 누구 | 成功 chénggōng 통 성공하다, 이루다 | 平时 píngshí 명 평소, 평상시 | 积累 jīlěi 명 쌓인 것, 축적물 | 从 cóng 전 ~부터

 '不还是平时的积累吗? (모두 평소에 쌓아 온 거 아니야?)'의 '不是~吗?'는 '~인 거 아니야?'라는 반어문으로써 이 문장은 '모두 평소에 쌓아 온 것이다'라는 의미이다. 결국 '오늘날 너를 성공하게 한 경험은 모두 평소에 쌓아 온 것이다'라는 말을 하고 있다.

정답_ C

如果这也能叫饺子的话，那我早就会包了。

问： 这个人：

　✔A 觉得这不是饺子

　B 觉得这是饺子

　C 早就会包饺子了

만약 이것도 만두라고 부를 수 있다면, 나는 벌써 빚을 줄 알았겠다.

질문: 이 사람은?

　A 이것은 만두가 아니라고 생각한다

　B 이것은 만두라고 생각한다

　C 이미 만두를 빚을 줄 안다

如果 rúguǒ 접 만약, 만일 | 饺子 jiǎozi 명 만두, 교자 | 包 bāo 통 싸다, 빚다

'如果~的话'는 '만약~라면'의 뜻으로 가정적인 상황을 만든다. '如果这也能叫饺子的话(만약 이것도 만두라고 부를 수 있다면)'의 의미는 실제로 '이것은 만두라고 부를 수 없다'는 것이다.

정답_ A

服务员，过生日的客人不是送一碗长寿面吗？我们这桌的两碗怎么还没送来？

问： 从这句话可以知道：

   A 饭店不送长寿面

  ✔B 这桌有两个人过生日

   C 这桌要点两碗长寿面

저기요, 생일을 맞은 손님한테 장수면을 주지 않나요? 우리 테이블의 두 그릇은 왜 아직도 안 나오나요?

질문: 이 말을 통하여 알 수 있는 것은?

   A 이 식당은 장수면을 주지 않는다

  B 이 테이블의 두 사람이 생일을 맞았다

   C 이 테이블에서 장수면을 두 그릇 주문하려 한다

단어 服务员 fúwùyuán 몡 (서비스업의) 종업원, 웨이터 | 客人 kèrén 몡 손님, 방문객 | 送 sòng 동 주다, 증정하다, 보내다 | 碗 wǎn 양 그릇, 공기(밥·비평 등을 세는 단위) | 长寿面 chángshòumiàn 몡 생일에 먹는 국수, 장수면

해설 '过生日的客人不是送一碗长寿面吗？(생일을 맞은 손님한테 장수면을 주지 않나요)'와 '我们这桌的两碗怎么还没送来？(우리 테이블의 두 그릇은 왜 아직도 안 나오나요)'를 통해 이 테이블의 두 사람이 생일을 맞았다는 것을 알 수 있다.

정답_ B

如果你降低一点儿标准的话，还可能找到一个女朋友。按照你现在的标准，只能去找仙女了。

问： 这个人：

  ✔A 对女朋友的要求很高

   B 对女朋友的要求很低

   C 要找仙女

너는 눈을 좀 낮추면 여자친구를 찾을 수 있을 거야. 현재의 기준으로는 선녀를 찾을 수밖에 없어.

질문: 이 사람은?

  A 여자친구에 대한 요구가 너무 높다

  B 여자친구에 대한 요구가 너무 낮다

  C 선녀를 찾으려 한다

단어 降低 jiàngdī 동 내려가다 | 标准 biāozhǔn 몡 기준, 잣대 | 按照 ànzhào 동 ~에 따르다, ~의거하다 | 只能 zhǐnéng 동 ~할 수밖에 없다, 다만 ~할 수 있을 뿐이다 | 找 zhǎo 동 찾다, 구하다 | 仙女 xiānnǚ 몡 선녀, 아름다운 여자

해설 '如果你降低一点儿标准的话，还可能找到一个女朋友(너는 눈을 좀 낮추면 여자친구를 찾을 수 있을 거야)'를 통해 여자친구에 대한 남자의 요구가 너무 높다는 것을 알 수 있다.

정답_ A

你不是没有机会，而是机会来的时候你没有准备好。

问： 这句话的意思是：

  A 你没有机会
  B 你准备得很好
  ✔C 你迎接机会的准备不够

너에게 기회가 없었던 것이 아니라, 기회가 왔을 때 준비가 잘 안 됐던 거야.

질문: 이 말의 뜻은?

  A 당신은 기회가 없다
  B 당신은 준비를 잘 했다
  C 당신은 기회를 맞을 준비가 충분하지 않았다

단어 机会 jīhuì 명 기회, 시기 | 准备 zhǔnbèi 동 준비하다 | 迎接 yíngjiē 동 맞이하다 | 不够 búgòu 형 부족하다, 충분하지 않다

해설 '不是~, 而是~'는 '~가 아니라 ~이다'라는 뜻으로, 이 구문은 앞부분을 부정하고 뒷부분을 긍정한다. 그러므로 본문에서 하고 싶은 말은 '而是' 뒷부분의 '机会来的时候你没有准备好(기회가 왔을 때 잡을 준비가 충분하지 않았다)'이다.

정답 **C**

难道你真的以为我是因为生气才走的吗？

问： 下面哪句话是正确的？

  A 我生气以后走了
  ✔B 我走不是因为生气
  C 我生气你走了

너는 정말 내가 화나서 가 버렸다고 생각하는 거야?

질문: 다음 중 맞는 것은?

  A 나는 화를 내고 갔다
  B 내가 간 것은 화가 나서가 아니다
  C 내가 화가 나서 네가 갔다

단어 难道 nándào 부 설마 ~란 말이야? | 因为 yīnwèi 전 ~때문에 | 生气 shēngqì 동 화내다, 성나다 | 才 cái 부 겨우, 고작

해설 '难道~吗?'는 '설마~란 말이야?'라는 뜻의 반어적인 표현이므로 '难道你真的以为我是因为生气才走的吗? (너는 정말 내가 화나서 가 버렸다고 생각하는 거야?)'는 '나는 화가 나서 간 것이 아니다'라는 뜻임을 알 수 있다.

정답 **B**

我的后背都疼好长时间了，你帮我敲一敲就舒服多了。

问：　你敲我后背以后：

　　A　我一直后背疼

　✔B　我很舒服

　　C　你很舒服

내 등이 아픈 지 오래 되었는데 네가 두드려 줘서 많이 시원해 졌어.

질문: 네가 나의 등을 두드려 준 후 어떻게 되었나?

　　A　줄곧 등이 아팠다

　　B　매우 시원하다

　　C　너는 매우 시원하다

단어 后背 hòubèi 몡 등 | 疼 téng 혱 아프다 | 时间 shíjiān 몡 동안, 시간 | 帮 bāng 툉 돕다, 거들다 | 敲 qiāo 툉 치다, 때리다 | 舒服 shūfu 혱 편안하다

해설 '你帮我敲一敲就舒服多了(네가 두드려 줘서 많이 시원해졌어)'를 통해 'B 我很舒服(나는 매우 시원하다)'가 맞는 내용임을 알 수 있다.

정답_ B

很多人觉得自己让孩子学这个学那个是爱孩子的一种表现，实际上这些父母把孩子当成了实现他们自己梦想的工具。

问：　说话人觉得这些人：

　　A　爱孩子

　✔B　让孩子去实现父母的理想

　　C　拿孩子当学习工具

많은 사람들은 아이들로 하여금 이것저것 배우게 하는 것이 일종의 아이를 사랑하는 표현이라고 생각하지만, 사실 이것은 부모가 아이를 본인들의 꿈을 실현하는 도구로 삼는 것이다.

질문: 화자는 이 사람들이 어떻다고 생각하나?

　　A　아이를 사랑한다

　　B　아이로 하여금 부모의 꿈을 실현하게 한다

　　C　아이를 학습 도구로 삼는다

단어 表现 biǎoxiàn 몡 표현, 행동 | 实际上 shíjìshang 뷔 사실상, 실제로 | 当成 dàngchéng 툉 ～으로 여기다, ～으로 삼다 | 实现 shíxiàn 툉 실현하다 | 梦想 mèngxiǎng 몡 꿈, 이상 | 工具 gōngjù 몡 수단, 도구 | 理想 lǐxiǎng 몡 이상

해설 맨 마지막 문장인 '实际上这些父母把孩子当成了实现他们自己梦想的工具(사실 이것은 부모가 아이를 본인들의 꿈을 실현하는 도구로 삼는 것이다)' 부분이 화자가 말하고 싶은 핵심 부분으로, 이는 부모들은 아이들을 본인의 꿈을 실현하는 도구로 삼고 있음을 말하고 있다.

정답_ B

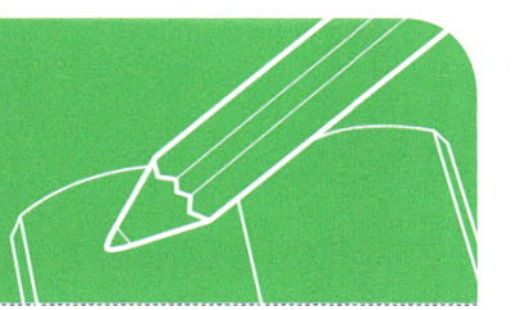

三、书写

第一部分

● 71~75번 문제

071

都　可以　去　无论　谁	모두 / ~할 수 있다 / 가다 / ~에 상관없이 / 누구
답안 无论谁都可以去。	**답안** 누구든지 갈 수 있다.

단어 无论 wúlùn 접 ~을 막론하고, ~에 관계없이, ~든지 | 谁 shéi 대 누구

해설 '无论~ 都~'는 '~임에 관계없이 모두 ~하다'라는 뜻이며 '无论' 뒤에는 일반적으로 '什么, 谁, 怎么' 같은 의문대사가 온다. 그러므로 '无论'뒤에 주어인 '谁'를 놓는다.

无论　+　谁　+　都
　　　　　 주어

'无论谁'의 뜻은 '누구든지 관계없이'이다. 그 뒤에 술어인 '去'가 놓이고, 술어를 꾸며 주는 '可以'가 술어 앞에 놓여야 한다.

无论　+　谁　+　都　+　可以　+　去
　　　　 주어　　　　 부사어　　 술어

072

下去　要　你　一定　坚持	(방향보어) / ~해야 한다 / 너, 당신 / 반드시 / 유지하다
답안 你一定要坚持下去。	**답안** 넌 반드시 계속해 나가야 해.

단어 一定 yídìng 부 반드시, 필히, 꼭 | 坚持 jiānchí 동 단호히 지키다, 유지하다

해설 이 문장의 술어는 '坚持'이며, 주어는 '你'이다.

你　+　坚持
주어　　 술어

술어 앞에 조동사 '要'와 부사 '一定'이 와야 하는데, 이때 '부사+조동사'의 순서를 따라야 한다. 따라서 '一定要'의 순으로 배열하여 '반드시 ~해야 한다'는 의미를 나타낸다.

你　+　一定要　+　坚持
주어　　 부사어　　　 술어

'下去'는 동사 뒤에서 '지금부터 앞으로 계속 지속됨'을 나타내는 방향보어로, 술어동사 '坚持' 뒤에 놓여 '坚持下去'의 형태로 쓰인다. 이는 '계속해서 유지해 나간다'는 뜻이다.

你　+　一定要　+　坚持　+　下去
주어　　 부사어　　　 술어　　　 보어

到处　西瓜　是　都　地里

답안　<u>地里到处都是西瓜。</u>

도처에 / 수박 / ~이다 / 모두 / 땅에

답안　**가는 곳마다 모두 수박이 있다.**

단어　地 dì 圐 육지, 땅 | 到处 dàochù 圐 도처, 가는 곳 | 西瓜 xīguā 圐 수박

해설　존재를 나타내는 '是'은 '장소+是+사물'의 순으로 쓰여 '장소에 ~가 존재한다'는 뜻을 나타낸다. 또한 '到处'는 '도처에, 곳곳마다'라는 뜻으로 일반적으로 장소를 나타내는 말 뒤에 쓰인다. 그러므로 '地里到处是'로 정리가 되면 목적어 '西瓜'가 그 뒤에 놓인다.

地里到处　+　是　+　西瓜
　　주어　　　　술어　　목적어

'都'는 부사이므로 동사인 '是' 앞에 놓는다.

地里到处　+　都　+　是　+　西瓜
　　주어　　　부사어　　술어　　목적어

浪费　都　不能　知道　孩子　连

답안　<u>连孩子都知道不能浪费。</u>

낭비하다 / 모두 / ~하면 안 된다 / 알다 / 아이 / ~조차도

답안　**아이조차도 낭비하면 안 된다는 것을 안다.**

단어　浪费 làngfèi 圐 낭비하다, 헛되이 쓰다 | 知道 zhīdao 圐 알다, 이해하다 | 连 lián 圐 ~조차도, ~마저도, ~까지도

해설　문장의 주어는 '孩子'이며, 술어는 '知道'이다. '连~都~'는 '~조차도 모두 ~하다'라는 뜻으로 강조되는 대상이 '连'과 '都'사이에 놓이며 여기에는 명사, 동사, 문장까지도 들어갈 수 있다. 이 문장에서 강조되는 것은 주어인 '孩子'이므로 '连孩子都'를 만들 수 있으며, '아이들조차도 ~하다'라는 뜻을 나타낸다.

连　+　孩子　+　都
　　　　주어

'都' 뒤에 술어인 '知道'가 놓이고, 목적어는 '아이들 조차도 아는 내용', 즉 '낭비해서는 안 된다'이므로 '不能浪费'를 술어 뒤에 놓아 문장을 완성한다.

连　+　孩子　+　都　+　知道　+　不能浪费
　　　　주어　　　　　　술어　　　목적어

印象　那儿　我　的　很深　对　风景 | 인상 / 그곳 / 나 / ~의 / 매우 깊다 / ~에 대한 / 풍경

답안 我对那儿的风景印象很深。 | **답안** 나는 그곳의 풍경에 대한 인상이 깊다.

단어 印象 yìnxiàng 명 인상 | 深 shēn 형 심오하다, 어렵다 | 风景 fēngjǐng 명 풍경, 경치

해설 주어진 단어 중에 술어로 올 수 있는 것은 '很深'만 가능하다. '인상이 깊다'로 '印象很深'이 호응 관계를 이룬다.

印象　　+　　很深
주어　　　　　술어

나머지 제시어 중 '对'는 대상을 나타내는 것으로, 무엇에 대한 인상인지가 '对' 뒤에 와야 하므로 '对那儿的风景'의 형태로 구절이 만들어져야 하며, 의미상 '나의 ~에 대한 인상'이므로 '我'가 맨 앞에 놓인다.

我对那儿的风景　　+　　印象　　+　　很深
관형어　　　　　　　　　주어　　　　술어

● 76~80번 문제

076

我觉得身体健康就是最大的 幸 福。 _{xìng}

나는 몸이 건강한 것이 가장 큰 **행복**이라고 생각한다.

단어 觉得 juéde 통 ~라고 생각하다 | 身体 shēntǐ 몡 신체, 건강 상태 | 健康 jiànkāng 혱 건강하다 | 最 zuì 튀 가장, 제일 | 幸福 xìngfú 몡 행복

해설 '幸福'는 '행복'이라는 뜻의 명사이다.

✏ 따라 써 보세요

幸 福　幸 福　幸 福

정답_ 幸

077

这一年来，他的成绩提高很快。 _{tí}

올 현해 동안 그의 성적이 제일 빨리 **올랐다**.

단어 来 lái 몡 ~동안, ~이래로 | 成绩 chéngjì 몡 성적, 점수 | 提高 tígāo 통 향상시키다, 끌어올리다 | 快 kuài 혱 빠르다

해설 '提高'는 '향상되다, 향상시키다'라는 뜻의 동사이다.

✏ 따라 써 보세요

提 高　提 高　提 高

정답_ 提

tài
你这样的**态**度让人很生气。

너의 이 같은 **태도**는 사람을 매우 화나게 한다.

단어　态度 tàidu 명 태도 | 生气 shēngqì 통 화내다, 성나다

해설　'态度'는 '태도'라는 뜻의 명사이다.

✏ 따라 써 보세요

态	度	态	度	态	度				

정답_ 态

qù
我对这件事没有那么大的兴**趣**。

나는 이 일에 대하여 그렇게 큰 **흥미**가 없다.

단어　对 duì 전 ~에 대해서, ~에 대하여 | 事 shì 명 일, 업무 | 那么 nàme 대 그렇게, 저렇게 | 兴趣 xìngqù 명 흥미, 흥취

해설　'兴趣'는 '흥미, 흥취'라는 뜻의 명사이다.

✏ 따라 써 보세요

兴	趣	兴	趣	兴	趣				

정답_ 趣

他的工作**压**力很大。 （yā）

그의 일에 대한 **스트레스**는 매우 심하다.

단어 工作 gōngzuò 圀 일, 직업 | 压力 yālì 圀 과중한 부담, 스트레스

해설 '压力'는 '스트레스'라는 뜻의 명사이다.

🖉 **따라 써 보세요**

压	力	压	力	压	力			

정답_ 压

3회

Tip	자주 출제되는 어휘

① 牛奶 niúnǎi 圀 우유
② 因为 yīnwèi 圙 왜냐하면
③ 周末 zhōumò 圀 주말
④ 服务 fúwù 圂 서비스하다
⑤ 声音 shēngyīn 圀 소리, 목소리
⑥ 准备 zhǔnbèi 圂 준비하다
⑦ 方便 fāngbiàn 圎 편리하다
⑧ 秋天 qiūtiān 圀 가을
⑨ 商店 shāngdiàn 圀 상점
⑩ 爬山 páshān 圂 등산하다

新HSK 모의고사 3級

4회 해설

一、听力

第一部分

● 1~5번 문제

001-005

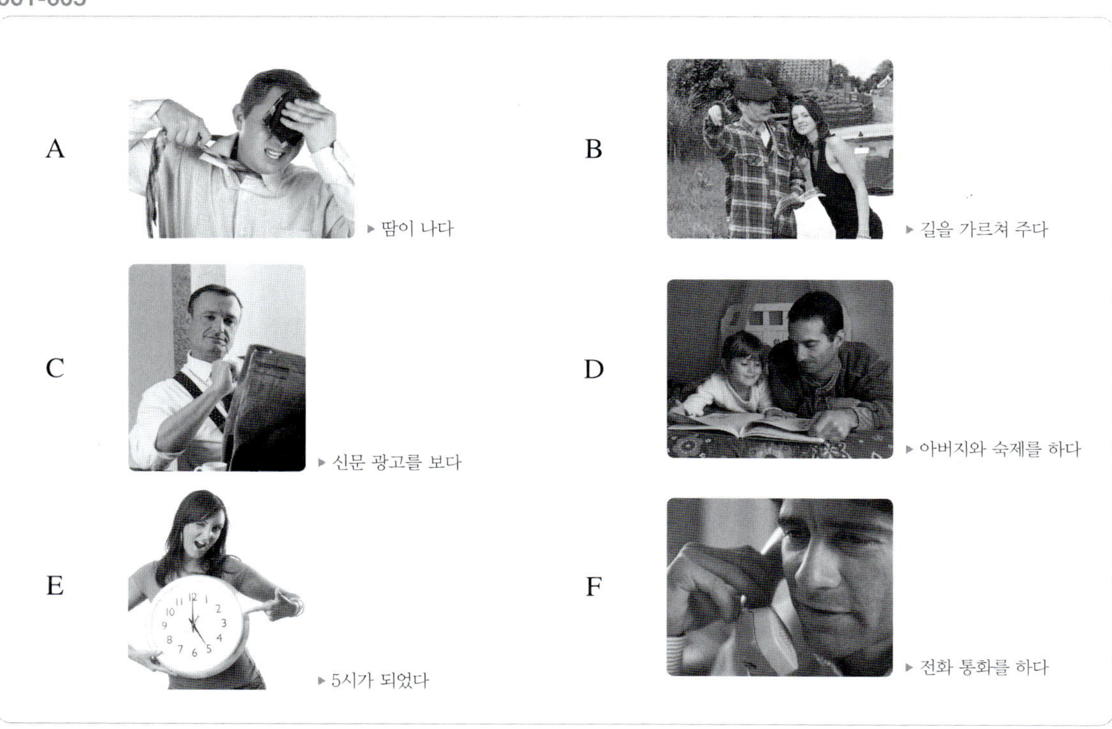

001

女: 你看什么呢?
男: 我在找一找，看看有没有什么公司招聘司机。

여: 무엇을 보고 있나요?
남: 운전 기사를 구하는 회사가 있는지 찾고 있어요.

단어 什么 shénme 데 무엇, 무슨 | 找 zhǎo 통 찾다, 구하다 | 公司 gōngsī 명 회사 | 招聘 zhāopìn 통 모집하다, 채용하다 | 司机 sījī 명 운전 기사

해설 '看什么'와 '公司招聘'이 핵심어이다. 따라서 남자가 구인 광고를 보고 있는 사진을 골라야 한다. 문장에 나온 '招聘'과 대비되는 단어는 '应聘'이다. 이와 관련하여 '找工作，就业' 등의 단어들이 자주 시험에 출제되니 꼭 기억하도록 하자.

정답_ C

男： 您好，请问张老师在家吗？

女： 他不在，请问您贵姓，找他有什么事吗？

남: 안녕하세요. 장 선생님이 댁에 계십니까?

여: 안 계시는데요. 누구세요? 어떤 용무로 그분을 찾는지요?

단어 请问 qǐngwèn 图 말씀 좀 여쭙겠습니다 | 在 zài 图 ~에 있다 | 家 jiā 圐 집 | 贵姓 guìxìng 圐 (상대방의) 성, 성씨 | 找 zhǎo 图 찾다, 구하다, 물색하다 | 事 shì 圐 일, 업무

해설 대화의 내용이 누군가를 찾는데 없다는 것이므로 집을 방문하여 묻거나 전화 통화상의 상황임을 짐작할 수 있다. '您贵姓?'은 처음 만나는 사람에게 인사차 쓰기도 하고, 전화 통화할 때 상대방이 누군지 알기 위해서 쓰기도 한다. 보기에는 처음 만나 인사하는 사람의 그림이 없으므로 이 대화는 전화 통화 내용이라는 것을 유추할 수 있고, 그렇기 때문에 수화기를 들고 있는 그림을 골라야 한다.

정답_ F

女： 快擦一擦汗，别着凉了。

男： 没事儿，我的身体很棒，不会着凉的。

여: 빨리 땀 닦아. 감기 걸리겠어.

남: 괜찮아. 나는 건강해서 감기에 걸릴 리 없어.

단어 快 kuài 圂 빠르다 | 擦 cā 图 닦다 | 汗 hàn 圐 땀 | 别 bié 凰 ~하지 마라 | 着凉 zháoliáng 图 감기에 걸리다 | 没事 méishì 图 괜찮다, 상관없다 | 棒 bàng 圂 건장하다

해설 '擦一擦汗'이 핵심 문장이므로 땀을 닦고 있는 사람이 등장하는 그림을 골라야 한다.

정답_ A

> **Tip** **着凉: 감기에 걸리다**
> '着凉'은 '感冒(감기에 걸리다)'와 통용되는데, '着凉'에 관한 대화가 문제로 출제되면 '感冒'가 답일 경우가 많다. 감기와 관련된 단어로는 '发烧(열이 나다), 头痛(두통), 头疼(머리가 아프다), 打喷嚏(재채기하다), 流鼻涕(콧물이 나다)' 등이 있다.

男：说好5点钟见面，怎么小王还没到？

女：他总是这样，已经不是第一次了。

남: 5시에 만나자고 약속했는데 샤오왕은 왜 아직 안 오지?

여: 그는 늘 이래, 벌써 이번이 처음이 아니야.

단어 说好 shuōhǎo 통 구두로 결정하다, 약속하다 | 点钟 diǎnzhōng 정각 | 见面 jiànmiàn 통 만나다 | 还 hái 부 여전히, 아직도 | 到 dào 통 도착하다, 이르다 | 总是 zǒngshì 부 늘, 언제나 | 这样 zhèyàng 대 이렇다, 이와 같다 | 第一次 dìyícì 명 최초, 맨 처음

해설 '说好5点钟见面'이 핵심 문장이며, 이와 관련된 그림은 5시를 가리키는 시계를 들고 있는 그림 E뿐이다. 문장 속의 '他总是这样'은 항상 좋지 않은 의미로 사용되며, 불만의 감정이 전제된다. 따라서 화자가 샤오왕에 대해 불만을 가지고 있다는 것을 알 수 있다.

정답 _ E

Tip	시각 표현
2:00	两点 liǎng diǎn
3:15	三点十五分 sān diǎn shíwǔ fēn / 三点一刻 sān diǎn yíkè
4:30	四点三十分 sì diǎn sānshí fēn / 四点半 sì diǎn bàn
5:45	五点四十五分 wǔ diǎn sìshíwǔ fēn / 五点三刻 wǔ diǎn sānkè
6:55	六点五十五分 liù diǎn wǔshíwǔ fēn / 差五分七点 chà wǔ fēn qī diǎn

2시는 '二点'으로 쓰지 않고 '两点'으로 쓴다.

'刻'는 '15분'을 나타내며 '15분'을 '一刻', '45분'을 '三刻'라고 표현한다. '30분'은 '两刻'라고 하지 않고 '절반'의 뜻을 가진 '半'을 쓴다

男：请问，这儿附近有书店吗？

女：你往前走，再往左边一拐就到了。

남: 실례하지만 말씀 좀 묻겠습니다. 이 근처에 서점이 있습니까?

여: 앞으로 쭉 가시다가 왼쪽으로 꺾으시면 바로예요.

단어 附近 fùjìn 명 근처, 가까운 곳 | 书店 shūdiàn 명 서점 | 往 wǎng 전 ~쪽으로 | 前 qián 앞 | 走 zǒu 통 걷다 | 再 zài 부 ~하고 나서, ~한 뒤에 | 左边 zuǒbian 명 왼쪽, 왼편 | 拐 guǎi 통 방향을 바꾸다, 꺾어 돌다 | 到 dào 통 도착하다, 이르다

해설 '这儿附近有书店吗？'가 핵심 문장이므로 길을 묻고 있는 그림을 골라야 한다. '请问'은 질문하는 대화의 시작 부분에 단독으로 자주 쓰인다. 주로 길을 묻거나 상대방의 신상이나 의사 등을 물을 때 자주 쓰이므로 알아 두자.

정답 _ B

006-010

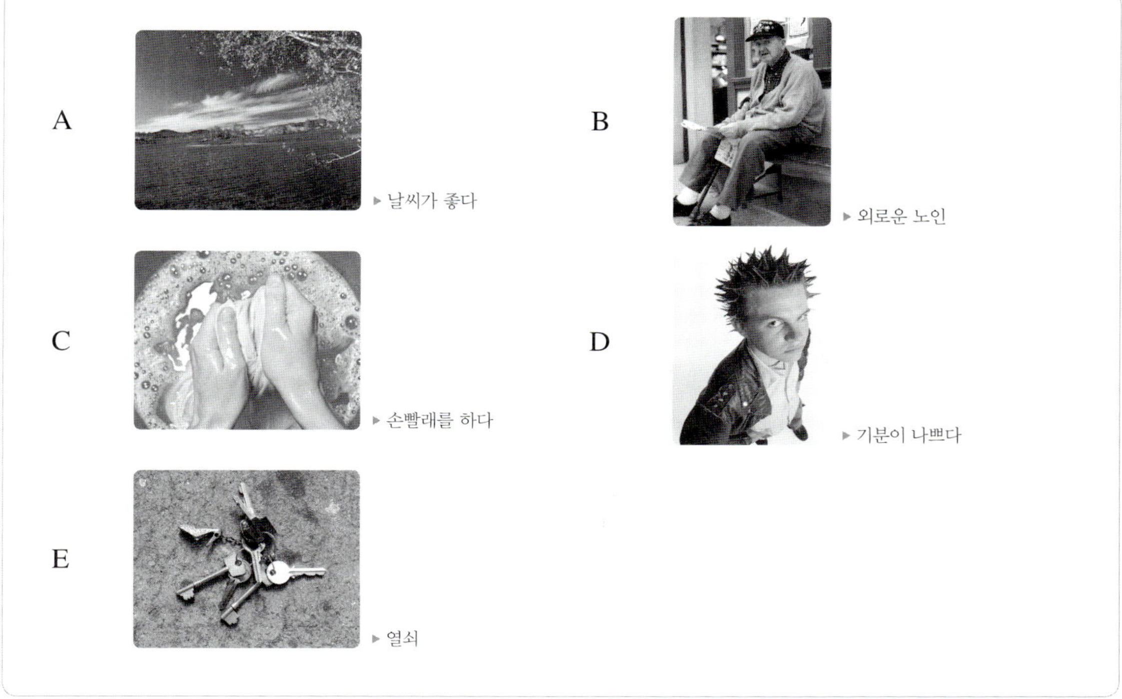

4회

006

男：你怎么用手洗衣服啊?	남: 왜 손으로 빨래를 하니?
女：你的白衬衫，用洗衣机洗能洗干净吗?	여: 네 흰 셔츠를 세탁기로 빨면 깨끗해지겠어?

단어 用 yòng 통 쓰다, 사용하다 | 手 shǒu 명 손 | 洗 xǐ 통 빨다, 씻다 | 衣服 yīfu 명 옷 | 白 bái 형 하얗다 | 衬衫 chènshān 명 와이셔츠, 블라우스 | 干净 gānjìng 형 깨끗하다, 말끔하다

해설 '用手洗衣服'가 핵심 문장이므로 손으로 빨래를 하고 있는 그림을 선택해야 한다.

정답_ C

男：他的老伴三年前有病，去世了，他现在一个人很
孤单。

女：别担心，我明天给他介绍一个。

남: 그분의 배우자께서 3년 전 병으로 돌아가셔서 그는 지금 혼자 외로이 계세요.

여: 걱정 마세요. 제가 내일 그에게 한 분을 소개해 드릴게요.

단어 老伴 lǎobàn 몡 배우자 | 病 bìng 몡 병, 질병 | 去世 qùshì 통 돌아가다, 세상을 뜨다 | 现在 xiànzài 몡 지금, 현재 | 孤单 gūdān 휑 외롭다, 쓸쓸하다 | 别 bié 뷔 ~하지 마라 | 担心 dānxīn 통 염려하다, 걱정하다 | 明天 míngtiān 몡 내일 | 介绍 jièshào 통 소개하다

해설 '他现在一个人很孤单'이 핵심 문장으로 혼자 외로이 앉아 있는 사람 그림을 골라야 한다.

정답_ B

男：外面天突然阴下来了，是不是要下雨呀？

女：据我判断，不太可能。

남: 밖이 갑자기 흐려졌네. 비 오려는 거 아니야?

여: 내 생각엔 안 올 것 같은데.

단어 外面 wàimian 몡 바깥, 밖 | 天 tiān 몡 하늘 | 突然 tūrán 뷔 갑자기, 난데없이 | 阴 yīn 휑 흐리다 | 下来 xiàlái 형용사 뒤에 쓰여 어떤 상태가 나다나서 계속 발전되어 감을 나타냄 | 要 yào 조통 ~할 것이다, ~하려 하고 있다 | 下雨 xiàyǔ 통 비가 내리다 | 据 jù 쩐 ~에 따르면 | 判断 pànduàn 몡통 판단(하다) | 可能 kěnéng 휑 가능하다 뷔 아마도

해설 '外面天突然阴下来了'가 핵심 문장으로 날씨와 관련된 그림을 골라야 한다. 문장 중의 '不太可能'은 '가능성이 그리 많지 않다'는 뜻이므로 이를 통해 화자는 비가 오지 않을 것이라고 예측함을 알 수 있다. 따라서 맑은 날씨의 그림을 골라야 한다.

정답_ A

女：今天老师批评他了，因为他没写完作业。

男：怪不得他今天看起来不太高兴。

여: 숙제를 다 못 해서 오늘 선생님께서 그를 꾸짖으셨어.

남: 어쩐지 오늘 그의 기분이 별로 좋아 보이지 않더라.

단어 老师 lǎoshī 몡 선생님 | 批评 pīpíng 통 비판하다, 꾸짖다 | 因为 yīnwèi 쩝 왜냐하면 | 写 xiě 통 쓰다 | 完 wán 통 마치다, 끝나다 | 作业 zuòyè 몡 숙제 | 怪不得 guàibude 뷔 어쩐지, 과연 | 看起来 kànqǐlái 통 보아하니 ~하다 | 太 tài 뷔 너무 | 高兴 gāoxìng 휑 기쁘다, 즐겁다

해설 '怪不得他今天看起来不太高兴'이 핵심 문장이므로 기분이 별로 좋지 않은 사람의 그림을 골라야 한다.

정답_ D

女：你不是去爷爷家吗，怎么又回来了？

男：爷爷家的钥匙不知道哪去了。

여: 할아버지 집에 간다면서 왜 다시 돌아왔어?

남: 할아버지 댁 열쇠가 어디로 갔는지 모르겠어.

단어 去 qù 통 가다 | 爷爷 yéye 몡 할아버지 | 又 yòu 뷔 또, 다시 | 回来 huílái 통 되돌아오다 | 钥匙 yàoshi 몡 열쇠 | 知道 zhīdao 알다 | 哪 nǎ 때 어디

해설 '爷爷家的钥匙'가 핵심 문장이다. 그러므로 열쇠가 있는 그림을 선택해야 한다.

정답_ E

第二部分

011

售货员给她推荐一条红色的裙子，可她觉得颜色太红了。

问： 她喜欢红色的裙子。

점원이 그녀에게 빨간 치마를 추천했는데 그녀는 색이 너무 빨갛다고 생각했다.

질문: 그녀는 빨간색 치마를 좋아한다.

단어 售货员 shòuhuòyuán 몡 판매원, 점원 | 推荐 tuījiàn 통 추천하다 | 条 tiáo 양 가늘고 긴 것을 세는 단위 | 红色 hóngsè 몡 붉은색, 빨강 | 裙子 qúnzi 몡 치마 | 可 kě 젭 그러나, 그렇지만 | 颜色 yánsè 몡 색, 색깔 | 太 tài 뷔 너무

해설 '可她觉得颜色太红了'의 '可'는 역접을 나타내는 접속사이며, 앞 문장에서 점원이 추천한 빨강색이 너무 진해서 마음에 들지 않았음을 부각하는 기능을 한다. 따라서 그녀는 빨간색 치마를 좋아하지 않는다는 것을 알 수 있다.

정답_ X

012

小王去飞机场的时候，把手机忘在出租车上了，他很着急，因为他记不得出租车的车号是多少了。

问： 小王忘了去飞机场。

공항으로 갈 때 샤오왕은 휴대폰을 택시에 두고 내렸는데 택시의 번호판을 기억하지 못해서 몹시 당황했다.

질문: 샤오왕은 공항에 가는 것을 잊었다.

단어 飞机场 fēijīchǎng 몡 공항 | 把 bǎ 젠 ~을 | 手机 shǒujī 몡 휴대폰 | 忘 wàng 통 잊다 | 出租车 chūzūchē 택시 | 着急 zháojí 통 조급해 하다, 초조해 하다 | 记 jì 통 기억하다, 외우다 | 车号 chēhào 몡 자동차 번호 | 多少 duōshǎo 대 얼마

해설 휴대폰을 택시에 두고 내린 일이 '小王去飞机场的时候'에 일어난 일이므로 샤오왕은 공항에 가는 것을 잊은 게 아니다.

정답_ X

013

今天是中国的节日，商店里的东西都比平时便宜，我想去买一件衣服。

问： 今天买衣服一定便宜。

오늘은 중국의 명절이어서 상점에서 평소보다 물건을 싸게 팔아 나는 가서 옷 한 벌 사려고 한다.

질문: 오늘 옷을 사면 분명히 싸다.

단어 中国 Zhōngguó 몡 중국 | 节日 jiérì 몡 (국경일 등의 법으로 정해진) 기념일 | 东西 dōngxi 몡 물건, 제품 | 比 bǐ 젠 ~보다(비교를 나타냄) | 平时 píngshí 몡 평소, 평상시 | 便宜 piányi 혱 싸다 | 想 xiǎng 조통 ~하고 싶다 ~하려고 하다 | 买 mǎi 통 사다, 구매하다 | 衣服 yīfu 몡 옷 | 一定 yídìng 뷔 반드시, 꼭

해설 '商店里的东西都比平时便宜'에서 상점들이 평소보다 물건을 싸게 팔고 있기 때문에 오늘 옷을 사면 싸다는 것을 알 수 있다.

정답_ ✓

在中国北方的一些地方，有很多人喜欢喝红茶。在喝红茶的时候，他们习惯放一点儿糖，这样可以增加身体里的热量。

问： 中国人都喜欢喝红茶。

중국 북방의 몇몇 지역에서는 많은 사람들이 홍차를 즐겨 마시는데, 홍차를 마실 때 습관적으로 설탕을 조금 넣는다. 이렇게 하면 몸속의 열량을 증가시킬 수 있다.

질문: 중국인들은 모두 홍차를 즐겨 마신다.

단어 在 zài 전 ~에서 | 北方 běifāng 명 북방, 북쪽 | 些 xiē 양 조금, 약간 | 地方 dìfang 명 장소, 곳, 지역 | 喝 hē 동 마시다 | 红茶 hóngchá 명 홍차 | 习惯 xíguàn 명 버릇, 습관 | 放 fàng 동 (집어)넣다, 섞다 | 一点儿 yìdiǎnr 수량 조금 | 糖 táng 명 설탕(의 총칭) | 可以 kěyǐ 조동 ~할 수 있다, 가능하다 | 增加 zēngjiā 동 증가하다, 늘리다 | 热量 rèliàng 명 열량

해설 '在中国北方的一些地方'에서는 중국 북부 일부 지역 사람들이 홍차를 즐겨 마신다고 하고 있으며, 뒷 문장에는 그들의 독특한 습관, 즉 홍차에 설탕을 넣어 먹는 습관을 소개하고 있다. 이 문장에서는 중국인들이 모두 홍차를 즐겨 마시는 것에 대해서는 언급하지 않았으므로 이는 알 수 없다.

정답 _ X

我女儿特别喜欢吃苹果，每天早上我都给她带上一个。可是今天我打开冰箱一看，苹果都吃没了。

问： 女儿喜欢吃苹果。

딸이 사과를 몹시 좋아해서 나는 매일 아침에 하나씩 챙겨 주는데 오늘 냉장고를 열어 보니 사과가 떨어졌네요.

질문: 딸은 사과를 즐겨 먹는다.

단어 女儿 nǚ'ér 명 딸 | 吃 chī 동 먹다, 마시다 | 苹果 píngguǒ 명 사과 | 每天 měitiān 명 매일 | 早上 zǎoshang 명 아침 | 带 dài 동 (몸에) 지니다, 휴대하다 | 可是 kěshì 접 그러나, 하지만 | 打开 dǎkāi 동 열다 | 冰箱 bīngxiāng 명 냉장고

해설 첫 문장에서 직접적으로 '我女儿特别喜欢吃苹果'라고 했기 때문에 딸이 사과를 즐겨 먹는다는 것을 알 수 있다.

정답 _ ✓

老师说：上课的时候打电话是不礼貌的事情，那样的行为表示对别人的不尊重。如果真的有重要的电话需要打，那么应该跟老师请假，然后去教室外边打电话。

问： 跟老师请假以后，可以在教室打电话。

선생님께서는 '수업 때 전화를 하는 것은 예의에 어긋나는 일이고 그러한 행위는 타인을 존중하지 않는 것이다. 만약 정말 중요한 전화를 해야 할 일이 생긴다면 마땅히 선생님에게 허락을 받고 교실 밖으로 나가서 전화를 해야 한다'고 말했다.

질문: 선생님한테 허락을 받으면 교실에서 전화를 할 수 있다.

단어 老师 lǎoshī 명 선생님 | 说 shuō 동 말하다 | 上课 shàngkè 동 수업을 듣다 | 打电话 dǎ diànhuà 전화 걸다 | 礼貌 lǐmào 명 예의 | 事情 shìqing 명 일 | 行为 xíngwéi 명 행위, 행동 | 表示 biǎoshì 동 의미하다 | 对 duì 전 ~에 대하여 | 别人 biéren 대 타인 | 尊重 zūnzhòng 동 존중하다 | 真的 zhēnde 정말 | 重要 zhòngyào 형 중요하다 | 需要 xūyào 동 필요하다, 요구하다 | 那么 nàme 접 그러면 | 应该 yīnggāi 조동 ~해야 한다 | 跟 gēn 전 ~와 | 请假 qǐngjià 동 (휴가·조퇴 등을) 신청하다 | 然后 ránhòu 접 그 다음에 | 教室 jiàoshì 명 교실 | 外边 wàibian 명 밖, 바깥

해설 '如果真的有重要的电话需要打，那么应该跟老师请假，然后去教室外边打电话'라는 말을 통해 중요한 전화라면 선생님께 허락을 구한 후 교실이 아닌, 교실 밖에서 전화를 해야 한다는 것을 알 수 있다.

정답 _ X

昨天我去超市买面包、饮料和几个笔记本，付钱的时候才发现忘了带钱包，这时正好看见张老师，就跟张老师借了100块钱。

问： 我给张老师100块钱。

어제 마트에 가서 빵하고 음료수, 노트 몇 권을 사고 돈을 지불하려는 순간 지갑을 깜빡한 것을 알았다. 바로 그때 장 선생님을 만나게 되어서 장 선생님한테 100위안을 빌렸다.

질문: 내가 장 선생님한테 100위안을 줬다.

단어 面包 miànbāo 명 빵 | 饮料 yǐnliào 명 음료 | 和 hé 전 ~와(과) | 几 jǐ 수 몇 | 笔记本 bǐjìběn 명 노트 | 付钱 fùqián 동 돈을 지불하다 | 才 cái 부 이제서야, ~이 되어서야 | 发现 fāxiàn 동 발견하다, 알아차리다 | 忘 wàng 동 잊다 | 钱包 qiánbāo 명 지갑 | 看见 kànjiàn 동 보이다, 눈에 띄다 | 借 jiè 동 빌려 주다, 빌리다 | 块 kuài 양 중국의 화폐 단위 | 钱 qián 명 돈

해설 '就跟张老师借了100块钱'이라고 했으므로 장 선생님한테 100위안을 준 게 아니라 화자가 100위안을 빌렸음을 알 수 있다.

정답_ X

教师节是老师们的节日，今天很多同学为老师们表演了很精彩的文艺节目，老师们都很高兴。

问： 老师喜欢同学们的表演。

스승의 날은 선생님들의 기념일이다. 많은 학생들이 선생님들을 위해 오늘 멋진 문화·예술 공연을 펼쳤고, 선생님들 모두 매우 기뻐했다.

질문: 선생님들은 학생들의 공연을 좋아한다.

단어 教师节 Jiàoshījié 명 스승의날 | 同学 tóngxué 명 학우, 학교 친구 | 为 wèi 전 ~을 위하여 | 表演 biǎoyǎn 동 공연하다 | 精彩 jīngcǎi 형 뛰어나다, 근사하다 | 文艺 wényì 명 문화와 예술 | 节目 jiémù 명 프로그램 | 高兴 gāoxìng 형 기쁘다, 즐겁다

해설 '老师们都很高兴'이라는 표현을 통해 선생님들께서 학생들의 공연을 좋아한다는 것을 알 수 있다.

정답_ ✓

Tip	중국의 다양한 기념일

妇女节 fùnǚjié : 여성의 날, 3월 8일

劳动节 láodòngjié : 노동절, 5월 1일

母亲节 mǔqīnjié : 어머니날, 매년 5월 둘째 주 일요일

儿童节 értóngjié : 어린이날, 6월 1일

教师节 jiàoshījié : 스승의 날, 9월 10일

国庆节 guóqìngjié : 국경절, 10월 1일 (1949년 10월 1일 '중화인민공화국(中华人民共和国)' 건립을 선포했다)

4회

他是上个月刚来的留学生，刚来中国的时候，还不会说汉语，可是现在他的汉语水平提高得很快。

问： 他学习汉语很努力。

그는 바로 지난달에 온 유학생이다. 중국에 온 지 얼마 되지 않았을 때 중국말을 못했는데 지금은 중국어 수준이 빠르게 향상되고 있다.

질문: 그는 중국어를 열심히 공부한다.

단어 刚 gāng 匣 ~하자마자, 바로 | 留学生 liúxuéshēng 몡 유학생 | 还 hái 匣 여전히, 아직도, 아직 | 会 huì 区통 (배워서) ~을 할 수 있다, ~할 줄 알다 | 汉语 Hànyǔ 몡 중국어 | 可是 kěshì 쩹 그러나, 하지만 | 水平 shuǐpíng 몡 수준 | 提高 tígāo 통 향상시키다, 높이다 | 学习 xuéxí 통 공부하다, 학습하다 | 努力 nǔlì 통 노력하다, 열심히 하다

해설 '刚来中国的时候还不会说汉语，可是现在汉语水平提高得很快'를 통해 그가 막 중국에 왔을 때에는 중국어를 못했는데, 지금은 중국어 실력이 크게 향상되고 있다고 했으므로 그는 중국어를 열심히 공부하고 있다는 것을 알 수 있다.

정답_ ✓

听说你上个星期结婚了，祝贺你。那个时候我出差去了北京，所以没有参加你的婚礼，真的很抱歉。

问： 他在北京结婚了。

지난주에 결혼하셨다고 들었습니다. 축하합니다. 그때 제가 베이징으로 출장을 가는 바람에 결혼식에 참석하지 못했습니다. 대단히 죄송합니다.

질문: 그는 베이징에서 결혼하였다.

단어 听说 tīngshuō 통 듣자 하니, 듣건대 | 星期 xīngqī 몡 요일 | 祝贺 zhùhè 통 축하하다 | 出差 chūchāi 통 출장 가다 | 北京 Běijīng 몡 베이징 | 所以 suǒyǐ 쩹 그래서, 그러므로 | 参加 cānjiā 통 참가하다, 참석하다 | 婚礼 hūnlǐ 몡 결혼식 | 真的 zhēnde 정말, 진짜 | 抱歉 bàoqiàn 통 죄송합니다, 미안하게 생각하다

해설 '那个时候我出差去了北京，所以没有参加你的婚礼'를 통해 화자가 결혼식날 베이징으로 출장 갔다는 사실을 알 수 있으므로 그가 베이징에서 결혼했다는 것은 틀렸다.

정답_ X

第三部分

● 21~30번 문제

021

女: 听说你感冒了，现在好了吗?

男: 还差一点儿。

问: **男的是什么意思?**

    A 感冒好了

    B 没感冒

    ✔C 感冒快好了

여: 감기에 걸렸다면서. 지금은 좋아졌어?

남: 아직 좀 불편해.

질문: 남자가 한 말의 뜻은?

    A 감기가 다 나았다

    B 감기에 걸리지 않았다

    C 감기가 거의 나았다

단어 听说 tīngshuō 통 듣자 하니, 듣건대, 들은 바로는 | 感冒 gǎnmào 통 감기에 걸리다 | 还 hái 부 여전히, 아직도, 아직 | 差 chà 형 나쁘다, 표준에 못 미치다, 좋지 않다 | 一点儿 yìdiǎnr 수량 조금 | 意思 yìsi 명 의미, 의견, 견해

해설 남자의 말 '还差一点儿'의 표면적 의미는 '아직 좀 더 남았다'이다. 감기가 다 나았냐는 물음에 '还差一点儿'이라고 했으므로 감기가 거의 나았다는 것을 알 수 있다.

정답_ C

022

男: 听说你不在那家大公司工作了，为什么? 那家公司不好吗?

女: 好是好，就是公司离家太远了。

问: **那家公司怎么样?**

    A 不好

    ✔B 太远

    C 太大

남: 그 대기업에서 더 이상 일하지 않는다고 들었어요. 왜요? 그 회사가 안 좋나요?

여: 좋긴 한데 집에서 너무 멀어서요.

질문: 그 회사는 어떤가?

    A 안 좋다

    B 너무 멀다

    C 너무 크다

단어 家 jiā 양 채(건물이나 학교 등을 세는 단위) | 公司 gōngsī 명 기업 | 工作 gōngzuò 통 일하다 | 不好 bùhǎo 형 나쁘다, 좋지 않다 | 离 lí 전 ~에서, ~로부터 | 太 tài 부 너무 | 远 yuǎn 형 멀다

해설 여자의 말 '好是好，就是公司离家太远了'를 듣고 회사가 멀다는 것을 알 수 있다. '好是好'는 '是' 앞뒤로 중첩되는 단어를 써서 '동의하거나 하고 싶은 의사는 있는데 뭔가 만족스럽지 못하다'라는 뜻을 나타내는 표현으로, 대개 뒷 절에 실제로 하고 싶은 내용이 나온다.

정답_ B

> **Tip**　~是~
>
> '비록 ~하기는 ~하지만'의 뜻으로 뒷 절에는 주로 '但是, 可是, 就是' 등이 온다.
>
> 价格便宜是便宜，但是质量不好。 가격이 싸긴 싸지만, 질이 좋지 않다.
>
> 这个好吃是好吃，可是我不想买。 이것은 맛있기는 하지만 사고 싶지는 않다.
>
> 我想去是想去，就是没有时间。 나는 가고 싶기는 하지만, 시간이 없다.

女: 请问邮局怎么走?

男: 你看，前面那家医院的旁边有个小商店，那个商店对面就是。

问: **女的想要去哪儿?**

  A 商店

  B 医院

✔**C 邮局**

여: 실례하지만 우체국에 어떻게 가나요?

남: 보세요. 앞쪽 병원 옆에 작은 상점이 있는데, 그 상점 맞은편이 바로 우체국입니다.

질문: 여자는 어디에 가려고 하나?

  A 상점

  B 병원

  C 우체국

단어 邮局 yóujú 몡 우체국 | 走 zǒu 통 걷다 | 前面 qiánmian 몡 앞쪽 | 医院 yīyuàn 몡 병원 | 旁边 pángbiān 몡 옆, 근처 | 商店 shāngdiàn 몡 상점 | 对 duìmiàn 몡 맞은편

해설 여자의 말 '请问邮局怎么走?'를 통해 여자가 우체국에 가려고 한다는 사실을 알 수 있다.

정답_ C

Tip	길 묻는 표현

天安门怎么走? 티엔안먼에 어떻게 가나요?

  一直往前走。 앞으로 쭉 가세요.

往右拐 우회전 하세요. 。

往左拐。 좌회전 하세요.

离这儿远吗? 여기서 멉니까?

到十字路口过马路。 사거리에서 길을 건너세요.

女: 我想学现在最流行的中国歌，你可以教我吗?

男: 可以是可以，可是我唱得不好。

问: **男的是什么意思?**

✔**A 可以教**

  B 不会唱

  C 不想教

여: 나는 최근에 제일 유행하는 중국 가요를 배우고 싶은데 나한테 가르쳐 줄 수 있어?

남: 가르쳐 줄 수는 있는데 난 노래를 잘 못해.

질문: 남자가 한 말의 뜻은?

  A 가르칠 수 있다

  B 노래 부를 줄 모른다

  C 가르치고 싶지 않다

단어 想 xiǎng 조동 ~하고 싶다 | 最 zuì 뷔 가장, 제일 | 流行 liúxíng 통 유행하다 | 歌 gē 몡 노래 | 可以 kěyǐ 조동 ~할 수 있다 | 教 jiāo 통 전수하다, 가르치다 | 唱 chàng 통 노래하다 | 意思 yìsi 몡 의미, 뜻

해설 '唱得不好'라는 말에서 남자가 노래를 잘 못 부른다는 것을 알 수 있지만, 여자가 노래를 가르쳐 달라고 했을 때 '可以是可以'라고 답했기 때문에 남자는 여자에게 노래를 가르쳐 줄 의사가 있음을 알 수 있다.

정답_ A

女：您好！请问您喝点儿什么？ 我们这里有白酒、啤
　　酒和葡萄酒。
男：我今天是开车来的，不能喝酒。你们这儿都有什
　　么饮料？
问：他们最可能在什么地方？

　　A 超市
✔B 饭店
　　C 火车站

여: 안녕하세요! 무엇을 마시겠습니까? 저희는 고량주, 맥주, 포
　　도주가 있습니다.
남: 제가 오늘 차를 몰고 와서 술을 마시면 안 됩니다. 여기에는
　　어떤 음료수가 있나요?
질문: 남자와 여자는 어디에 있는가?

　　A 슈퍼
　B 식당
　　C 기차역

단어 这里 zhèlǐ 때 이곳, 여기 | 白酒 báijiǔ 명 바이주, 고량주 | 啤酒 píjiǔ 명 맥주 | 葡萄酒 pútáojiǔ 명 포도주 | 开车 kāichē 통 운
전하다 | 不能 bùnéng 통 ~해서는 안 된다 | 饮料 yǐnliào 명 음료

해설 '请问您喝点儿什么？ 我们这里有白酒、啤酒和葡萄酒'를 통해 대화가 이루어진 곳은 식당임을 알 수 있다. 남자가 '我
今天是开车来的，不能喝酒'라고 했으므로 'A 超市(슈퍼)'은 답이 아니다.

정답_ B

男：您好！请问哪儿不舒服？
女：我昨天跟朋友去公园玩，在那里的小饭店里喝了
　　一杯饮料，回家以后肚子就疼得厉害。
问：他们最可能在什么地方？

　　A 公园
　　B 饭店
✔C 医院

남: 안녕하세요! 어디가 불편하세요?
여: 어제 친구하고 공원에 놀러 가서 그곳에 있는 조그마한 식
　　당에서 음료수 한 잔을 마시고 집에 돌아왔는데 배가 심하
　　게 아프네요.
질문: 그들은 어디에 있나?

　　A 공원
　　B 식당
　C 병원

단어 哪儿 nǎr 때 어디, 어느 곳 | 舒服 shūfu 형 편안하다 | 朋友 péngyou 명 친구 | 公园 gōngyuán 명 공원 | 玩 wán 통 놀다, 장난하
다 | 饭店 fàndiàn 명 식당, 호텔 | 喝 hē 통 마시다 | 杯 bēi 명 잔, 컵 양 〔음료나 물 등을 세는 단위〕 | 回家 huíjiā 통 집으로 돌아
가다 | 以后 yǐhòu 명 이후 | 肚子 dùzi 명 배, 복부 | 疼 téng 형 아프다 | 厉害 lìhai 형 심하다 | 地方 dìfang 명 장소, 곳

해설 '请问哪儿不舒服？'라는 질문에 '回家以后肚子就疼得厉害'라고 대답하고 있으므로 대화가 이루어지는 장소는 병원임
을 알 수 있다.

정답_ C

女：一共是三十五块钱，这是找您的十五块钱，请您
　　拿好。再见！

男：谢谢你，再见！

问：男的给女的多少钱？

　　✔A 50块钱
　　B 35块钱
　　C 15块钱

여: 모두 35위안입니다. 이것은 거스름돈 15위안이에요. 잘 챙기
　　시고 안녕히 가십시오!

남: 감사합니다. 안녕히 계세요!

질문: 남자는 여자한테 얼마를 주었나?

　　A　50위안
　　B　35위안
　　C　15위안

단어 一共 yígòng 图 모두, 전부 | 钱 qián 명 돈 | 找 zhǎo 통 거슬러 주다, 찾다 | 请 qǐng 통 청하다, 부탁하다 | 拿 ná 통 가져가다 |
多少 duōshao 대 얼마, 몇

해설 '一共是三十五块钱，这是找您的十五块钱'에서 물건 값은 35위안이고, 거스름돈이 15위안임을 알 수 있으므로 처음
에 남자가 여자에게 준 돈은 50위안이다.

정답_ A

女：8点半上课，我们快走吧。

男：别着急，还差20分钟呢，时间来得及。

问：现在几点了？

　　✔A 8:10
　　B 8:20
　　C 8:30

여: 8시 반 수업이야. 빨리 가자.

남: 서두르지 마. 아직 20분 남았어. 시간 안에 갈 수 있어.

질문: 지금은 몇 시인가?

　　A　8:10
　　B　8:20
　　C　8:30

단어 点 diǎn 양 시(時) | 半 bàn 수 절반, 2분의 1, 30분 | 上课 shàngkè 통 수업을 듣다, 강의를 듣다 | 别 bié 图 ～하지 마라 | 还 hái
图 여전히, 아직도, 아직 | 差 chà 통 부족하다, 모자라다 | 分钟 fēnzhōng 명 분 | 时间 shíjiān 명 시간 | 来得及 láidejí 통 늦지
않다, 돌볼(손쓸) 수가 있다, 제시간에 가다

해설 여자의 '8点半上课'라는 말에 남자가 '还差20分钟呢'라고 했으므로 현재 시간이 8시 10분임을 알 수 있다.

정답_ A

女：请问，这里几点钟可以洗澡?

男：我们这里24小时都有热水。

问：男的最可能是做什么的?

　　A 警察
　　B 售货员
✔C 服务员

여: 이곳에서는 몇 시에 목욕할 수 있나요?

남: 24시간 뜨거운 물이 나옵니다.

질문: 남자는 무엇을 하는 사람인가?

　　A 경찰
　　B 판매원
　　C 종업원

단어 几 jǐ ㈜ 몇 | 洗澡 xǐzǎo ⑧ 목욕하다 | 小时 xiǎoshí ⑲ 시간, 시간 단위 | 热水 rèshuǐ ⑲ 따뜻한 물 | 警察 jǐngchá ⑲ 경찰관 | 售货员 shòuhuòyuán ⑲ 판매원, 점원 | 服务员 fúwùyuán ⑲ 종업원, 웨이터

해설 '这里几点钟可以洗澡?'라는 물음에 '我们这里24小时都有热水'라고 대답할 수 있는 사람은 호텔이나 식당 등에서 서비스를 제공하는 '종업원'뿐이다. '售货员'은 물건을 파는 사람을 의미한다.

정답_ C

女：你的爸爸个子很高，长得也很帅。

男：我们家有两个孩子，我长得像爸爸，妹妹长得像妈妈。

问：从这句话可以知道男的怎么样?

✔A 长得很帅
　　B 像妈妈
　　C 有弟弟

여: 너네 아버지는 키가 크고 얼굴도 잘생기셨다.

남: 우리 집에는 남매가 있는데 나는 아버지를 닮고, 여동생은 어머니를 닮았어.

질문: 이 말을 통해 남자가 어떻다는 것을 알 수 있나?

　　A 잘생겼다
　　B 어머니를 닮았다
　　C 남동생이 있다

단어 个子 gèzi ⑲ 키 | 高 gāo ⑲ (키가) 크다, 높다 | 长 zhǎng ⑧ 생기다(생김새를 나타냄), 자라다 | 也 yě ⑪ ~도 | 帅 shuài ⑲ 잘생기다, 훌륭하다

해설 여자는 '你的爸爸个子很高，长得也很帅'라고 했고, 남자는 '我长得像爸爸'라고 했으므로 잘생긴 아버지를 닮은 남자도 잘생겼다는 것을 유추할 수 있다.

정답_ A

第四部分

● 31~40번 문제

031

男：明天我要跟经理一起去上海出差，帮我找几件衬衫。

女：要不要裤子？

男：要一条就行了，再找两双袜子。

女：好，哪天回来？

问：女的最可能是谁？

   A 经理

   B 服务员

  ✔C 妻子

남: 내일 사장님과 상하이로 출장 가요. 셔츠 몇 개 찾아 줘요.

여: 바지는요?

남: 하나면 돼요. 그리고 양말 두 족도 찾아 줘요.

여: 알겠어요, 언제 돌아와요?

질문: 여자는 누구인가?

   A 사장

   B 종업원

  C 와이프

단어 要 yào 조통 ~하려고 하다, 바라다, 필요하다 | 经理 jīnglǐ 명 (기업의) 경영 관리 책임자, 사장, 매니저 | 上海 Shànghǎi 명 상하이 | 出差 chūchāi 통 출장 가다 | 帮 bāng 통 돕다, 거들다 | 找 zhǎo 통 찾다, 물색하다 | 几 jǐ 수 몇 | 裤子 kùzi 명 바지 | 条 tiáo 양 가늘고 긴 것을 세는 단위 | 行 xíng 통 좋다, ~해도 된다 | 再 zài 부 재차, 또 | 两 liǎng 수 둘 | 双 shuāng 양 켤레, 쌍(짝을 이루는 것을 세는 단위) | 袜子 wàzi 명 양말, 스타킹

해설 남자가 출장을 간다고 하면서 셔츠 등을 챙겨 달라고 하고, 여자가 바지나 양말 등을 챙기며 남자에게 일정을 물어보는 것에서 둘은 부부 사이임을 알 수 있다.

정답_ C

032

男：吃剩的东西可不可以带走？

女：当然可以。

男：那给我一个塑料袋吧，我把它们都带走。

女：好，请等一下。

问：他们最可能在什么地方？

   A 家里

   B 公司

  ✔C 饭店

남: 남은 음식을 가져가도 됩니까?

여: 당연히 되죠.

남: 그러면 비닐봉지 하나 주세요. 제가 챙겨 갈게요.

여: 네, 잠깐만 기다려 주세요.

질문: 그들은 어디에 있나?

   A 집

   B 회사

  C 식당

단어 剩 shèng 통 남다, 남기다 | 东西 dōngxi 명 물건, 사물 | 当然 dāngrán 부 당연히, 물론 | 塑料袋 sùliàodài 명 비닐봉지 | 把 bǎ 전 ~을 | 它们 tāmen 대 그것들, 저것들 | 请 qǐng 통 청하다, 부탁하다 | 等 děng 통 기다리다

해설 '吃剩的东西可不可以带走?'와 '我把它们都带走'를 통해 대화가 이루어지는 곳이 식당임을 알 수 있다.

정답_ C

| **Tip** | 식당 관련 단어 |

메뉴판 菜单 càidān	주문하다 点菜 diǎncài
계산서 买单 mǎidān	포장하다 打包 dǎbāo
계산하다 结账 jiézhàng	

033

男： 周末的时候你打算做什么？

女： 我先把学生交上来的作业看完，然后去一趟医院。

男： 你怎么了？ 身体不舒服吗？

女： 不是，我妈妈病了，我要去照顾她。

问： 女的最可能是做什么工作的？

✔A 老师
B 医生
C 病人

남: 주말에 뭐 할거야?

여: 먼저 학생들이 제출한 숙제를 검사하고 그 다음 병원에 갈 거야.

남: 왜? 몸이 안 좋아?

여: 아니. 엄마가 아프셔서 내가 가서 돌봐 드리려고.

질문: 여자의 직업은 무엇인가?

A 선생님
B 의사
C 환자

단어 周末 zhōumò 뗑 주말 | 打算 dǎsuan 똉 ~할 생각이다 | 先 xiān 뗑 먼저 | 学生 xuésheng 뗑 학생 | 交 jiāo 똉 건네다, 제출하다 | 完 wán 똉 완성하다 | 然后 ránhòu 젭 그런 후에 | 趟 tàng 떙 번(왕복한 동작을 세는 단위) | 医院 yīyuàn 뗑 병원 | 身体 shēntǐ 뗑 신체, 건강 상태 | 舒服 shūfu 뼹 편안하다 | 病 bìng 뗑 병 | 照顾 zhàogù 똉 보살피다, 간호하다 | 工作 gōngzuò 뗑 직업 똉 일하다 | 医生 yīshēng 뗑 의사 | 病人 bìngrén 뗑 환자

해설 '我先把学生交上来的作业看完'을 통해 여자의 직업이 선생님임을 알 수 있다. 병원에 가는 이유는 아프신 어머니를 돌봐 드리러 가는 것이므로 B와 C 모두 답과는 거리가 멀다.

정답_ A

034

男： 听说了吗？ 小李离婚了。

女： 是吗？ 她不是刚结婚不长时间吗？ 怎么就离婚了呢？

男： 不知道，听说是那个男的不好。

女： 唉！她太可怜了！

问： 关于小李，可以知道什么？

A 结婚了
✔B 是女的
C 不太好

남: 들었어? 샤오리 이혼했대.

여: 그래? 결혼한지 얼마 안 됐잖아. 왜 이혼했대?

남: 몰라. 그 남자가 별로라고 하더라.

여: 에휴! 너무 불쌍하다!

질문: 샤오리에 대하여 알 수 있는 것은?

A 결혼했다
B 여자다
C 별로 좋지 않다

단어 离婚 líhūn 똉 이혼하다 | 结婚 jiéhūn 똉 결혼하다 | 知道 zhīdào 똉 알다 | 那 nà 떼 그, 저 | 太 tài 뿐 대단히, 매우 | 可怜 kělián 뼹 가련하다, 불쌍하다

해설 여자의 말 '听说是那个男的不好'에서 '那个男的'는 샤오리의 남편을 지칭하는 것이므로 이로써 샤오리가 여자라는 것을 알 수 있다.

정답_ B

女：时间快到了，爸爸要看新闻。
男：再等等，比赛马上就要结束了。
女：有什么好看的，那么多人踢一个球。
男：妈妈您不懂，您快去做饭吧，我都饿了。
问：男的在做什么？

　　A 看新闻
　✔ B 看电视
　　C 踢足球

여: 시간 다 됐어. 아버지가 뉴스 보신대.
남: 잠시만요. 경기가 곧 끝나요.
여: 많은 사람이 공 하나 차는 게 뭐가 재미있다고.
남: 엄마는 몰라요. 빨리 가서 밥하세요. 저 배고파요.
질문: 남자는 무엇을 하고 있나?

　　A 뉴스를 보다
　　B 텔레비전을 보다
　　C 축구를 하다

단어　快 kuài 툇 곧(머지않아) ~하다('了'와 함께 쓰이기도 함) | 到 dào 통 도달하다, 이르다 | 要 yào 조통 ~하기를 바라다 | 新闻 xīnwén 명 뉴스 | 再 zài 툇 재차, 또 | 等 děng 통 기다리다 | 比赛 bǐsài 명 경기, 시합 | 马上 mǎshàng 툇 곧, 즉시 | 结束 jiéshù 통 끝나다, 마치다 | 踢 tī 통 차다, 발길질하다 | 懂 dǒng 통 이해하다 | 做饭 zuòfàn 통 밥을 하다 | 饿 è 형 배고프다 | 电视 diànshì 명 텔레비전 | 踢足球 tīzúqiú 축구를 하다

해설　'有什么好看的，那么多人踢一个球'에서 '공을 찬다'는 표현이 나왔으므로 두 사람이 보고 있는 경기는 축구이며, '您 快去做饭吧，我都饿了'라는 문장을 통해 두 사람은 집에 있음을 알 수 있다. 집에서 축구를 보는 방법은 텔레비전을 보 는 것밖에 없으므로 남자는 현재 텔레비전을 보고 있음을 유추해 낼 수 있다.

정답_ B

女：在你旁边的那个人是你妻子吗？
男：你是说穿红衣服的那个人吗？她是我们经理。
女：我是说在你左边的那个人。
男：啊，她是我妹妹。
问：穿红衣服的人是男的什么人？

　　A 妻子
　✔ B 经理
　　C 妹妹

여: 당신 옆에 있는 사람이 당신 아내예요?
남: 빨간색 옷을 입은 저분을 말하는 건가요? 그녀는 우리 사장 님이에요.
여: 전 당신의 왼쪽에 있는 분을 말한 거예요.
남: 아, 그녀는 내 여동생이에요.
질문: 빨간색 옷을 입은 사람은 남자의 어떤 사람인가?

　　A 아내
　　B 사장
　　C 여동생

단어　旁边 pángbiān 명 옆, 근처 | 妻子 qīzi 명 아내 | 说 shuō 통 말하다 | 穿 chuān 통 (옷을) 입다, (신발을)신다 | 经理 jīnglǐ 명 사장, 매니저 | 左边 zuǒbian 명 왼쪽 | 妹妹 mèimei 명 여동생

해설　'你是说穿红衣服的那个人吗？她是我们经理'를 통해 빨간색 옷을 입은 사람은 남자의 사장임을 알 수 있다.

정답_ B

女: 昨天的考试你参加了吗?

男: 参加了。

女: 你觉得怎么样?

男: 听力还可以，阅读也还行，就是时间不够。

问: 男的认为阅读怎么样?

    A 很容易

    B 很难

✔C 时间少

여: 어제 시험 봤어?

남: 응.

여: 어땠어?

남: 듣기 시험은 괜찮았고, 독해도 그런대로 좋았는데, 시간이 좀 부족했어.

질문: 남자는 독해 시험이 어떻다고 생각하나?

    A 쉽다

    B 어렵다

C 시간이 모자라다

단어 考试 kǎoshì 阌 시험 | 参加 cānjiā 통 참가하다, 참여하다 | 觉得 juéde 통 ~라고 생각하다 | 怎么样 zěnmeyàng 어떻게, 어떠하다 | 听力 tīnglì 阌 듣기 능력 | 可以 kěyǐ 혱 좋다, 괜찮다〔앞에 항상 '还'를 수반함〕| 阅读 yuèdú 통 독해하다 | 也 yě 뷔 ~도 | 行 xíng 통 좋다, 괜찮다 | 不够 búgòu 통 모자라다, 충분하지 않다 | 认为 rènwéi 통 여기다, 생각하다 | 容易 róngyì 혱 쉽다 | 难 nán 혱 어렵다

해설 '阅读也还行，就是时间不够'를 통해 독해 시험은 시간이 부족했음을 알 수 있다.

정답_ C

女: 我很喜欢小动物，比如猫和狗。

男: 那你就在家里养一只狗吧，我喜欢小狗。

女: 可妈妈不同意，说猫和狗都掉毛，弄得家里不干净。

男: 那你就只能养鱼了。

问: 男的喜欢什么?

✔A 小狗

    B 猫和狗

    C 鱼

여: 나는 동물을 아주 좋아해. 예를 들어 고양이랑 강아지 같은.

남: 그럼 집에서 강아지를 길러. 나는 강아지를 좋아해.

여: 엄마가 안된대. 고양이와 강아지는 모두 털이 빠져서 집이 지저분해진대.

남: 그럼 물고기를 기를 수밖에 없겠네.

질문: 남자는 무엇을 좋아하나?

A 강아지

    B 고양이와 강아지

    C 물고기

단어 动物 dòngwù 阌 동물 | 比如 bǐrú 쩹 예를 들면 | 猫 māo 阌 고양이 | 狗 gǒu 阌 개, 강아지 | 家里 jiāli 阌 집, 집안 | 养 yǎng 통 (동물을) 기르다 | 只 zhī 양 마리(동물을 세는 단위) | 可 kě 쩹 그러나, 하지만 | 同意 tóngyì 통 동의하다, 허락하다 | 掉 diào 통 빠지다, 빠져 버리다 | 毛 máo 阌 털, 깃털 | 弄 nòng 통 하다 | 干净 gānjìng 혱 깨끗하다 | 能 néng 조통 ~해도 된다, ~할 수 있다 | 鱼 yú 阌 물고기

해설 남자의 말 '我喜欢小狗'에서 남자가 강아지를 좋아한다는 것을 바로 알 수 있다.

정답_ A

男：怎么样？北京很漂亮吧？

女：是。不过这是我第一次出差，一个人住在房间里有些害怕。

男：不用怕，我就住在你的旁边，有事你就敲一敲墙。

女：好吧。

问：他们最有可能是什么关系？

    A 夫妻

    B 邻居

  ✔C 同事

남: 어때요? 베이징 아름답지요?

여: 네. 그렇지만 이번이 첫 출장이라 혼자서 방에 있는 게 좀 무서워요.

남: 무서워 마세요. 제가 당신의 옆방에 있으니 무슨 일이 있으면 벽을 두드리세요.

여: 네.

질문: 그들은 무슨 관계인가?

    A 부부

    B 이웃

    C 동료

단어 怎么样 zěnmeyàng 어떠하다 | 不过 búguò 접 그러나, 하지만 | 第一次 dìyícì 명 최초, 맨 처음 | 出差 chūchāi 동 출장 가다 | 住 zhù 동 숙박하다, 묵다 | 些 xiē 양 조금, 약간 | 害怕 hàipà 동 겁내다, 무서워하다 | 不用 búyòng 조동 ~할 필요가 없다 | 旁边 pángbiān 명 옆, 근처 | 敲 qiāo 동 치다, 두드리다 | 墙 qiáng 명 벽, 담장 | 关系 guānxi 명 관계 | 夫妻 fūqī 명 부부, 남편과 아내 | 邻居 línjū 명 이웃 | 同事 tóngshì 명 동료

해설 여자의 말 '不过这是我第一次出差'를 통해서 여자는 남자와 같이 출장 왔음을 알 수 있으므로 둘은 동료 관계이다.

정답_ C

女：您好！我要换钱。

男：请让我看一下您的护照。

女：对不起，我忘了带护照，学生证可以吗？

男：很抱歉！不行。

问：他们在哪儿？

    A 飞机场

  ✔B 银行

    C 学校

여: 안녕하세요! 환전하려고 하는데요.

남: 여권을 보여주세요.

여: 여권을 안 갖고 왔는데 학생증은 안 되나요?

남: 죄송하지만, 안 됩니다.

질문: 그들은 어디에 있나?

    A 공항

    B 은행

    C 학교

단어 换钱 huànqián 동 환전하다 | 让 ràng 동 ~하게 하다 | 护照 hùzhào 명 여권 | 对不起 duìbuqǐ 미안합니다 | 学生 xuésheng 명 학생 | 证 zhèng 명 ~증, 증명서 | 可以 kěyǐ 조동 ~할 수 있다, 가능하다 | 抱歉 bàoqiàn 동 죄송합니다('对不起'보다 정중한 표현) | 不行 bùxíng 형 안 된다 | 银行 yínháng 명 은행 | 学校 xuéxiào 명 학교

해설 '我要换钱'을 통해 대화가 이루어지는 장소가 은행임을 알 수 있다.

정답_ B

> **Tip** 은행과 관련된 단어
>
> 存款 cúnkuǎn 동 저금하다 = 存钱 cún qián
>
> 取款 qǔkuǎn 동 돈을 찾다, 예금을 인출하다 = 取钱 qǔ qián
>
> 开户 kāihù 동 계좌를 개설하다
>
> 存折 cúnzhé 명 예금 통장
>
> 外币 wàibì 명 외화
>
> 换钱 huànqián 동 환전하다

第一部分

● 41~45번 문제

041-045

A 穿上西装以后，他觉得自己成熟了不少。	A 그는 양복을 입으니 자기가 많이 성숙해졌다고 생각했다.
B 当然。 我们先坐公共汽车，然后换地铁。	B 당연하지. 먼저 버스를 타고 그 다음에 전철로 갈아타.
C 他早就想去看这个住在美国的亲戚了。	C 그는 일찍부터 이 미국에 사는 친척을 보러 가고 싶었다.
D 从我五岁开始，一到星期天，妈妈就带着我去老师家里上课。	D 내가 5살 때부터 일요일이 되면, 어머니는 나를 데리고 선생님 댁에 가서 수업을 받게 했거든.
E 他一个人做这个计划完全没有问题。	E 그가 이 계획을 혼자 처리하는 것은 전혀 문제없을 거야.
F 不知道地铁什么时候能建成？	F 언제 지하철이 완공될 수 있을지 몰라?

단어 西装 xīzhuāng 圐 양복 | 以后 yǐhòu 圐 이후 | 自己 zìjǐ 団 자기 자신, 스스로 | 成熟 chéngshú 圐 성숙하다, (과일 등이) 익다 | 不少 bùshǎo 圐 적지 않다, 많다 | 住 zhù 圐 묵다, 살다 | 美国 Měiguó 圐 미국 | 亲戚 qīnqi 圐 친척 | 从 cóng 젨 ~부터 | 岁 suì 圐 살, 세〔연령을 세는 단위〕 | 开始 kāishǐ 圐 시작되다, 개시하다 | 星期天 xīngqītiān 圐 일요일 | 家里 jiāli 圐 집, 집안 | 做 zuò 圐 하다, 만들다 | 计划 jìhuà 圐 계획, 방안 | 完全 wánquán 圐 완전하다, 완벽하다 | 问题 wèntí 圐 문제 | 什么时候 shíhou 圐 언제 | 能 néng 区圐 ~할 수 있다, ~할 줄 안다 | 建成 jiànchéng 圐 완성하다, 준공하다

041

明天大使馆可以办理签证申请。	내일 대사관에서 비자 신청을 할 수 있다.

단어 大使馆 dàshǐguǎn 圐 대사관 | 可以 kěyǐ 区圐 ~할 수 있다(가능이나 능력을 나타냄) | 办理 bànlǐ 圐 처리하다, (수속을) 밟다 | 签证 qiānzhèng 圐 비자 | 申请 shēnqǐng 圐 신청하다

해설 '大使馆(대사관)'이나 '签证(비자)'을 통해 주어진 문장이 해외에 가는 것과 연관이 있음을 알 수 있다. 그러므로 보기 중에 미국에 사는 친척을 보러 가고 싶다고 언급한 'C 他早就想去看这个住在美国的亲戚了'가 어울린다.

정답_ C

工人们放弃了节假日的休息时间，正在努力工作，快了吧。

노동자들이 휴가 기간의 휴식 시간을 포기하고 열심히 일하고 있으니 곧 되겠지.

단어 工人们 gōngrénmen 명 노동자들 | 放弃 fàngqì 통 버리다, 포기하다 | 节假日 jiéjiàrì 명 명절과 휴일, 경축일과 휴일 | 休息时间 xiūxī shíjiān 휴식 시간 | 正在 zhèngzài 부 지금 ~하고 있다 | 努力 nǔlì 통 열심히 하다

해설 보기 'F 不知道地铁什么时候能建成？'은 '언제 완공되느냐'를 묻는 질문이다. 질문에 대한 대답이 이어져야 하는데 주어진 문장 중, 노동자들이 열심히 해서 곧 될 것이라는 문장이 제일 적당하다. 그러므로 '工人们放弃了节假日的休息时间，正在努力工作，快了吧(노동자들이 휴가 기간의 휴식 시간을 포기하고 열심히 일하고 있으니 곧 되겠지)'가 와야 한다.

정답_ F

> **Tip 동작의 진행**
>
> 중국어로 동작의 진행을 나타낼 때에는 부사 '正在, 正, 在'와 어기조사 '呢'를 쓸 수 있다.
>
> 我们正在看电视。 우리는 TV를 보고 있다.
>
> 他们在吃饭呢。 그들은 밥을 먹고 있다.
>
> 我在学习，你一会儿再来吧。 나는 공부하고 있으니, 잠시 후에 와라.
>
> 他学习呢。 그는 공부를 하고 있다.

我们都相信张教授的能力。

우리는 모두 장 교수님의 능력을 믿는다.

단어 相信 xiāngxìn 통 믿다, 신임하다 | 教授 jiàoshòu 명 교수 | 能力 nénglì 명 (발휘할 수 있는) 능력

해설 '能力(능력)'가 있어서 혼자 하는데 문제가 없다고 해야 문맥이 자연스러우므로 'E 他一个人做这个计划完全没有问题(그가 이 계획을 혼자 하는 것은 전혀 문제없다)'가 이어져야 한다.

정답_ E

大学毕业以后，他进入一家公司工作 | 대학 졸업 후, 그는 한 회사에 들어가서 일하게 되었다.

단어 进入 jìnrù 통 (어떤 범위 안으로) 들어가다 | 家 jiā 양 채(회사 · 건물 등을 세는 단위)

해설 일이 일어난 순서대로 생각해야 답을 찾을 수 있다. 먼저 '대학을 졸업하고, 회사에 들어갔다'라는 주어진 문장 다음에 할 수 있는 동작이 '양복을 입고, 양복을 입으니 자신이 성숙해진 것 같다'고 해야 문맥이 자연스럽다. 그러므로 A '穿上西装以后，他觉得自己成熟了不少'를 선택해야 한다.

정답_ A

045

表演会上，你的钢琴怎么弹得那么好呢? | 공연에서 너 어떻게 그렇게 피아노를 잘 치니?

단어 表演 biǎoyǎn 통 공연하다 | 钢琴 gāngqín 명 피아노 | 弹 tán 통 (악기를) 치다, 연주하다

해설 피아노를 왜 그렇게 잘 치냐고 물었기 때문에 보기 중에서 대답으로 적절한 것을 찾아야 한다. 보기 중에서 5살 때부터 배워서 잘 친다는 문장이 와야 문맥이 이루어지므로 'D 从我五岁开始，一到星期天，妈妈就带着我去老师家里上课'를 골라야 한다.

정답_ D

046-050

A 退休以后的生活很轻松。

B 公司在管理方面出现了很多问题。

C 晚会上，他们一边唱歌，一边跳舞，每个同学都很兴奋。

D 已经十点了，他还没有来。

E 他起来打开冰箱一看，里面什么吃的都没有。

A 퇴직한 후의 생활은 매우 홀가분하다.

B 회사는 관리 방면에 많은 문제가 생겼다.

C 저녁 파티에서 그들은 노래 부르면서 춤도 추고 모두들 아주 기뻐했다.

D 벌써 10시인데 그는 아직도 안 왔다.

E 그는 일어나서 냉장고를 열어 보니 안에 먹을 것이 하나도 없었다.

단어 退休 tuìxiū 동 퇴직하다, 은퇴하다 | 生活 shēnghuó 명 생활 | 轻松 qīngsōng 형 홀가분하다, 가뿐하다 | 公司 gōngsī 명 회사, 직장 | 管理 guǎnlǐ 동 관리하다 | 方面 fāngmiàn 명 방면, 부분 | 出现 chūxiàn 동 출현하다, 나타나다 | 问题 wèntí 명 문제 | 晚会 wǎnhuì 명 저녁 파티 | 一边~一边~ yìbiān~ yìbiān~ 한편으로 ~하면서 또 한편으로 ~하다, ~하면서 ~하다 | 唱歌 chànggē 동 노래 부르다 | 跳舞 tiàowǔ 동 춤을 추다 | 每 měi 대 ~마다 | 兴奋 xīngfèn 형 (감정을) 불러일으키다, 흥분하다 | 还 hái 부 여전히, 아직도 | 起来 qǐlái 동 일어서다, 일어나 앉다 | 打开 dǎkāi 동 열다, 풀다 | 冰箱 bīngxiāng 명 냉장고 | 里面 lǐmiàn 명 안

Tip 병렬관계

① 一边~一边~ : ~하면서 ~하다

他一边上网，一边听音乐。 나는 인터넷을 하면서 음악을 듣는다.

② 一方面~(另)一方面~ : 한편으로 ~하면서 또 다른 한편으로는 ~하다

她一方面照顾孩子，另一方面照顾老人。 그녀는 한편으로는 아이를 돌보고 다른 한편으로는 노인을 돌본다.

③ 又~又~ : ~하기도 하고 ~하기도 하다

这里的水果又好吃又便宜。 이곳의 과일은 맛있기도 하고 싸기도 하다.

046

到昨天为止，他们已经毕业10年了。

어제로 그들은 졸업한 지 이미 10년이 되었다.

단어 为止 wéizhǐ 동 ~까지 | 毕业 bìyè 명동 졸업(하다) | 年 nián 명 년

해설 '他们已经毕业10年了(그들은 졸업한 지 이미 10년이 되었다)'를 통해 그들이 '同学(동창)'임을 알 수 있다. C문장의 '每个同学都很兴奋'을 통해 C에서 말하는 주어도 '同学'이므로 'C 晚会上，他们一边唱歌，一边跳舞，每个同学都很兴奋'과 연결됨을 알 수 있다.

정답_ C

047

作为总经理近来他的心情很不好。

사장으로서 요즘 그의 기분은 그다지 좋지 않다.

단어 作为 zuòwéi 동 ~으로서〔신분을 나타냄〕 | 总经理 zǒngjīnglǐ 명 최고 경영자 | 近来 jìnlái 명 요즘, 최근 | 心情 xīnqíng 명 심정, 감정, 기분

해설 보기 중에서 사장이 기분이 좋지 않은 이유를 찾아야 한다. 사장의 입장에서 기분이 안 좋을 일은 회사 문제밖에 없으므로 'B 公司在管理方面出现了很多问题'와 어울린다.

정답_ B

048

他常和老伙伴们一起去附近的那家公园，练习唱京剧。

그는 늘 오랜 친구들과 근처 공원에 가서 경극 부르는 연습을 한다.

단어 常 cháng 〔형〕 늘, 항상 | 老 lǎo 〔형〕 오래된 | 伙伴 huǒbàn 〔명〕 동료, 친구 | 附近 fùjìn 〔명〕 부근, 근처 | 那 nà 〔대〕 그, 저 | 家 jiā 〔양〕 집, 채(건물 등을 세는 단위) | 公园 gōngyuán 〔명〕 공원 | 练习 liànxí 〔동〕 연습하다 | 京剧 jīngjù 〔명〕 경극

해설 '去附近的那家公园，练习唱京剧(근처 공원에 가서 경극 부르는 연습을 한다)'는 그의 생활을 설명하고 있으므로 생활에 대한 느낌을 언급한 'A 退休以后的生活很轻松(퇴직한 후의 생활은 매우 홀가분하다)'이 가장 잘 어울린다.

정답_ A

049

我怀疑昨天跟他定时间时，他没听懂我说的话。

어제 그와 시간 약속을 할 때 그가 내 말을 못 알아들은 것으로 짐작된다.

단어 怀疑 huáiyí 〔동〕 추측하다, 짐작하다 | 定 dìng 〔동〕 정하다 | 听懂 tīngdǒng 〔동〕 알아듣다

해설 약속 시간을 정할 때 '他没听懂我说的话(나의 말을 못 알아들었다)'였기 때문에 약속이 어긋났음을 알 수 있으므로 그는 시간이 지났는데도 오지 않고 있다는 것을 유추할 수 있다. 그러므로 '已经十点了，他还没有来(벌써 10시인데 그는 아직도 안 왔다)'가 이어져야 자연스럽다.

정답_ D

Tip 결과보어

결과보어는 동사 뒤에 쓰여 동작의 결과를 보충 설명하는 보어이다. 예를 들어 '找了'는 '찾았다'라는 뜻으로써, 찾는 행동이 완료되었다는 것만을 나타낼 뿐 그 결과로 '찾는 동작을 마친 후 물건이 내 손에 있는지 없는지 여부'는 나타내지 않는다. 그러나 목적을 달성하는 의미의 결과보어 '到'를 써서 '找到了'라고 표현하면 '찾았고, 찾은 결과 물건이 내 손에 있음'을 나타낸다. 이렇게 결과를 보충해 주는 보어를 '결과보어'라고 한다.

① 긍정형 : 주어 + 술어(동사) + 결과보어
我买到了。나는 샀다.
信已经写好了。편지는 이미 다 쓰여졌다.

② 부정형 : 주어 + 没 + 술어(동사) + 결과보어 (~한 결과가 나오지 않았다)
我没买到。나는 사지 못했다.
信还没写好。편지는 아직 다 쓰여지지 않았다.

050

睡觉的时候，他觉得有些饿了。

잘 때 그는 배가 고프다고 느꼈다.

단어 睡觉 shuìjiào 〔동〕 (잠을) 자다 | 些 xiē 〔양〕 조금, 약간 | 饿 è 〔형〕 배고프다

해설 잘 때 배고픔을 느껴서 먹을 것을 찾는 상황이 오는 것이 의미상 어울리므로 일어나서 냉장고를 열었다고 하면 자연스러운 문맥이 형성된다. 그러므로 'E 他起来打开冰箱一看，里面什么吃的都没有'와 연결되어야 한다.

정답_ E

● 51~55번 문제

051-055

A 到底	A 🔹dàodǐ 도대체
B 调查	B 🔹diàochá 조사하다
C 离	C 🔹lí ~에서, ~로부터
D 符合	D 🔹fúhé 부합하다, 일치하다
E 声音	E 🔹shēngyīn 소리, 목소리
F 想	F 🔹xiǎng 생각하다

051

你这样做不 **D 符合**我们学校的规定。

네가 이렇게 하는 것은 우리 학교의 규정에 **D 부합되지** 않는다.

단어 这样 zhèyàng 때 이렇다, 이렇게 | 规定 guīdìng 통 규정하다

해설 '你这样做(이렇게 하면)'와 '我们学校的规定(우리 학교 규정)'에 '어찌하다'라는 술어를 찾는 문제이므로 동사인 'D 符合(부합하다)'를 넣어야 한다. '不符合'는 '부합되지 않다, 일치하지 않다'라는 뜻이다.

정답_ D

052

警察很快就 **B 调查**出了这起撞车事故的原因。

경찰들은 재빨리 이번 교통사고의 원인을 **B 조사해** 냈다.

단어 警察 jǐngchá 명 경찰 | 起 qǐ 양 번, 회〔사건 등을 세는 단위〕 | 撞车 zhuàngchē 통 차량이 서로 충돌하다 | 事故 shìgù 명 사고 | 原因 yuányīn 명 원인

해설 '警察很快就(경찰들은 재빨리)', '这起撞车事故的原因(이번 교통사고의 원인)'을 통해 경찰이 사건에서 하는 역할을 나타내는 동사술어가 와야 하므로 '조사해 냈다'가 의미상 가장 어울린다. 괄호 뒤 '出'는 방향보어의 파생용법으로 동사 뒤에 쓰여 드러나거나 완성됨을 나타내기 때문에 '调查出了'는 '조사해 냈다'는 뜻을 나타낸다.

정답_ B

| 昨天晚上你 **A 到底** 跟谁在一起? | 어젯밤에 너는 **A 도대체** 누구와 같이 있었어? |

단어 晚上 wǎnshang 몡 밤 | 谁 shéi 때 누구 | 一起 yìqǐ 閈 같이

해설 문장에서는 주어 '你'와 전치사구 '跟谁' 사이의 자리가 비어 있으므로 '부사'인 단어를 찾아야 하는데, 보기 문장 중에서 부사는 'A 到底'밖에 없으며, '到底'는 '도대체'라는 의미로 상대방을 추궁하는 뉘앙스를 가진다.

정답_ A

| 我 **F 想**了很长时间，终于有了一个好办法。 | 나는 오랫동안 **F 생각하여** 끝내 한가지 좋은 방법이 생겼다. |

단어 终于 zhōngyú 閈 마침내, 끝내 | 办法 bànfǎ 몡 방법

해설 괄호는 주어 뒤, 목적어 앞의 술어를 찾는 문제이다. '我~了很长时间(나는 오랫동안 ~하여, 마침내 좋은 방법이 생겼다)' 고 했으므로 괄호에는 'F 想(생각하다)'이 오는 것이 가장 적합하다.

정답_ F

| **C 离**考试还有一天了，你快点儿抓紧时间准备吧。 | 시험 **C 까지** 아직 하루가 남았어, 너 빨리 시간 허비하지 말고 준비해. |

단어 考试 kǎoshì 몡 시험 | 抓紧 zhuājǐn 동 단단히 잡다, 다그치다 | 准备 zhǔnbèi 동 준비하다

해설 의미상 '시험까지 하루가 남았다'라는 뜻이므로 '考试' 앞에 전치사를 붙여서 '시험까지'라는 의미를 만들어야 한다. '离'는 'A离B'형식으로 'A에서 B까지'라는 뜻을 나타내며, 이는 두 지점 사이의 거리를 의미한다. 이 문장에서는 A가 생략되었으나 암묵적으로 A가 '지금'임을 유추할 수 있으므로 '지금부터 시험까지 하루가 남았다'는 뜻을 나타낸다.

정답_ C

056-060

A 认识	A 동 rènshi 알다, 인식하다
B 爱好	B 명 àihào 취미
C 还是	C 접 háishi 또는, 아니면
D 地址	D 명 dìzhǐ 주소
E 和	E 전 hé ~와(과)
F 联系	F 동 liánxì 연락하다, 연결하다

056

A: 你想吃米饭 **C 还是**想吃面条?

B: 我都不想吃，我想吃饺子。

A: 밥 먹을래요? **C 아니면** 국수 먹을래요?

B: 둘 다 먹기 싫어요. 전 만두를 먹고 싶어요.

단어 想 xiǎng 조동 ~하고 싶다, ~하려고 하다 | 米饭 mǐfàn 명 쌀밥 | 面条 miàntiáo 명 국수 | 饺子 jiǎozi 명 만두, 교자

해설 B의 대답 '我都不想吃，我想吃饺子(둘 다 먹기 싫어요, 전 만두를 먹고 싶어요)'를 보고 A에서 둘 중에 무엇을 먹고 싶은지 묻고 있다는 것을 알 수 있다. '还是'는 선택의문문에 쓰여 둘 중 무엇을 원하는지 물을 때 쓰이므로 괄호에는 'C 还是'를 넣어야 한다.

정답_ C

> **Tip** **선택복문 : 또는, 아니면**
>
> · ① 或者 : 평서문에 쓰임
> 去中国或者去美国都可以。 중국을 가든지 또는 미국을 가든지 모두 괜찮다.
> 给我打电话或者发电子邮件都可以。 나에게 전화를 하든 이메일을 보내든 모두 괜찮다.
>
> ② 还是 : 의문문에 쓰임
> 你们想喝咖啡还是想喝茶? 커피를 마시고 싶으세요 아니면 차를 마시고 싶으세요?
> 她是英国人还是德国人? 그녀는 영국 사람입니까 아니면 독일 사람입니까?

057

A: 你 **A 认识** 这里的街道吗?

B: 我从小就住在这里，知道这里的每一条路。

A: 당신은 여기 길을 **A 아십니까**?

B: 저는 어려서부터 여기에 살아서 모든 길을 잘 알고 있어요.

단어 街道 jiēdào 명 거리, 길거리 | 从小 cóngxiǎo 부 어렸을 때부터 | 条 tiáo 양 가늘고 긴 것을 세는 단위 | 路 lù 명 길, 도로

해설 '你' 뒤의 술어를 찾는 문제이다. '认识'는 '알다'라는 뜻인데, 일반적으로 길이나 글자, 사람 등을 안다고 할 때 사용한다. 이 문장의 목적어도 '街道'이므로 'A 认识'가 와야 한다.

정답_ A

A: 你妈妈在家吗?

B: 我妈妈 **E 和**爸爸去我奶奶家了，因为我奶奶病了。

A: 어머니 집에 계시나요?

B: 저의 어머니 **E 와** 아버지는 할머니 댁에 가셨어요. 할머니께서 편찮으시거든요.

단어 家 jiā 圐 집 | 奶奶 nǎinai 圐 할머니 | 因为 yīnwèi 圙 왜냐하면

해설 괄호 사이에 '妈妈(어머니)'와 '爸爸(아버지)'가 있으므로 이 둘을 연결해 주는 단어가 필요하다. '和'는 두 사물을 연결시켜 주는 역할을 하는 접속사이므로 'E 和(~와)'가 오는 것이 적당하다.

정답_ E

A: 喂，请问，你们的饭店在哪儿?

B: 我们饭店的 **D 地址**是: 长江路36号。

A: 여보세요. 말씀 좀 여쭙겠습니다. 당신네 호텔이 어디에 있습니까?

B: 우리 호텔 **D 주소**는 창장 로 36호입니다.

단어 饭店 fàndiàn 圐 식당, 호텔 | 哪儿 nǎr 때 어디, 어느 곳 | 号 hào 圐 ~번, 번호

해설 괄호 바로 앞에 있는 '的'를 보고 괄호에 명사가 들어감을 알 수 있으며, A에서 호텔의 장소를 묻고 있고, B의 대답에서 '长江路36号'가 그 주소라는 것을 알 수 있으므로 괄호에는 'D 地址(주소)'가 와야 한다.

정답_ D

A: 好吧，以后我们还会有机会见面，再见！

B: 再见！常 **F 联系**吧。

A: 좋아, 다음에 또 만날 기회가 있겠지. 안녕!

B: 안녕! 자주 **F 연락**하자.

단어 以后 yǐhòu 圐 이후 | 还 hái 圊 또, 더 | 机会 jīhuì 圐 기회 | 见面 jiànmiàn 圄 만나다

해설 '好吧，以后我们还会有机会见面，再见！(좋아, 다음에 또 만날 기회가 있겠지. 안녕!)'에 대한 대답으로 '자주 ~하자'라고 하고 있으므로 괄호에 적당한 단어는 'F 联系(연락하다)'이다.

정답_ F

第三部分

061

小明就快要毕业了，他想考研究生，他对中国古代文学很感兴趣，所以他想考张教授的。最近他每天都去图书馆看书。

问：根据这段话，可以知道：

    A 小明毕业了

    B 小明是研究生

✔C 张教授是古代文学老师

샤오밍은 이제 곧 졸업을 하고, 대학원 시험을 보려고 한다. 그는 중국 고대 문학에 흥미가 있어서 장 교수님의 시험을 보고 싶어한다. 요즘 그는 매일 도서관에 가서 공부를 한다.

질문: 이 말을 통해 알 수 있는 것은?

    A 샤오밍은 졸업했다

    B 샤오밍은 대학원생이다

    C 장 교수님은 고대 문학 교수님이다

단어 快要 kuàiyào 团 곧 ~하다(문장 끝에 '了'가 옴) | 考 kǎo 통 시험을 보다 | 研究生 yánjiūshēng 명 대학원생, 연구생 | 古代 gǔdài 명 고대 | 文学 wénxué 명 문학 | 感兴趣 gǎnxìngqù 관심이 있다, 흥미가 있다 | 所以 suǒyǐ 접 그래서, 그러므로 | 教授 jiàoshòu 명 교수 | 最近 zuìjìn 명 최근, 요즈음 | 每天 명 měitiān 매일 | 图书馆 túshūguǎn 명 도서관 | 书 shū 명 책 | 根据 gēnjù 전 ~에 의거하여 | 段 duàn 양 단락, 토막

해설 '他对中国古代文学很感兴趣，所以他想考张教授的'에서 샤오밍이 고대 문학에 흥미가 있고, 장 교수님의 시험을 봐서 그의 대학원생이 되려고 한다는 것에서 장 교수님이 고대 문학을 가르친다는 것을 알 수 있다. '小明就快要毕业了(샤오밍은 곧 졸업을 한다)'라고 했으므로 '졸업을 했다'라고 말한 A도 틀리고, 대학원생이 아직 되지 않았는데 대학원생이라고 한 B도 틀리다.

정답_ C

062

暑假的时候，朋友让我陪她一起去广州旅行，可是我觉得夏天的时候，南方太热，所以我想等冬天再去。

问：我打算什么时候去广州？

    A 暑假的时候

    B 夏天的时候

✔C 冬天的时候

친구는 나에게 여름 방학에 그녀와 같이 광저우에 여행을 가자고 한다. 하지만 나는 여름에 남방 지역이 너무 더워서 겨울에 가고 싶다.

질문: 나는 언제 광저우에 가려고 하는가?

    A 여름 방학

    B 여름

    C 겨울

단어 暑假 shǔjià 명 여름 방학, 여름 휴가 | 让 ràng 통 ~하게 하다, ~하도록 시키다 | 陪 péi 통 동반하다, 안내하다 | 广州 Guǎngzhōu 명 광저우 | 旅行 lǚxíng 통 여행하다 | 夏天 xiàtiān 명 여름 | 南方 nánfāng 명 남방 지역, 남쪽 지방 | 太 tài 부 너무 | 热 rè 형 덥다, 뜨겁다 | 等 děng 통 기다리다 | 冬天 dōngtiān 명 겨울 | 再 zài 부 재차, 또 | 打算 dǎsuan 명 계획 통 ~하려고 하다

해설 '所以我想等冬天再去(겨울에 가고 싶다)'를 통해 나는 겨울에 다시 광저우에 가려고 한다는 것을 알 수 있다.

정답_ C

063

下午我打算到大超市去买一些水果，那里的水果要比学校旁边的小商店便宜多了，而且质量特别好。

问：**我要去哪里买水果？**

✔**A 大超市**
B 学校
C 小超市

오후에 나는 큰 슈퍼마켓에 가서 과일을 사려고 한다. 그곳의 과일은 학교 옆에 있는 작은 상점보다 훨씬 싸고, 품질도 아주 좋다.

질문: 나는 어디에 가서 과일을 사려고 하는가?

A 큰 슈퍼마켓
B 학교
C 작은 슈퍼마켓

단어 下午 xiàwǔ 명 오후 | 打算 dǎsuan 명 (행동의 방향 · 방법 등에 관한) 계획 동 ~할 생각이다 | 到 dào 전 ~까지, ~에 동 ~까지 오다 | 水果 shuǐguǒ 명 과일 | 那里 nàli 대 그곳, 저곳 | 要 yào 동 비교문에 쓰여 강조의 뜻을 나타냄 | 比 bǐ 전~보다, ~에 비하여 동 비교하다 | 旁边 pángbiān 명 옆, 근처 | 商店 shāngdiàn 명 상점 | 便宜 piányi 형 (값이) 싸다 | 而且 érqiě 접 게다가, 뿐만 아니라 | 质量 zhìliàng 명 품질 | 特别 tèbié 부 유달리, 각별히

해설 '下午我打算到大超市去买一些水果(오후에 나는 큰 슈퍼마킷에 가서 과일을 사려고 한다)'라고 했으므로 나는 큰 슈퍼마켓에서 과일을 사려고 한다는 것을 알 수 있다.

정답_ A

064

今天上课的时候，我告诉老师，我家里有六口人，他们是：爸爸、妈妈、哥哥、妹妹、狗和我。可是老师说，狗不算是人。

问：**根据这段话，可以知道：**

A 我家有六口人
B 老师不喜欢狗
✔**C 我家有五口人**

오늘 수업할 때 나는 선생님께 우리 가족은 6명으로 아빠, 엄마, 형, 여동생, 강아지, 그리고 나라고 했다. 그러나 선생님은 강아지는 사람이 아니라고 하셨다.

질문: 이 말을 통해 알 수 있는 것은?

A 우리 집 가족은 6명이다
B 선생님은 강아지를 좋아하지 않는다
C 우리 집 가족은 5명이다

단어 告诉 gàosu 동 말하다, 알려 주다 | 哥哥 gēge 명 오빠, 형 | 妹妹 mèimei 명 여동생 | 狗 gǒu 명 개, 강아지 | 算 suàn 동 셈에 넣다, ~라고 치다, 포함시키다 | 根据 gēnjù 전 ~에 의거하여 | 段 duàn 양 단락, 토막

해설 '可是老师说，狗不算是人'이라는 선생님의 말씀은 강아지는 사람이 아니므로 가족에 포함시킬 수 없다는 뜻이다. 그러므로 강아지를 뺀 가족 수는 5명임을 알 수 있다.

정답_ C

4회

　　每到星期三的时候，我都觉得很忙。从早上八点半一直到中午十二点，我有四节课，下午我还见有一个互相辅导的中国朋友。

问：根据这段话，可以知道我：

A　有四个小时的课
B　下午很累
✔C　星期三很忙

매번 수요일이 될 때마다 나는 매우 바쁘다고 느낀다. 아침 8시 반부터 정오까지 네 교시의 수업이 있고, 오후에는 서로 도와주며 공부하는 중국 친구를 만난다.

질문: 이 말을 통해 나에 대해 알 수 있는 것은?

A　네 시간짜리 수업이 있다
B　오후에 매우 피곤하다
C　수요일은 매우 바쁘다

단어　星期三 xīngqīsān 수요일 | 忙 máng 〔형〕 바쁘다, 틈이 없다 | 早上 zǎoshang 〔명〕 아침 | 半 bàn 〔수〕 절반, 30분 | 一直 yìzhí 〔부〕 줄곧, 내내 | 节 jié 〔양〕 교시 〔수업을 세는 단위〕 | 中午 zhōngwǔ 〔명〕 정오, 낮 12시 전후 | 课 kè 〔명〕 수업, 강의 | 下午 xiàwǔ 〔명〕 오후 | 见 jiàn 〔동〕 마주치다, 만나다 | 互相 hùxiāng 〔부〕 서로 | 辅导 fǔdǎo 〔동〕 (학습을) 도우며 지도하다

해설　'每到星期三的时候，我都觉得很忙(매주 수요일이면 나는 매우 바쁘다)'이라고 했으므로 화자는 수요일마다 매우 바쁘다는 것을 알 수 있다. 또한 본문에서 '四节课'라는 말은 4교시의 수업을 한다는 뜻으로, 4시간 수업을 한다는 것과는 다르다.

정답_ C

　　去北方书店，你可以坐213路和326路公共汽车。要是你有自行车就好了，骑车去更方便，从小路走，十五分钟就能到。

问：根据这段话，可以知道他：

A　骑自行车去
✔B　坐公共汽车去
C　去买自行车

북방서점에 가려면 213번이나 326번 버스를 타면 돼. 만약 너에게 자전거가 있다면 딱 좋은데, 자전거를 타면 더 편리하거든. 작은 길을 따라 15분만 가면 도착해.

질문: 이 글을 통해 그에 대해 알 수 있는 것은?

A　자전거를 타고 간다
B　버스를 타고 간다
C　자전거를 사러 간다

단어　北方 běifāng 〔명〕 북방, 북쪽 | 书店 shūdiàn 〔명〕 서점 | 坐 zuò 〔동〕 (교통수단을) 타다 | 要是 yàoshi 〔접〕 만약, 만약 ~라면 | 自行车 zìxíngchē 〔명〕 자전거 | 骑 qí 〔동〕 (동물이나 자전거 등에) 타다 | 更 gèng 〔부〕 더욱, 더 | 方便 fāngbiàn 〔형〕 편리하다 | 分钟 fēnzhōng 〔명〕 분 | 能 néng 〔조동〕 ~할 수 있다

해설　'你可以坐213路和326路公共汽车(213번이나 326번 버스를 타면 돼)'를 통해 버스를 타고 감을 알 수 있다. '要是你有自行车就好了'는 만약 자전거가 있으면 더 좋다는 말이지만, 이는 가정의 상황을 말한 것이므로 답이 아니다. '更'은 '더욱'이라는 뜻으로 '다른 것보다 더 그러하다'는 비교의 의미를 가지고 있다.

정답_ B

大部分北方人都喜欢吃饺子，以前只有在春节的时候才能吃上饺子，可是现在，想吃的时候，到超市里买就行了。

问: 现在吃饺子:

   A 春节的时候吃

   B 不能吃

✔C 随时在超市里买

대부분 북방 사람들은 만두를 즐겨 먹는다. 이전에는 춘절에만 만두를 먹었는데 지금은 먹고 싶을 때 슈퍼에 가서 사면 된다.

질문: 지금 만두를 먹으려면?

   A 춘절에 먹는다

   B 먹을 수 없다

   C 아무 때나 슈퍼에 가서 산다

단어 大部分 dàbùfen 몡 대부분 | 北方人 běifāngrén 북방 사람 | 吃 chī 동 먹다 | 饺子 jiǎozi 몡 만두 | 以前 yǐqián 몡 이전 | 只有 zhǐyǒu 젭 ~해야만 ~이다 | 才 cái 뷔 이제야, 비로소 | 可是 kěshì 젭 그러나, 하지만 | 到 dào 젠 ~에,~까지 | 超市 chāoshì 몡 슈퍼마켓 | 买 mǎi 동 사다 | 行 xíng 동 좋다, ~해도 좋다

해설 '可是现在，想吃的时候，到超市里买就行了(지금은 먹고 싶을 때 슈퍼에 가서 사면 된다)'라고 했으므로 아무 때나 만두를 먹을 수 있다.

정답_ C

> **Tip** 중국의 명절
>
> ① 元旦 Yuándàn 몡 양력 1월 1일
> ② 春节 Chūnjié 몡 설, 음력 정월 초하루, 춘절
> ③ 元宵节 Yuánxiāojié 몡 원소절, 정월 대보름
> ④ 清明节 Qīngmíngjié 몡 청명(절)
> ⑤ 中秋节 Zhōngqiūjié 몡 한가위, 추석

为了锻炼身体，我每天都走着去学校上课。从家到学校，用不了三十五分钟就到了。

问: 我从家走到学校:

   A 可能四十分钟

   B 三十五分钟

✔C 可能三十分钟

신체를 단련하기 위하여 나는 매일 걸어서 등교해. 집에서 학교까지 35분도 안 걸려.

질문: 우리 집에서 학교까지 얼마나 걸리나?

   A 40분 정도

   B 35분

   C 30분 정도

단어 为了 wèile 젠 ~하기 위하여 | 锻炼 duànliàn 동 단련하다 | 每天 měitiān 몡 매일 | 到 dào 젠 ~까지 | 用不了 yòngbuliǎo 동 (많아서) 다 쓸 수 없다 | 分钟 fēnzhōng 몡 분

해설 '用不了三十五分钟就到了'의 '用不了'는 '다 쓸 수 없다'라는 뜻이므로 이 문장의 뜻은 '35분을 쓰지 않고도 도착한다' 즉 '35분도 안 걸린다'는 것을 알 수 있다.

정답_ C

> **Tip** 동태조사 '着'
>
> ① 동작의 지속을 나타낸다.
> 我看着书。 그는 책을 보고 있다.
>
> ② 동작이 발생한 이후 상태의 지속을 나타낸다.
> 门开着。 문이 열려 있다.
>
> ③ '동사＋着' 뒤에 다른 동사가 이어지면 동작이나 행위의 방식을 나타낸다.
> 他笑着说。 그는 웃으며 말한다.
> 我坐着看书。 나는 앉아서 책을 본다.

小林以前睡觉很晚，早上常常起不来，上课总是迟到，还经常不做作业。

问：小林以前：

✔A 早上不起床

B 上课很累

C 没有作业

샤오린은 예전에 늦게 자서 아침에 일어나지 못하고, 수업에 늘 지각했으며, 숙제도 자주 안 했다.

질문: 샤오린은 이전에?

A 아침에 일어나지 않는다

B 수업 듣는 것이 힘들다

C 숙제가 없다

단어 睡觉 shuìjiào 통 잠을 자다 | 晚 wǎn 형 늦다 | 常常 chángcháng 부 늘, 항상 | 总是 zǒngshì 부 늘, 언제나 | 迟到 chídào 통 지각하다 | 还 hái 부 또한, 게다가 | 经常 jīngcháng 부 늘, 항상 | 作业 zuòyè 명 숙제 | 起床 qǐchuáng 통 (잠자리에서) 일어나다 | 累 lèi 형 지치다, 피곤하다

해설 '小林以前睡觉很晚，早上常常起不来(샤오린은 예전에 늦게 자서 아침에 일어나지 못하고)'에서 샤오린은 예전에 아침에 일어나지 못했다고 직접적으로 언급하고 있다.

정답_ A

春节之前，我的中国朋友让我跟他一起回家过年，我很高兴，因为我也希望了解中国的文化。

问：我的中国朋友：

✔A 回家过年

B 很高兴

C 希望了解中国文化

춘절 전에 나의 중국 친구는 나한테 같이 집에 가서 설을 보내자고 하였다. 나는 매우 좋았다. 왜냐하면 나도 중국 문화를 알고 싶었기 때문이다.

질문: 나의 중국 친구는?

A 집에 가서 설을 쇤다

B 매우 기쁘다

C 중국 문화를 이해하려고 한다

단어 之前 zhīqián 명 ~전 | 一起 yìqǐ 부 같이, 함께 | 回家 huíjiā 통 집으로 돌아가다, 귀가하다 | 过年 guònián 통 설을 쇠다 | 高兴 gāoxìng 형 기쁘다, 즐겁다 | 希望 xīwàng 통 희망하다, 바라다 | 了解 liǎojiě 통 자세하게 알다, 이해하다 | 文化 wénhuà 명 문화

해설 '我的中国朋友让我跟他一起回家过年(나의 중국 친구는 나한테 같이 집에 가서 설을 쇠자고 하였다)'을 통해 나는 중국 친구 집에 가서 설을 쇰을 알 수 있다. 또한 '我很高兴，因为我也希望了解中国的文化(나도 중국 문화를 알고 싶기 때문이다)'라고 했으므로 'B 很高兴, C 希望了解中国文化'와 관련된 사람은 중국 친구가 아니고 나라는 것을 알 수 있다.

정답_ A

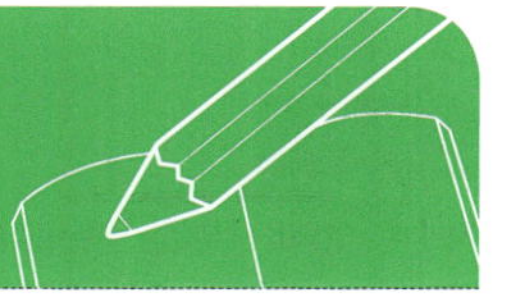

三、书写

第一部分

● 71~75번 문제

071

毕业　他　大学　了

답안　他大学毕业了。

졸업하다 / 그 / 대학 / (어기조사)

답안　그는 대학을 졸업했다.

단어　毕业 bìyè 명동 졸업(하다) | 大学 dàxué 명 대학

해설　주어진 단어 중에 '毕业'만이 동사이므로 술어는 '毕业'이고, '他'는 주어가 된다.

他　+　毕业
주어　　　술어

'毕业'는 목적어를 수반할 수 없는 동사로 '대학교를 졸업하다'라고 할 경우에는 반드시 '大学毕业'라고 해야 한다. 了는 동사 뒤, 혹은 문장 뒤에 올 수 있으므로 '大学毕业了'가 된다.

他　+　大学　+　毕业了
주어　　목적어　　　술어

072

一　事　是　件　那　大

답안　那是一件大事。

하나 / 일 / ~이다 / (양사) / 그것 / 크다

답안　그것은 큰일이다.

단어　事 shì 명 일, 업무 | 件 jiàn 양 벌, 건(옷·사건 등을 세는 단위) | 大 dà 형 크다

해설　주어진 단어 중에서 술어가 될 수 있는 것은 동사 '是'나 형용사 '大'이다. 형용사인 '大'가 술어가 될 경우에는 앞에 정도를 나타내는 부사(很，非常，真 등)나 부정을 나타내는 부사인 '不'가 있어야 하지만 제시된 단어 중에는 정도부사나 부정부사가 없기 때문에 '大'는 술어가 될 수 없고, '是'이 술어가 되어야 한다. 주어나 목적어가 될 수 있는 것은 '那(그것)', 事(일)'인데 '那'가 주어, '事'이 목적어가 되어야 문장이 자연스럽다. 즉, '그것은 일이다'라는 문장을 먼저 만들어야 한다.

那　+　是　+　事
주어　　술어　　목적어

수사는 양사 앞에 와야 하므로 '一(수사)+件(양사)'의 순서르 써야 하고, '件'은 '事'에 대한 양사이므로 '事' 앞에 와야 한다. '大'는 단음절 형용사로 단음절 형용사가 명사를 수식할 경우에는 수식하는 명사 바로 앞에 '的'를 사용하지 않으므로 '一件大事'로 정리된다.

那　+　是　+　一件大　+　事
주어　　술어　　관형어　　　목적어

名字　我　告诉　的　书	이름 / 나 / 알려 주다 / ~의 / 책
답안 告诉我书的名字。	**답안** 책 이름을 나에게 알려 줘.

단어　名字 míngzi 명 이름 | 书 shū 명 책

해설　주어진 단어 중 '告诉'만이 동사이므로 '告诉'가 술어가 되어야 한다. '告诉'는 이중목적어를 가질 수 있는 동사이기 때문에 뒤에 '간접목적어(사람)+직접목적어(사물)'이 오는데 여기에서는 사람을 지칭하는 단어가 '我' 밖에 없으므로 '我'가 간접목적어가 된다.

告诉　+　我
술어　　간접목적어

나머지 단어 '名字，的，书'에서 직접목적어를 찾아야 한다. 책을 알려 달라고 한다는 것은 어떤 책인지 이름을 묻는 것이 보편적이므로 '名字的书'가 아니고, '书的名字'라고 해야 한다.

告诉　+　我　　+　书的　+　名字
술어　　간접목적어　관형어　　직접목적어

Tip　**이중목적어를 취하는 동사**

간접목적어(사람)과 직접목적어(사물)을 동시에 취할 수 있는 동사는 다음과 같다.

① 教 ~에게 ~을 가르치다
　老师教我们汉语。 선생님은 우리에게 중국어를 가르치신다.

② 送 ~에게 ~을 보내다
　他送女朋友一件礼物。 그는 여자친구에게 선물 하나를 보냈다.

③ 给 ~에게 ~을 주다
　他给我一个面包。 그는 나에게 빵 하나를 줬다.

④ 问 ~에게 ~을 묻다
　我问老师一个问题。 나는 선생님께 한 문제를 여쭤 보았다.

⑤ 告诉 ~에게 ~을 알리다
　你别告诉他这件事。 너는 이 일을 그에게 알리지 마라.

汉字　写　很　写　他　慢　得	한자 / 쓰다 / 매우 / 쓰다 / 그 / 느리다 / (정도보어)
답안 <u>他写汉字写得很慢。</u>	**답안**　그는 한자를 매우 천천히 쓴다.

단어　汉字 Hànzì 명 한자 | 写 xiě 통 (글씨를) 쓰다 | 慢 màn 형 느리다 | 得 de 조동사나 형용사 뒤에 쓰여 결과나 정도를 나타내는 보어와 동사를 연결시킴

해설　이 문장은 정도보어에 관한 것으로, 우선 주어가 '他', 술어가 '写', 목적어가 '汉字'가 된다.

他　+　写　+　汉字
주어　　술어　　목적어

정도보어는 동사나 형용사 뒤에 '得'를 사용하여 동작의 정도, 묘사, 평가 등을 나타내는데, 이 문장에서는 '한자를 쓰는 정도가 매우 느리다'는 뜻의 정도보어 문장이 되어야 한다. 정도보어의 어순은 '술어+목적어+술어+得+정도보어'나 '목적어+술어+得+정도보어'의 형태가 있다. 그러므로 '他写汉字写得很慢' 또는 '他汉字写得很慢'으로 배열해야 한다.

他　+　写　+　汉字　+　写　+　得 +　很慢
주어　　술어　　목적어　　술어　　　정도보어

什么　你　有　好方法　的　记汉字　吗	구슨 / 너, 당신 / 있다 / 좋은 방법 / ~의 / 한자를 기억하다 / (어기조사)
답안 <u>你有什么记汉字的好方法吗?</u>	**답안**　한자를 기억하는 무슨 좋은 방법이 있니?

단어　方法 fāngfǎ 명 방법 | 记 jì 통 기억하다, 암기하다

해설　주어진 단어 중에서 주어가 될 수 있는 것은 인칭대사 '你'이고, 술어는 동사인 '有'가 되며, 목적어는 '好方法'가 되어야 한다. 즉 '너는 좋은 방법이 있니?'라는 문장을 먼저 완성해야 한다.

你　+　有　+　好方法　+吗
주어　　술어　　목적어

나머지 '什么，的，记汉字'에서 '什么'는 의문대사이기 때문에 목적어로 사용하거나 목적어의 대상을 묻는 관형어로 사용할 수 있다. 이 문장에는 이미 목적어인 '好方法'가 있으므로 '什么'는 '好方法'를 수식하는 관용어로 사용되어야 한다. 따라서 '한자를 기억하는 어떤 좋은 방법'의 순서로 문장을 그성해야 자연스러운 문맥이 이루어지므로 '什么记汉字的好方法'라는 문장을 만들어야 한다.

你　+　有　+　什么记汉字的　+　好方法　+　吗
주어　　술어　　관형어　　　　　목적어

●76~80번 문제

076

<table>
<tr><td>我想买一本词典。
(běn)</td><td>저는 사전을 한 권 사고 싶습니다.</td></tr>
</table>

단어 买 mǎi [동] 사다 | 本 běn [양] 권〔책 등을 세는 단위〕 | 词典 cídiǎn [명] 사전

해설 '本'은 책이나 사전 등을 세는 단위이다.

✏️ 따라 써 보세요

本	本	本						

정답_ 本

077

<table>
<tr><td>小刘，你的孩子今年几岁了?
(suì)</td><td>샤오리우, 당신 아이는 올해 몇 살입니까?</td></tr>
</table>

단어 孩子 háizi [명] 아이, 어린이 | 今年 jīnnián [명] 올해 | 岁 suì [명] 살, 세〔나이를 세는 단위〕

해설 '岁'는 '살, 세'라는 뜻으로, 나이를 세는 단위이다.

✏️ 따라 써 보세요

岁	岁	岁						

정답_ 岁

路上危险，要注意**安**全。
ān

길이 위험하므로 **안전**에 주의하세요.

단어 **路上** lùshang 몡 길 위, 도로 위 | **危险** wēixiǎn 혱 위험하다 | **要** yào 조통 마땅히 ～해야만 한다, ～해야 한다 | **注意** zhùyì 통 주의하다, 조심하다 | **安全** ānquán 혱 안전하다

해설 '安全'은 '안전하다'라는 뜻의 형용사이다.

✎ 따라 써 보세요

安 全 安 全 安 全

정답_ 安

你会**包**饺子吗?
bāo

너 만두를 **빚을** 줄 아니?

단어 **包** bāo 통 빚다, 둘러싸다 | **饺子** jiǎozi 몡 만두, 교자

해설 '包'는 '싸다, 빚다'라는 뜻의 동사이며 '만두를 빚다'라는 뜻으로도 쓰인다. 명사로 쓰일 경우, '보자기, 가방'이라는 뜻을 가지며 '钱包'는 '지갑, 书包'는 '책가방'이라는 뜻이다.

✎ 따라 써 보세요

包 包 包

정답_ 包

住在北京 **饭** 店的客人很多。   *fàn*

베이징 **호텔**에는 손님이 많다.

단어 北京 Běijīng 圐 베이징 | 饭店 fàndiàn 圐 호텔 | 客人 kèrén 圐 손님, 방문객

해설 '饭店'은 '호텔'이라는 뜻의 명사이다. 간혹 문맥에 따라 '식당'이라는 뜻을 가지기도 한다.

✏ **따라 써 보세요**

饭	店	饭	店	饭	店				

정답_ 饭

Tip   **자주 출제되는 어휘**

① 历史 lìshǐ 圐 역사

② 客人 kèrén 圐 손님

③ 可以 kěyǐ 조롱 ~할 수 있다, ~해도 좋다

④ 介绍 jièshào 롱 소개하다

⑤ 简单 jiǎndān 혱 간단하다

⑥ 季节 jìjié 圐 계절

⑦ 会议 huìyì 圐 회의

⑧ 红 hóng 혱 붉다, 빨갛다

⑨ 关心 guānxīn 롱 관심을 갖다, 관심을 기울이다

⑩ 公司 gōngsī 圐 회사, 직장

新HSK 모의고사 3級

5회 해설

一、听力

第一部分

● 1~5번 문제

001-005

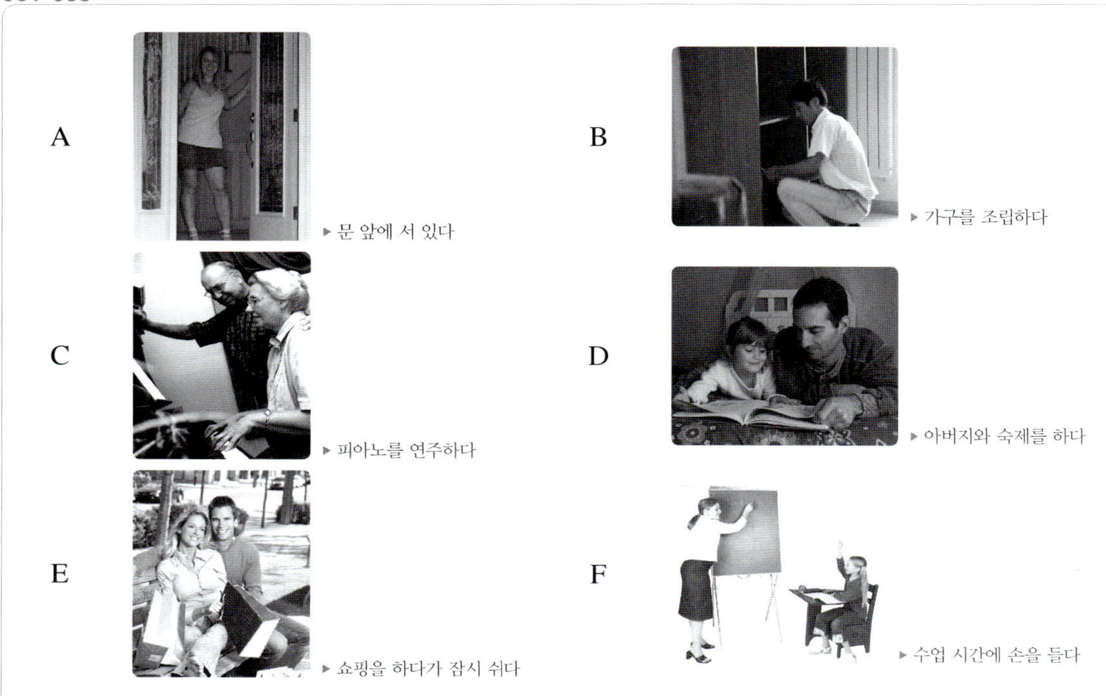

001

男：我不打扰你吗？	남: 내가 널 방해하고 있는 거 아니야?
女：哪里，我喜欢听钢琴曲。	여: 아니야, 난 피아노 곡 듣는 거 좋아해.

🔖 **단어** 　打扰 dǎrǎo 图 폐를 끼치다, 지장을 주다 | 哪里 nǎli 때 뭘요, 별말씀을요 | 听 tīng 图 듣다 | 钢琴曲 gāngqínqǔ 圆 피아노곡

🔍 **해설** 　'钢琴曲'가 핵심어이다. '我喜欢听钢琴曲'라고 했으므로 피아노를 치고 있는 그림을 골라야 한다.

정답_ C

| 男：你有什么问题？是我什么地方没表达清楚吗？ | 남 무슨 문제가 있니? 어떤 부분이 잘 이해가 되지 않니? |
| 女：不是，我举手是想告诉您我要出去一下。 | 여 아니에요. 좀 나가고 싶어서 말씀 드리려고 손을 들었어요 |

단어 问题 wèntí 몡 문제 | 地方 dìfang 몡 곳, 부위 | 表达 biǎodá 동 나타내다, 표현하다 | 清楚 qīngchu 동 이해하다, 알다 혱 분명하다, 명백하다 | 举手 jǔshǒu 동 손을 들다 | 出去 chūqu 동 나가다

해설 '我举手是想告诉您我要出去一下'가 핵심 문장이므로 나가고 싶다고 손을 든 학생이 등장한 그림을 골라야 한다.

정답_ F

| 女：你看这里，有花有树，买东西累了还可以在这儿休息，所以我常来。 | 여: 여기를 보세요. 꽃도 있고 나무도 있어서 쇼핑하다가 힘들 때 여기에서 쉴 수 있어요. 그래서 전 자주 와요. |
| 男：看来，购物环境确实很重要。 | 남: 보아하니, 쇼핑 환경이 확실히 중요하군요. |

단어 花 huā 몡 꽃 | 树 shù 몡 나무 | 东西 dōngxi 몡 물건, 제품 | 累 lèi 혱 지치다, 피곤하다 | 还 hái 부 또, 게다가 | 休息 xiūxī 동 휴식하다, 쉬다 | 所以 suǒyǐ 졉 그래서, 그러므로 | 常 cháng 부 자주 | 购物环境 gòuwù huánjìng 구매 환경 | 确实 quèshí 부 확실히, 정말로 | 重要 zhòngyào 혱 중요하다

해설 '买东西累了还可以在这儿休息'와 '购物环境'을 통해 쇼핑 중이라는 상황을 유추할 수 있다. 따라서 쇼핑백을 들고 쇼핑몰에서 쉬고 있는 사람의 그림을 골라야 한다.

정답_ E

5회

男：你怎么一个人孤孤单单地站在那儿？
女：这儿是门口，有风，凉快。

남: 너는 왜 혼자 외롭게 거기에 서 있니?
여: 문 앞이라 바람도 불고 시원해서.

단어 孤单 gūdān 혱 외롭다, 쓸쓸하다 | 站 zhàn 통 서다 | 那儿 nàr 때 그곳, 거기 | 这儿 zhèr 때 이곳, 여기 | 门口 ménkǒu 뎡 입구, 현관 | 风 fēng 뎡 바람 | 凉快 liángkuai 혱 시원하다

해설 '这儿是门口，有风，凉快'를 듣고 여자가 문 앞에 서 있는 그림을 골라야 한다. '孤孤单单'은 형용사인 '孤单'을 중첩시켜 강조의 의미를 나타낸다.

정답_ A

女：你的柜子坏了吗？
男：没有，新买的，宜家的家具都是这样，需要自己安装。

남: 캐비닛이 고장 난 거야?
여: 아니, 새로 산 거야. IKEA 가구는 모두 이렇게 스스로 조립해야 해.

단어 柜子 guìzi 뎡 캐비닛, 장롱 | 坏 huài 통 고장 나다, 망가지다 | 新 xīn 혱 새롭다, 새것의 | 宜家 yíjiā 이케아(IKEA) (가구 브랜드 이름) | 家具 jiājù 뎡 가구 | 需要 xūyào 통 필요하다, 요구되다 | 自己 zìjǐ 때 자기, 자신, 스스로 | 安装 ānzhuāng 통 설치하다, 장착하다

해설 '你的柜子坏了吗?'와 '需要自己安装'를 듣고 가구를 조립하고 있는 그림을 골라야 한다.

정답_ B

006-010

006

男：勇敢点儿，水不深，跟我一起下去游吧。
女：算了，我还是去浅水区和孩子们一起玩儿吧。

남: 용기를 좀 내 봐. 물이 깊지 않으니 나와 같이 수영하러 가자.
여: 됐어. 난 그냥 얕은 물가에서 아이들이랑 같이 놀게.

단어 勇敢 yǒnggǎn 형 용감하다 | 水 shuǐ 명 물 | 深 shēn 형 깊다 | 游 yóu 동 헤엄치다 | 算了 suànle 됐다(거절할 때 쓰는 말) | 浅水 qiǎnshuǐ 명 비교적 얕은 물 | 区 qū 명 구역 | 孩子 háizi 명 아이, 어린이 | 玩儿 wánr 동 놀다, 즐기다

해설 '水不深，跟我一起下去游吧'가 핵심 문장이다. 이를 듣고 수영장 풍경의 그림을 골라야 한다.

정답_ D

女：这是个新学生，大家看看让她坐在哪儿？
男：我旁边没人，坐这儿吧。

여: 새로 전학 온 학생이에요. 모두 그녀가 앉을 자리가 있는지 좀 보세요.
남: 제 옆에 사람이 없습니다. 여기 앉으세요.

단어 新 xīn 형 새롭다, 새로운 | 学生 xuésheng 명 학생 | 大家 dàjiā 대 모두, 다들 | 坐 zuò 동 앉다 | 哪儿 nǎr 대 어디, 어느 곳 | 旁边 pángbiān 명 옆, 근처

해설 '我旁边没人，坐这儿吧'가 핵심 문장으로 옆에 빈자리가 있는 그림을 골라야 한다.

정답_ C

男：无论大人还是孩子都爱吃这个，多买点儿。
女：香蕉容易坏，别买那么多了。

남: 어른이나 아이나 할 것 없이 모두가 즐겨 먹으니 많이 사.
여: 바나나는 쉽게 상하니까 그렇게 많이 사지는 마.

단어 无论 wúlùn 접 ~을(를) 막론하고, ~에 관계없이 | 大人 dàren 명 어른, 성인 | 爱 ài 동 사랑하다, 좋아하다 | 香蕉 xiāngjiāo 명 바나나 | 容易 róngyì 형 쉽다, 용이하다 | 坏 huài 동 상하다, 썩다

해설 '香蕉容易坏'가 핵심 문장이다. 본문에서 '香蕉'를 직접적으로 언급하고 있으므로 바나나 그림을 골라야 한다.

정답_ B

男：你不是忙吗？怎么还打游戏？
女：什么呀？我发一封电子邮件。

남: 당신 바쁘지 않아요? 어째서 아직도 게임을 하고 있나요?
여: 무슨? 저는 이메일을 보내고 있는 거예요.

단어 忙 máng 형 바쁘다, 틈이 없다 | 打 dǎ 동 (놀이, 운동을) 하다 | 游戏 yóuxì 명 게임 | 什么 shénme 대 무엇, 무슨 | 发 fā 동 보내다, 발송하다 | 封 fēng 양 통〔편지 · 이메일 등을 세는 단위〕 | 电子邮件 diànzǐ yóujiàn 명 전자 우편, 이메일

해설 '我发一封电子邮件'이 핵심 문장으로, 컴퓨터 앞에 앉아 있는 여자 그림을 골라야 한다.

정답_ A

女：你别照了，快走吧！
男：急什么？这么美的风景，不照太可惜了。

여: 사진 찍지 말고 빨리 가자.
남: 뭐가 그리 급해? 이렇게 아름다운 풍경을 안 찍으면 너무 아깝잖아.

단어 照 zhào 동 (사진, 영화를) 찍다 | 急 jí 동 조급하게 굴다, 서두르다 | 这么 zhème 대 이런, 이렇게 | 美 měi 형 아름답다, 예쁘다 | 风景 fēngjǐng 명 풍경, 경치 | 可惜 kěxī 형 아쉽다, 아깝다

해설 '这么美的风景，不照太可惜了'가 핵심 문장이므로 사진을 찍고 있는 그림을 골라야 한다.

정답_ E

第二部分

● 11~20번 문제

011

你也不开车，难道咱们还不能喝点儿啤酒吗?

问: 这个人觉得开车的时候不能喝啤酒。

넌 운전도 안 할 거면서 설마 우리에게 맥주를 못 마시게 하는 건 아니겠지?

질문: 이 사람은 운전할 때 맥주를 마실 수 없다고 생각한다.

단어 开车 kāichē 통 운전하다 | 难道 nándào 분 설마 ~란 말인가?, 설마 ~하겠는가? | 咱们 zánmen 대 우리들〔청자까지 포함함〕| 喝 hē 통 마시다 | 啤酒 píjiǔ 명 맥주 | 觉得 juéde 통 ~라고 여기다

해설 '你也不开车，难道咱们还不能喝点儿啤酒吗?'는 '운전도 안 할 건데 맥주를 못 마시게 하는 건 이치에 맞지 않는다'는 뜻이므로 화자는 본인이든 상대방이든 운전할 때는 맥주를 마시지 말아야 한다고 생각하고 있음을 알 수 있다.

정답_ ✓

012

你可以利用这个机会认识一个美国人，问问他去美国留学的情况。

问: 这个人对去美国留学感兴趣。

너는 이번 기회에 미국인을 만날 수 있어. 그에게 미국으로 유학 가는 일을 물어 봐.

질문: 이 사람은 미국으로 유학 가는 것에 관심이 있다.

단어 利用 lìyòng 통 이용하다, 활용하다 | 认识 rènshi 통 알다, 인식하다 | 美国人 Měiguórén 명 미국인 | 问 wèn 통 묻다 | 留学 liúxué 통 유학하다 | 情况 qíngkuàng 명 상황, 사정

해설 '问问他去美国留学的情况'이라는 것은 미국 유학에 관심 있는 사람한테 할 수 있는 말이다.

정답_ ✓

Tip 조동사 '可以'

①가능
我可以跟中国人聊天儿。 나는 중국인과 이야기할 수 있다.
我可以看中文报。 나는 중국어 신문을 읽을 수 있다.

②허락
我可以进去吗? 들어가도 됩니까?
这儿可以抽烟吗? 여기에서 담배를 피워도 됩니까?

你没收到我的信？看来我白花那么长时间写那么多页了。

问： 我给你写了一封很长的信。

너 내 편지 못 받았어? 그렇게 많은 시간을 들여서 여러 페이지를 썼는데 모두 헛수고한 것 같다.

질문: 나는 너에게 장문의 편지 한 통을 썼다.

단어 收 shōu 통 받다, 접수하다 | 信 xìn 명 편지 | 白 bái 부 헛되이, 쓸데없이 | 花 huā 통 쓰다, 소비하다 | 多 duō 형 (수량이) 많다 | 页 yè 양 쪽, 페이지 | 封 fēng 양 통〔편지 등을 세는 단위〕

해설 '看来我白花那么长时间写那么多页了'를 통해 장문의 편지를 썼음을 알 수 있다. 이 문장의 '白'는 '쓸데없이, 헛되이'라는 뜻이며 '花'는 동사로써 '쓰다, 소비하다'라는 뜻이므로 '白花'는 '쓸데없이 썼다'는 뜻임을 알아두자.

정답 ✓

Tip	여러 가지 의미의 '白'

① 형용사

-하얗다 : 白雪 하얀 눈 / 白裤子 하얀 바지

-아무것도 첨가된 것이 없다 : 白开水 끓인 맹물

② 부사

- 쓸데없이 : 白跑一趟 헛걸음하다 / 白说 쓸데없이 말하다

- 공짜로 : 白吃 공짜로 먹다 / 白送 공짜로 주다

春节时大家不是一起看电视就是一起吃饭，年轻人觉得没什么意思。

问： 大家在春节的时候觉得没意思。

춘절에는 모두가 같이 텔레비전을 보지 않으면 같이 밥을 먹기 때문에 젊은 사람들은 재미없다고 생각한다.

질문: 모두가 설날에 재미없다고 생각한다.

단어 大家 dàjiā 대 모두, 다들 | 电视 diànshì 명 텔레비전 | 年轻 niánqīng 형 젊다, 어리다 | 意思 yìsi 명 재미

해설 '年轻人觉得没什么意思'라고 했으므로 설날이 재미없다고 생각하는 사람은 젊은 사람들임을 알 수 있다.

정답 X

先生，打折的只是菜，不包括酒水，所以价钱要比您算的多一点。

问： 男人以为酒水也打折。

선생님, 할인되는 것은 요리뿐이고 음료는 포함되지 않습니다. 그래서 가격이 당신이 계산한 것보다 더 많이 나온 것입니다.

질문: 남자는 음료도 할인이 될 거라고 생각했다.

단어 先生 xiānsheng 명 선생님, 씨〔성인 남성에 대한 경칭〕 | 打折 dǎzhé 통 가격을 깎다 | 菜 cài 명 요리 | 包括 bāokuò 통 포함하다, 포괄하다 | 酒水 jiǔshuǐ 명 음료〔술도 포함〕 | 所以 suǒyǐ 접 그래서, 그러므로 | 价钱 jiàqian 명 값, 가격 | 要 yào 통 비교문에 쓰여 강조를 나타냄 | 比 bǐ 전 ~보다 | 算 suàn 통 계산하다, 셈하다 | 多 duō 형 많다 | 一点 yìdiǎn 수량 조금 | 以为 yǐwéi 통 여기다, 생각하다

해설 남자가 생각한 것 보다 금액이 많이 나온 이유는 '打折的只是菜，不包括酒水'이기 때문이다. 따라서 남자는 술도 할인될 거라고 생각했음을 알 수 있다.

정답 ✓

小孩子嘛，哪个能不爱玩儿？

问: 我想认识一个不爱玩儿的小孩子。

어린아이잖아요. 어떤 아이가 놀고 싶지 않겠어요?

질문: 나는 놀기 싫어하는 아이를 알고 싶다.

단어 玩儿 wánr 통 놀다, 즐기다 | 认识 rènshi 통 알다

해설 '小孩子嘛，哪个能不爱玩儿?'은 모든 아이들은 놀고 싶어 한다는 뜻이기 때문에 질문의 '놀기 싫어하는 아이를 알고 싶다'는 말은 본문과 다름을 알 수 있다.

정답_ X

你要是觉得困了就喝杯咖啡，我考试以前开夜车的时候天天喝。

问: 我觉得喝咖啡以后不困。

만약 졸리면 커피 한 잔 마셔. 나는 시험 전에 밤을 샐 때 매일 마시거든.

질문: 나는 커피를 마시면 졸리지 않다고 생각한다.

단어 困 kùn 통 졸리다, 피곤하다 | 喝 hē 통 마시다 | 杯 bēi 양 잔, 컵 | 咖啡 kāfēi 명 커피 | 以前 yǐqián 명 ~이전, 예전 | 开夜车 kāiyèchē 밤을 꼬박 새우다 | 以后 yǐhòu 명 이후

해설 '你要是觉得困了就喝杯咖啡'를 통해 화자는 커피를 마시면 졸리지 않다고 생각함을 알 수 있다.

정답_ √

这些东西不是饭后吃的，是代替饭的。

问: 吃这些东西就不用吃饭了。

이러한 음식은 식사 후에 먹는 것이 아니고, 식사 대용이에요.

질문: 이러한 것들을 먹으면 밥을 먹을 필요가 없다.

단어 东西 dōngxi 명 물건, 사물, 것 | 饭后 fànhòu 명 식후 | 吃 chī 통 먹다 | 代替 dàitì 통 대체하다, 대신하다 | 不用 búyòng 부 ~할 필요가 없다

해설 '不是~，是~'는 '~이 아니고 ~이다'라는 뜻이므로 '这些东西不是饭后吃的，是代替饭的'는 '이 음식은 식사 후에 먹는 것이 아니고, 식사 대용이에요'라는 뜻이다. 식사를 대신한다고 했으므로 이 음식을 먹으면 다시 식사를 하지 않아도 된다는 것을 알 수 있다.

정답_ √

我要是能有一份工作就好了，收入少点儿也会觉得满意的。

问： 我现在的工作收入少。

저는 직업만 있다면 수입이 조금 적어도 만족할 거예요.

질문: 나의 현재 직장은 수입이 적다.

단어 份 fèn 양 직업을 세는 단위 | 工作 gōngzuò 명 일, 근무 | 收入 shōurù 명 수입, 소득 | 少 shǎo 형 적다 | 会 huì 조동 ~할 가능성이 있다, ~할 것이다 | 满意 mǎnyì 동 만족하다, 흡족하다 | 现在 xiànzài 명 지금, 현재

해설 '要是'은 '만약'이라는 뜻으로, 가정적인 상황을 이끌 때 쓰인다. 따라서 '我要是能有一份工作就好了'는 직업이 있는 상황을 가정하고 있으므로 현재는 직업이 없음을 알 수 있다.

정답_ X

这个饭店提供免费下午茶的目的就是让大家认识它。

问： 大家都认识这个饭店。

이 식당이 오후에 무료로 차를 제공하는 목적은 바로 사람들에게 이 식당을 알리기 위해서입니다.

질문: 사람들은 모두 이 식당을 알고 있다.

단어 饭店 fàndiàn 명 식당, 호텔 | 提供 tígōng 동 제공하다, 공급하다 | 免费 miǎnfèi 동 무료로 하다, 돈을 받지 않다 | 下午 xiàwǔ 명 오후 | 茶 chá 명 차 | 目的 mùdì 명 목적 | 大家 dàjiā 대 모두, 다들 | 认识 rènshi 동 알다, 인식하다 | 它 tā 대 그것, 저것(사람 이외의 것을 가리킴)

해설 '这个饭店提供免费下午茶的目的就是让大家认识它'에서 '它'는 식당을 지칭하며, 식당에서 무료로 차를 주는 목적은 식당을 알리기 위해서라고 했다. 만약 모든 사람이 이 식당을 알고 있다면 홍보할 필요가 없으므로 '大家都认识这个饭店'은 본문과 다름을 알 수 있다.

정답_ X

第三部分

021

女：你们家要搬走？不喜欢这里呀？

男：哪儿呀？是为了孩子，医生说他的病就适合呆在有海的湿润的地方。

问：他们为什么要搬家？

   A 喜欢海边

  ✔B 为了治疗孩子的病

   C 不喜欢这里

여: 너희 집은 이사 가니? 이곳이 싫어?

남: 아니야. 아이를 위해서야. 의사 선생님이 말씀하시기를 아이의 병은 바다가 있는 습한 곳에 사는 것이 좋다고 하셔서.

질문: 그들은 왜 이사를 가려고 하나?

   A 해변을 좋아해서

  B 아이의 병을 치료하기 위해서

   C 이곳을 좋아하지 않아서

단어 搬 bān 동 이사하다, 옮기다 | 这里 zhèlǐ 대 이곳, 여기 | 哪儿 nǎr 대 어디, 어느 곳 | 为了 wèile 전 ~을 하기 위하여 | 医生 yīshēng 명 의사 | 病 bìng 명 병 | 适合 shìhé 동 적합하다 알맞다 | 呆 dāi 동 머물다, 지내다 | 海 hǎi 명 바다 | 湿润 shīrùn 형 축축하다, 촉촉하다 | 地方 dìfang 명 장소, 곳 | 搬家 bānjiā 동 이사하다

해설 '医生说他的病就适合呆在有海的湿润的地方'이라는 말을 통해 화자는 아이의 병을 치료하기 위해 습기가 많은 곳으로 이사를 가려 한다는 것을 알 수 있다.

정답_ B

022

男：《再见！阿郎》昨天演完了吗？你都看了一个月了吧？

女：还没完呢，昨天一集中间播了四个广告。

问：《再见！阿郎》可能是什么？

   A 小说

   B 电影

  ✔C 电视剧

남: 《안녕! 아랑》 어제 끝났어? 한 달 동안 봤지?

여: 아직 끝나지 않았어. 어제 한 회 중간에 광고가 4개 나왔어.

질문: 《안녕! 아랑》은 무엇인가?

   A 소설

   B 영화

  C 드라마

단어 演 yǎn 동 공연하다, 연기하다 | 还 hái 부 여전히, 아직 | 集 jí 양 편, 회(영화·텔레비전 드라마 등을 세는 단위) | 中间 zhōngjiān 명 중간 | 播 bō 동 방송하다 | 广告 guǎnggào 명 광고 | 可能 kěnéng 부 아마도

해설 '昨天一集中间播了四个广告'의 '一集'는 '한 회'라는 뜻이므로 《안녕! 아랑》은 방송국에서 방영하는 드라마임을 알 수 있다.

정답_ C

女：你这么做太没礼貌了吧？

男：我不是故意的，因为手上都是油，所以没有办法
　　和他握手。

问：这个男人怎么了？

　✔A 没和别人握手
　　B 用油手和别人握手
　　C 故意没有礼貌

여: 당신이 이렇게 한 것은 정말 예의가 없는 거예요.

남: 제가 고의로 그런 게 아니에요. 손이 온통 기름이어서 그와
　　악수할 수 없었어요.

질문: 이 남자는 어떤가?

　A 다른 사람과 악수하지 않았다
　B 기름 묻은 손으로 다른 사람과 악수했다
　C 일부러 예의 없게 행동했다

단어 做 zuò 통 하다 | 礼貌 lǐmào 명 예의, 예의범절 | 故意 gùyì 부 고의로, 일부러 | 因为 yīnwèi 접 왜냐하면 | 手 shǒu 명 손 | 油 yóu 명 기름 | 没办法 méibànfǎ 방법이 없다 | 握手 wòshǒu 통 악수하다 | 怎么 zěnme 대 어떤, 어떠한

해설 '因为手上都是油，所以没有办法和他握手'를 통해 남자는 손에 기름이 묻어서 악수하지 않았다는 것을 알 수 있다.

정답_ A

> **Tip　인과관계: 원인과 결과 관계로 이루어진 복문**
>
> ① 因为~ 所以~ : ~이기 때문에 (그래서) ~하다
> 　因为天气不好，所以他在家休息。 날씨가 좋지 않아서 그는 집에서 쉰다.
> 　因为作业太多了，所以我不能出去玩儿。 숙제가 너무 많아서 나는 놀러 나갈 수 없다.
>
> ② 由于~，~ : ~하기 때문에 ~하다
> 　由于每天努力，他的汉语非常好。 매일 노력했기 때문에 그의 중국어는 훌륭하다.
> 　由于他病了，今天没来上课。 그는 병이 나서 오늘 수업에 오지 않았다.

男：我当初要是好好学习，现在就能像小刘一样了！

女：你是看小刘大学毕业找了个好工作，羡慕人家了
　　吧？

问：男人的情况可能是什么？

　　A 和小刘一样
　✔B 以前没有好好学习
　　C 大学毕业了

남: 내가 이전에 공부를 열심히 했다면 지금 샤오리우처럼 됐을
　　거예요!

여: 샤오리우가 대학 졸업 후 좋은 직업을 찾았다고 부러워서
　　그러는 거지?

질문: 남자의 상황은 어떠한가?

　A 샤오리우와 같다
　B 예전에 열심히 공부하지 않았다
　C 대학을 졸업했다

단어 当初 dāngchū 명 당초, 애초 | 现在 xiànzài 명 지금, 현재 | 像 xiàng 통 ~와 같다 | 一样 yíyàng 형 같다, 동일하다 | 大学 dàxué 명 대학 | 毕业 bìyè 명동 졸업(하다) | 找 zhǎo 통 찾다, 구하다 | 工作 gōngzuò 명 직업, 일자리 | 羡慕 xiànmù 통 부러워하다, 탐내다 | 情况 qíngkuàng 명 상황, 형편 | 可能 kěnéng 형 가능하다 부 아마도

해설 남자의 말 '我当初要是好好学习，现在就能像小刘一样了！'를 통해 남자는 이전에 공부를 열심히 하지 않았음을 알 수 있다.

정답_ B

女：才五点你怎么就到家了？
男：下午有点儿不舒服，我提前走了一个半小时。
问：男的一般几点到家？

  A 五点
✔B 六点半
  C 三点半

여: 5시밖에 안 되었는데 왜 집에 왔어?
남: 오후에 몸이 조금 안 좋아서 한 시간 반 일찍 왔어.
질문: 남자는 일반적으로 몇 시에 집에 오는가?

  A 5시
B 6시 30분
  C 3시 30분

단어 才 cái 뎸 겨우, 고작 | 点 diǎn 뎸 시 | 到家 dàojiā 뎸 집에 드착하다 | 下午 xiàwǔ 뎸 오후 | 舒服 shūfu 뎸 편안하다, 쾌적하다 | 提前 tíqián 뎸 (예정된 시간을) 앞당기다 | 走 zǒu 뎸 떠나다 | 半 bàn 뎸 절반, 30분 | 小时 xiǎoshí 뎸 시간, 시간 단위

해설 지금이 5시라고 했는데 '我提前走了一个半小时'에서 1시간 30분을 앞당겨 왔다고 했으므로 남자는 5시에서 1시간 30분 후인 6시 반에 집에 돌아온다는 것을 알 수 있다.

정답_ B

男：心情不好怎么不跟爸爸说说呀？
女：您的压力就够大的了。
问：发生了什么事情？

  A 女的压力很大
  B 爸爸心情不好
✔C 女的心情不好

남: 기분이 좋지 않은데 왜 아빠와 이야기하지 않니?
여: 아빠 스트레스도 정말 심하잖아요.
질문: 무슨 일이 일어났나?

  A 여자의 스트레스가 너무 심하다
  B 아버지는 기분이 좋지 않다
C 여자의 기분이 좋지 않다

단어 心情 xīnqíng 뎸 심정, 마음, 기분 | 说 shuō 뎸 말하다, 이야기하다 | 压力 yālì 뎸 스트레스, 압력 | 够 gòu 뎸 제법, 꽤나 | 发生 fāshēng 뎸 일어나다, 발생하다 | 事情 shìqing 뎸 일, 사건

해설 남자가 여자한테 한 말 '心情不好怎么不跟爸爸说说呀?'를 듣고 여자의 기분이 좋지 않다는 것을 알 수 있다.

정답_ C

5회

女：菜太咸了对身体不好。
男：那也不能一点儿味道都没有呀，还是放点儿盐吧。

问：菜做得怎么样？

　✔A 没有味道
　B 太咸了
　C 对身体不好

여: 요리가 너무 짜면 건강에 좋지 않아.
남: 그러면 정말 맛이 없어. 그래도 소금을 조금 넣자.

질문: 요리는 어떤가?

　A 맛이 없다
　B 매우 짜다
　C 몸에 좋지 않다

단어　菜 cài 몡 요리 | 咸 xián 혱 짜다 | 也 yě 붐 ~도 | 不能 bùnéng 동 ~할 수가 없다 | 一点儿 yìdiǎnr 수량 조금 | 味道 wèidao 몡 맛 | 还是 háishi 쩝 ~하는 편이 낫다 | 放 fàng 동 넣다, 섞다 | 盐 yán 몡 소금

해설　남자의 말 '那也不能一点儿味道都没有呀'는 지금은 소금을 넣지 않아서 맛이 없으므로 소금을 넣자는 뜻이다. 따라서 현재 요리 상태는 맛이 없는 상태임을 알 수 있다.

정답_ A

男：你一会儿看到小李的话，告诉他我明天去他家帮忙。
女：你都病成这样了还去帮别人？我看算了吧。

问：男的怎么了？

　A 要去看小李
　✔B 病了
　C 不想帮小李的忙

남: 너 잠시 후에 샤오리를 보면 내가 내일 그의 집에 가서 도와주겠다고 알려 줘.
여: 너도 이렇게 병이 났는데 또 누구를 도와주겠다는 거야? 됐어.

질문: 남자는 어떠한가?

　A 샤오리를 보러 가려 한다
　B 병에 걸렸다
　C 샤오리를 돕고 싶지 않다

단어　一会儿 yíhuìr 몡 짧은 시간, 곧 | 看到 kàndào 동 보다, 보이다, 눈에 띄다 | 帮忙 bāngmáng 동 도와주다 | 成 chéng 동 ~이 되다, ~으로 변하다 | 这样 zhèyàng 대 이렇다, 이래서 | 还 hái 붐 다시, 또 | 别人 biéren 몡 다른 사람 | 看 kàn 동 ~라고 생각하다

해설　여자의 말 '你都病成这样了还去帮别人?'을 통해 남자가 병이 났음을 알 수 있다.

정답_ B

女：一百套房子怎么一天就卖完了？

男：这样的价格，再来一百套也不够呀！

问：男的是什么意思？

  ✓ A 房子价格太受欢迎了

    B 房子太多了

    C 200套就够了

여 100채의 집이 어떻게 하루만에 다 팔렸어요?

남. 이런 가격이라면 다시 100채를 팔아도 부족합니다.

질문: 남자의 말은 무슨 뜻인가?

    A 집 가격이 굉장히 인기가 있다

    B 집이 너무 많다

    C 200채면 충분하다

단어 百 bǎi 㑛 100, 백 | 套 tào 양 세트〔방이나 세트로 된 것을 세는 단위〕 | 房子 fángzi 몡 집, 건물 | 一天 yìtiān 몡 하루 | 卖 mài 통 팔다, 판매하다 | 完 wán 통 마치다, 끝나다 | 价格 jiàgé 몡 가격, 값 | 再 zài 다시 | 也 yě 뷔 ~도 | 不够 búgòu 통 (수량이나 정도가 요구에) 모자라다

해설 100채의 집이 하루만에 모두 팔린 상황에서 '这样的价格，再来一百套也不够呀!'라고 했으므로 집이 잘 팔린 이유가 가격이 매우 좋아서, 즉 매우 인기 있어서임을 알 수 있다.

정답_ A

男：我的要求是不管什么情况下，都不要让工作影响我的正常生活。

女：那你还是换一个地方找找吧。

问：女的是什么意思？

    A 这个工作和你的要求一样

  ✓ B 这个工作和你的要求不一样

    C 你应该多找几个工作

남: 저의 요구는 어떠한 상황에서도 일이 저의 일상생활에 영향을 미치지 않는 것입니다.

여: 그렇다면 당신은 다른 곳을 알아 보는 게 낫겠네요.

질문: 여자의 말은 무슨 뜻인가?

    A 이 직업은 당신의 요구와 같다

    B 이 직업은 당신의 요구와 다르다

    C 당신은 직업을 더 찾아 봐야 한다

단어 要求 yāoqiú 몡통 요구(하다) | 不管 bùguǎn 젭 ~을 막론하고, ~에 관계없이 | 情况 qíngkuàng 몡 상황, 형편 | 不要 búyào 통 ~하지 마라, ~해서는 안 된다 | 影响 yǐngxiǎng 통 영향을 주다 | 正常 zhèngcháng 혱 정상적인 | 生活 shēnghuó 몡 생활 | 还是 háishi 뷔 ~하는 편이 더 좋다 | 换 huàn 통 교환하다, 바꾸다 | 地方 dìfang 몡 장소, 곳 | 找 zhǎo 통 찾다, 구하다

해설 남자의 말에 대한 대답으로 여자가 '那你还是换一个地方找找吧'라고 한 말의 뜻은 '그렇다면 당신은 다른 곳을 알아 보는 게 낫겠네요'이며, 그 속뜻은 '이곳은 당신 찾는 곳과는 요구 조건이 맞지 않으니 다른 곳으로 가야 한다'는 의미임을 알 수 있다.

정답_ B

5회

● 31~40번 문제

031

男: 这个女孩儿是中国人吗?	남: 이 여자아이는 중국인인가요?
女: 当然，你没听她在说汉语吗?	여: 당연하죠. 당신은 그녀가 중국어 하는 것을 못 들었나요?
男: 可是我完全听不懂呀。	남: 그런데 나는 하나도 못 알아들었어요.
女: 哦，对了，她说的不是普通话。	여: 아! 맞아요! 그녀가 하는 중국어는 표준어가 아니에요.
问: 男人为什么听不懂?	질문: 남자는 왜 알아듣지 못했나?
A 女孩不是中国人	A 여자아이는 중국인이 아니다
B 女孩不说汉语	B 여자는 중국어를 못한다
✔C 女孩不说普通话	C 여자는 표준어를 하지 않는다

단어 女孩 nǚhái 몡 여자아이 | 中国人 Zhōngguórén 중국인 | 当然 dāngrán 튀 당연히, 물론 | 在 zài 튀 ~하고 있는 중이다 | 汉语 Hànyǔ 몡 중국어 | 完全 wánquán 혱 완전히, 전혀 | 听不懂 tīngbudǒng 통 알아들을 수 없다, 알아듣지 못하다 | 对了 duìle 맞다(갑자기 무언가가 생각났을 때 사용함) | 普通话 pǔtōnghuà 몡 보통화, 표준어

해설 '她说的不是普通话'에서 '她'는 여자아이를 가리킨다. 여자아이가 한 말은 표준어가 아니었으므로 남자가 알아듣지 못했다.

정답_ C

032

女: 老板，我真的想申请做这个工作。	여: 사장님, 저는 정말 이 일을 하고 싶어요.
男: 丽丽，不是我不给你机会，而是你做不了这个。	남: 리리, 내가 너에게 기회를 주지 않으려는 게 아니라 넌 이 일을 할 수 없어.
女: 小王也是女的，她能做我就能做。	여: 샤오왕도 여자잖아요. 그녀가 하면 저도 할 수 있어요.
男: 小王以前是军人，她的身体连男人都比不了。	남: 샤오왕은 전에 군인이어서 그녀의 힘은 남자와도 비교할 수 없을 정도야.
问: 为什么老板不让丽丽做这个工作?	질문: 왜 사장님은 리리에게 이 일을 못하게 하나?
✔A 丽丽身体不行	A 리리의 몸으로는 할 수 없어서
B 丽丽不是男的	B 리리는 남자가 아니어서
C 丽丽不是军人	C 리리는 군인이 아니어서

단어 老板 lǎobǎn 몡 사장 | 真的 zhēnde 정말, 진정으로 | 申请 shēnqǐng 통 신청하다 | 做 zuò 통 하다, 만들다 | 不是~而是~ búshì~érshì~ ~가 아니라 ~이다 | 也 yě 튀 ~도 | 能 néng 조통 ~할 수 있다 | 以前 yǐqián 몡 과거, 예전 | 军人 jūnrén 몡 군인 | 连 lián 젠 ~조차도, ~까지도 | 比不了 bǐbuliǎo 비교할 수 없다

해설 사장이 리리에게 한 말 '你做不了这个'에서 리리는 이 일을 할 수 없음을 알 수 있다. 또한 여자의 말 '小王也是女的'를 통해 이 일은 주로 남자들에게 맡겨졌다는 것을 알 수 있다. 남자의 말 '小王以前是军人，她的身体连男人都比不了' 를 통해 여자라고 할지라도 힘이 남자만큼 세다면 이 일을 할 수 있다는 것을 알 수 있으므로 'B 丽丽不是男的'는 틀렸다.

정답_ A

男: 给你一百块。

女: 你不是只要两个吗?

男: 对, 可是我没有零钱了。

女: 啊, 那找你四十块。

问: 男人要买的东西多少钱一个?

    A 一百

    B 四十

✔C 三十

남: 당신께 100원을 드릴게요.

여: 당신은 두 개만 필요한 거 아니었나요?

남: 맞아요. 그땐 제가 잔돈이 없어요.

여: 아! 그럼 당신에게 40위안을 거슬러 드릴게요.

질문: 남자가 사려고 하는 물건은 한 개에 얼마인가?

    A 100

    B 40

C 30

단어 不是 búshì 통 ~이 아니다 | 只 zhǐ 부 단지 | 要 yào 통 원하다 조통 ~하려 하다 | 两 liǎng 수 둘 | 对 duì 형 맞다, 옳다 | 零钱 língqián 명 잔돈 | 找 zhǎo 통 거슬러 주다, 찾다

해설 남자가 물건 두 개를 구매하고, 100위안을 낸 후 40위안을 거슬러 받았다. 그러므로 물건 한 개의 가격이 30위안임을 알 수 있다.

정답_ C

Tip 구매 관련 단어	
超市 chāoshì 명 슈퍼마켓	衬衫 chènshān 명 와이셔츠, 블라우스
百货商店 bǎihuò shāngdiàn 명 백화점	开门 kāimén 통 문을 열다, 영업을 시작하다
讲价 jiǎngjià 명 값을 흥정하다입원하다 住院 zhùyuàn	关门 guānmén 통 문을 닫다, 영업이 끝나다
打折 dǎzhé 통 세일하다	退货 tuìhuò 통 반품하다
毛衣 máoyī 명 스웨터	赠品 zèngpǐn 명 증정품, 경품

女: 你怎么总加班?

男: 我还不是为了多赚点钱嘛?

女: 我是怕你身体不好了, 再花钱去看病, 最后变成给医院打工了。

男: 你放心吧, 我一有时间就运动, 身体棒着呢。

问: 女的担心什么?

    A 男人去医院工作

✔B 男人身体不好

    C 男人不赚钱

여: 너는 왜 항상 야근을 하니?

남: 돈을 많이 벌려고 야근을 하는 거 아니겠어?

여: 난 네 건강이 나빠질까 걱정돼. 돈을 써서 진찰 받아 봐. 나중에는 병원에 돈 벌어다 주는 게 돼.

남: 안심해. 나는 시간이 날 때마다 운동해서 건강해.

질문: 여자는 무엇을 걱정하나?

    A 남자는 병원에 가서 일한다

B 남자의 건강은 좋지 않다

    C 남자는 돈을 벌지 않는다

단어 加班 jiābān 통 초과 근무를 하다, 시간 외 근무를 하다 | 不是 búshì 통 ~이 아니다 | 为了 wèile 전 ~을 하기 위하여 | 多 duō 형 (수량이) 많다 | 赚 zhuàn 통 (돈을) 벌다 | 钱 qián 명 돈 | 怕 pà 통 무서워하다, 두려워하다 | 花钱 huāqián 통 돈을 쓰다, 소비하다 | 看病 kànbìng 통 진찰하다, 진료하다 | 最后 zuìhòu 형 최후의, 맨 마지막의 | 变成 biànchéng 통 ~으로 변하다, ~이 되다 | 医院 yīyuàn 명 병원 | 打工 dǎgōng 통 아르바이트하다 | 放心 fàngxīn 통 마음을 놓다, 안심하다 | 时间 shíjiān 명 시간 | 一~就 yī~jiù ~하기만 하면 ~하다 | 运动 yùndòng 통 운동하다 | 棒 bàng 형 건장하다

해설 여자의 말 '我是怕你身体不好了'를 통해 여자가 남자의 건강을 걱정하고 있음을 알 수 있다.

정답_ B

5회

男：你怎么不和大家一起跳舞？
女：我跳得不好，也不爱跳。
男：你看你家老李跳得多高兴。
女：他也不会跳，可是一喝多了就这样。
问：女人觉得老李怎么了？

    A 跳得不错
    B 不爱跳
  ✔C 喝多了

남: 넌 왜 사람들과 같이 춤을 추지 않니?
여: 나는 춤을 못 추고 또 춤추는 걸 싫어해.
남: 봐, 네 남편 라오리는 얼마나 즐겁게 춤을 추는지.
여: 그도 춤을 못 추는데 술을 많이 마시면 이렇게 된다니까.
질문: 여자가 생각하기에 라오리는 어떤가?

    A 춤을 잘 춘다
    B 춤추기를 싫어한다
  C 술을 많이 마셨다

단어 跳舞 tiàowǔ 동 춤을 추다 | 也 yě 부 ~도 | 爱 ài 동 사랑하다, 좋아하다 | 家 jiā 명 집, 식구 | 多 duō 형 많다 | 高兴 gāoxìng 형 기쁘다, 즐겁다 | 不会 búhuì 동 ~할 수 없다, ~할 줄 모르다 | 喝 hē 동 마시다

해설 '你看你家老李跳得多高兴'을 통해 라오리가 춤추고 있다는 것을 알 수 있고, '他也不会跳，可是一喝多了就这样'이라는 말을 통해 라오리가 춤을 추는 것이 술을 많이 마셔서임을 알 수 있다.

정답_ C

女：您好！请坐在靠窗的那桌吧。
男：不对，我订了包房，320。
女：可是，320的客人5点才能结束，您来得太早了。
男：那我先在大厅点菜吧。
问：这个人可能在哪儿？
  ✔A 饭店
    B 大厅
    C 包房

여: 안녕하세요! 창가 쪽 테이블에 앉으세요.
남: 아니에요. 저는 룸으로 예약했는데요. 320호요.
여: 그런데 320호 손님은 5시가 되어서야 끝나요. 손님이 너무 일찍 오셨어요.
남: 그럼 저는 우선 홀에서 주문을 할께요.
질문: 이 사람은 어디에 있나?

  A 식당
    B 로비
    C 방을 전세 내다

단어 请 동 ~해 주세요 | 靠 kào 동 다가서다, 닿다, 대다 | 窗 chuāng 명 창, 창문 | 桌 zhuō 명 테이블, 책상 | 不对 búduì 형 정확하지 않다, 틀리다 | 订 dìng 동 예약하다, 주문하다 | 包房 bāofáng 동 (객실 등을) 전세 내다 | 客人 kèrén 명 손님 | 点 diǎn 양 시 | 才 cái 부 이제야, 겨우 | 结束 jiéshù 동 끝나다, 마치다 | 早 zǎo 형 (때가) 이르다 | 先 xiān 부 먼저, 우선 | 大厅 dàtīng 명 홀, 로비

해설 '我订了包房'과 '那我先在大厅点菜吧'를 통해서 이 사람이 식당에 있음을 알 수 있다.

정답_ A

男：我把衣服扔到洗衣机里了。

女：不行，这件是蓝的，拿出来我手洗吧，它可能会掉色儿。

男：别担心，也不是新衣服，掉色就掉色儿吧。

女：我担心的是洗衣机里我那些浅色的衣服。

问：女的要做什么？

   A 手洗浅色衣服

✓B 手洗蓝色的衣服

   C 洗掉蓝色

남 나 옷을 세탁기에 넣었어.

여 안돼. 이 옷은 남색이란 말이야. 꺼내서 내가 손으로 빨게. 아마도 색이 빠질거야.

남 걱정하지 마. 새 옷도 아닌데 변색되면 변색되는 거지.

여 내가 걱정하는 것은 세탁기 안에 있는 내 연한 색 옷이야.

질문: 여자는 무엇을 하려고 하나?

   A 옅은 색의 옷을 손으로 빤다

B 남색 옷을 손으로 빤다

   C 남색을 빨아 버리다

단어 衣服 yīfu 명 옷 | 扔 rēng 동 던지다 | 洗衣机 xǐyījī 명 세탁기 | 不行 bùxíng 동 안 된다, 허락하지 않다 | 蓝 lán 명형 남색(의) | 出来 chūlai (안에서 밖으로) 나오다, 꺼내다 | 手 shǒu 명 손 | 洗 xǐ 동 씻다, 빨다 | 它 tā 대 그것, 그 | 掉色 diàoshǎi 동 탈색되다, 색이 바래다 | 别 bié 부 ~하지 마라 | 担心 dānxīn 동 염려하ㄷ-, 걱정하다 | 不是 búshì 동 ~이 아니다 | 新 xīn 형 새롭다 | 浅色 qiǎnsè 연한 색

해설 여자의 말 '这件是蓝的，拿出来我手洗吧，它可能会掉色儿'을 통해 여자가 남색 옷을 손으로 빨려고 함을 알 수 있다.

정답_ B

女：报名是在这儿吗？

男：对，把身份证复印件给我，然后到那儿填表，交照片和二十块钱。

女：我没带身份证怎么办？

男：忘了别的都没关系，忘了这个你只能下次再来了。

问：男的是什么意思？

   A 什么都不重要

✓B 不能忘了身份证

   C 忘了什么都不行

여: 등록은 여기에서 하나요?

남: 네 맞습니다. 신분증 복사본을 저에게 주시고, 저쪽에 가셔서 표를 작성하세요. 사진과 20위안을 주시고요.

여: 저는 신분증을 가지고 오지 않았는데 어떡하죠?

남: 다른 것은 모두 안 가져오셔도 상관이 없는데 신분증을 가져오지 않았으면 다음에 다시 오셔야 합니다.

질문: 남자의 말은 무슨 뜻인가?

   A 아무것도 중요하지 않다

B 신분증을 잊어서는 안 된다

   C 아무것도 잊어서는 안 된다

단어 报名 bàomíng 동 신청하다, 등록하다 | 对 duì 형 맞다, 옳다 | 身份证 shēnfènzhèng 명 신분증 | 复印件 fùyìnjiàn 명 복사본 | 然后 ránhòu 접 그런 후에, 그 다음에 | 填表 tiánbiǎo 동 기입하다, 표를 작성하다 | 交 jiāo 동 건네주다, 제출하다 | 照片 zhàopiàn 명 사진 | 带 dài 동 (몸에) 지니다, 휴대하다. | 忘 wàng 동 잊다 | 别的 biéde 대 다른 것, 다른 사람 | 没关系 méiguānxi 괜찮다, 상관없다, 문제없다 | 只能 zhǐnéng 동 ~할 수 밖에 없다 | 下次 xiàcì 명 다음 번

해설 남자의 마지막 말 '忘了别的都没关系，忘了这个你只能下次再来了'의 뜻은 다른 것은 모두 안 가져와 상관이 없는데 신분증을 가져오지 않았으면 다음에 다시 와야 한다는 뜻이므로 등록할 때 신분증이 꼭 있어야 한다는 것을 알 수 있다.

정답_ B

男：老李和你聊什么了?

女：除了钱还是钱，他不是商人吗?

男：我看你听得也挺有兴趣的。

女：连你也这么认为，看来我可以去当演员了。

问：下面哪种说法是对的?

A 女的喜欢谈钱

B 女的是演员

✔C 男的认为女的喜欢听老李说话

남: 라오리와 무슨 이야기를 했어요?

여: 돈 빼고 또 무슨 이야기를 하겠어요? 그 사람 장사꾼 아닙니까?

남: 내 생각에는 당신도 참 재미있게 듣고 있던걸요.

여: 당신도 그렇게 생각해요? 저 배우 해도 될 것 같네요.

질문: 아래 보기 중 맞는 것은?

A 여자는 돈 이야기를 좋아한다

B 여자는 배우이다

C 남자는 여자가 라오리의 말을 듣는 것을 좋아한다고 생각한다

단어 聊 liáo 图 잡담하다, 한담하다 | 除了 chúle 젠 ~외에 또~, ~외에 ~도 | 还是 háishi 젭 여전히 | 商人 shāngrén 몡 상인, 장사꾼 | 挺 tǐng 뷔 매우, 아주 | 连 lián 젠 ~조차도, ~마저도 | 认为 rènwéi 图 여기다, 생각하다 | 当 dāng 图 ~이 되다, ~을 맡다 | 演员 yǎnyuán 몡 배우

해설 남자의 말 '我看你听得也挺有兴趣的'를 통해 남자는 여자가 라오리의 말을 듣는 것을 좋아한다고 생각했음을 알 수 있다. 그러나 여자의 말 '连你也这么认为，看来我可以去当演员了'를 통해 여자가 재미없는 이야기를 들으면서 재미있는 척 연기했다는 것을 알 수 있다. 그러므로 A와 B는 답이 아니다.

정답_ C

女：你这几天吃什么特别的东西了吗?

男：没有呀，三顿饭都在家吃，和家里人一样，他们都没事儿呀。

女：看来你这是胃肠感冒，我给你开点儿这个药。注意多休息，多喝水。

男：什么? 胃肠还能感冒啊!

问：男人和女人是什么关系?

A 丈夫和妻子

B 同事

✔C 医生和病人

여: 당신은 요 며칠 동안 특별한 것을 먹었나요?

남: 아니요. 밥 세끼를 모두 집에서 먹었어요. 가족과 함께 똑같이 먹었는데 그들은 탈이 나지 않았어요.

여: 보아하니 당신은 위장 감기에 걸렸네요. 약을 좀 처방해 드릴 테니 푹 쉬시고 물을 많이 마시세요.

남: 뭐라고요? 위장도 감기가 드나요!

질문: 남자와 여자는 무슨 관계인가?

A 남편과 아내

B 동료

C 의사와 환자

단어 顿 dùn 양 끼(밥이나 끼니를 세는 단위) | 饭 fàn 몡 밥 | 一样 yíyàng 톙 같다, 동일하다 | 没事儿 méishìer 图 괜찮다, 무사하다 | 看来 kànlái 图 보아하니 ~하다, 보기에 ~하다 | 胃肠 wèicháng 몡 위장 | 感冒 gǎnmào 몡 감기 | 开 kāi 图 (약을) 처방하다 | 药 yào 몡 약 | 注意 zhùyì 图 주의하다, 조심하다 | 多 duō 톙 많다 | 休息 xiūxi 图 휴식하다 | 喝 hē 图 마시다 | 水 shuǐ 몡 물

해설 '看来你这是胃肠感冒，我给你开点儿这个药'를 통해 대화하는 두 사람의 관계가 의사와 환자임을 알 수 있다.

정답_ C

二、阅读

第一部分

● 41~45번 문제

041-045

A 减肥前后小李的变化挺大。	A 다이어트 전후에 샤오리의 매우 많이 변했다.
B 当然。 我们先坐公共汽车，然后换地铁。	B 당연하지. 먼저 버스를 타고 그 다음에 전철로 갈아타.
C 我看你还是换个大夫吧。	C 내가 보기에 너는 의사를 바꾸는 것이 좋겠어.
D 你看我穿这条短裙子漂亮不漂亮?	D 내가 이 미니스커트를 입으니 예쁘지?
E 你也看那篇关于食品卫生的报道了?	E 당신도 그 식품 위생에 관련된 보도를 봤어요?
F 新房子住着就是舒服。	F 새집에 살면 편안하지.

 **단어** 减肥 jiǎnféi 图 살을 빼다, 다이어트 하다 | 前后 qiánhòu 圆 (특정 시간의) 전후 | 变化 biànhuà 圆 변화 | 挺 tǐng 图 꽤, 매우 | 还是 háishi 图 ~하는 편이 더 좋다 | 大夫 dàifu 圆 의사 | 穿 chuān 图 (옷을) 입다, (양말을) 신다 | 条 tiáo 떙 가늘고 긴 것을 세는 단위 | 短 duǎn 혱 짧다 | 裙子 qúnzi 圆 치마, 스커트 | 漂亮 piàoliang 혱 예쁘다, 아름답다 | 也 yě 图 ~도 | 篇 piān 떙 편, 장 〔문장이나 종이 등을 세는 단위〕 | 关于 guānyú 젠 ~에 관해서 ~에 대해서 | 食品 shípǐn 圆 식품 | 卫生 wèishēng 圆 위생 | 报道 bàodào 圆 (뉴스 등의) 보도 | 房子 fángzi 圆 집, 건물 | 住 zhù 图 살다, 거주하다 | 舒服 shūfu 혱 편안하다, 쾌적하다

041

要不是租来的，我真想好好布置布置。	세든 것만 아니면 난 정말 잘 꾸미고 싶어.

단어 要不是 yàobúshì 젭 ~가 아니라면 | 租 zū 图 세내다, 임차하다- | 真 zhēn 图 확실히, 진정으로 | 布置 bùzhì 图 (각종 물건을) 진열하다, 배치하다, 꾸미다

해설 '租(세내다)'나 '布置布置(꾸미다)'을 통해 집에 관한 내용임을 알 수 있다. '세든 것이 아니라면'이라고 가정문으로 말한 것으로 보아 현재 세들어 있다는 것을 알 수 있고, 이 집이 '새집이고 편안하고, 좋기 때문에 꾸며 놓고 싶다'고 해야 문맥상 어울리므로 'F 新房子住着就是舒服'라는 문장이 어어져야 한다.

정답_ F

身材好了，可是脸看起来老了。 | 몸매는 좋아졌지만, 얼굴은 늙어 보여.

단어 身材 shēncái 몡 몸매, 체격 | 脸 liǎn 몡 얼굴 | 看起来 kànqǐlái 통 보기에 ~하다, 보아하니 ~하다 | 老 lǎo 혱 늙다

해설 주어진 문장은 어떤 일에 대한 결과임을 예측할 수 있다. 몸매는 좋아졌지만 얼굴이 늙어 보인다고 했으므로 이와 관련된 내용인 '减肥(다이어트하다)'가 들어간 문장 'A 减肥前后小李的变化挺大'가 오는 것이 적당하다.

정답_ A

Tip 병원 관련 단어	
医院 yīyuàn 병원	出院 chūyuàn 퇴원하다
医生 yīshēng / 大夫 dàifu 의사	看病 kànbìng 문병하다, 진찰하다, 진찰받다
护士 hùshi 간호사	打针 dǎzhēn 주사를 놓다
住院 zhùyuàn 입원하다	开药 kāi yào 약을 처방하다

以后还是少去饭店吃饭吧。 | 앞으로는 식당에 밥 먹으러 자주 가지 않는 편이 좋겠어요.

단어 以后 yǐhòu 몡 이후 | 还是 háishi 뿐 ~하는 편이 더 좋다 | 少 shǎo 혱 적다 | 饭店 fàndiàn 몡 식당, 호텔

해설 '还是~吧'는 '~하는 편이 더 좋다'라는 뜻으로 식당에 자주 가지 않아야 하는 이유를 찾아야 한다. 그러므로 '你也看那篇关于食品卫生的报道了?(당신도 그 식품 위생에 관련된 보도 봤어요?)'가 문맥상 어울린다.

정답_ E

什么? 夏天已经来了吗? | 뭐야? 벌써 여름이 온 거야?

단어 什么 shénme 때 (놀람이나 불만의 뜻을 나타내어) 뭐라고 | 夏天 xiàtiān 몡 여름 | 已经 yǐjing 뿐 이미, 벌써

해설 보기 D는 짧은 미니스커트를 입고 상대방의 의견을 묻는 문장이다. 그것에 대한 대답으로 상대방이 치마를 입는 것에 대해 불만을 나타내는 것으로, '什么? 夏天已经来了吗? (뭐야? 벌써 여름이 온 거야?)'가 오는 것이 적합하다.

정답_ D

你说这个病不严重? 可是我已经住了好几天院了。 | 이 병이 심각하지 않다고 말씀하셨잖아요? 하지만 저는 이미 입원한지 며칠이나 되었어요.

단어 严重 yánzhòng 혱 심각하다, (정도가) 매우 심하다 | 住院 zhùyuàn 통 입원하다 | 好 hǎo 뿐 시간이 오래 되었음을 나타냄

해설 주어진 문장에서 '病, 住院'의 단어들을 통해 대화가 병원과 관련 있다는 것을 알 수 있다. 그러므로 'C 我看你还是换个大夫吧'가 의미상 어울린다.

정답_ C

046-050

A 可以用信用卡吗?	A 신용 카드도 사용할 수 있습니까?
B 你收入这么低还帮助山区学生交学费，为的是什么呀?	B 수입이 이렇게 적은데 산간 지역의 학생들을 도와 학비를 내주시다니, 무엇을 위해서입니까?
C 那怎么行? 该我了。	C 어떻게 그래요? 제 차례인걸요.
D 我在训练场开得还不错，可是一上马路就害怕了。	D 저는 운전면허 학원에서는 운전을 잘 하는데, 도로에만 오면 무서워요.
E 难道我这次又考砸了吗?	E 설마 제가 이번에도 또 시험을 망쳤단 말인가요?

단어 信用卡 xìnyòngkǎ 명 신용 카드 | 收入 shōurù 명 수입, 소득 | 低 dī 형 (정도가) 낮다, 뒤떨어지다 | 还 hái 부 또, 게다가 | 帮助 bāngzhù 통 돕다 | 山区 shānqū 명 산간 지역 | 交学费 jiāoxuéfèi 통 대가를 치르다, 수업료를 내다 | 为 wèi 전 ~때문에, ~하기 위하여 | 行 xíng 형 괜찮다, 좋다, 가능하다 | 该 gāi 통 ~의 차례이다 | 在 zài 전 ~에(서), ~에 있어서 | 训练场 xùnliànchǎng 훈련장, 연습장 | 开 kāi 통 운전하다 | 还 hái 부 그런대로 | 不错 búcuò 형 좋다, 괜찮다, 잘하다 | 马路 mǎlù 명 대로, 큰길, 자동차 도로 | 害怕 hàipà 통 겁내다, 두려워하다, 무서워하다 | 难道 nándào 부 설마 ~란 말인가?, 설마 ~는 아니겠지요 | 次 cì 양 번 〔동작의 횟수를 세는 단위〕 | 又 yòu 부 또, 다시 | 考 kǎo 명통 시험(보다) | 砸 zá 통 실패하다, 망치다

046

今天我请客！	오늘 제가 한턱 내겠습니다!

 **단어** 请客 qǐngkè 통 접대하다, 초대하다, 한턱 내다

 **해설** '请客'는 '초대하다'라는 뜻으로 보통 식사를 한 후 돈을 지불하겠다는 의미이다. 보기 C의 '该'는 조동사 '~해야 한다'로 많이 쓰이지만 동사 '~의 차례다'라는 뜻으로도 쓰인다. 보기에서 한턱 내겠다는 상대방의 말에 어울리는 대답을 고르자면, 본인이 초대할 차례라며 상대방의 지불을 거절하는 문장인 'C 那怎么行? 该我了'가 될 것이다.

정답_ C

5회

047

一件上衣，两条裤子，一共一千四百七十六。	상의 한 벌, 바지 두 벌, 합쳐서 1476위안입니다.

단어 上衣 shàngyī 명 상의, 윗도리 | 裤子 kùzi 명 바지 | 一共 yígòng 부 모두, 전부

해설 주어진 문장은 상점에서 종업원이 하는 말로, 손님이 'A 可以用信用卡吗?(신용 카드도 사용할 수 있습니까?)'라는 문장과 이어져야 자연스럽다.

정답_ A

| 孩子们高兴我就高兴。 | 아이들이 기쁘면 저도 기쁩니다. |

단어 孩子 háizi 몡 어린이, 어린아이 | 高兴 gāoxìng 혱 기쁘다, 즐겁다

해설 주어진 문장 '孩子们高兴我就高兴(아이들이 기쁘면 저도 기쁩니다)'은 어떠한 질문에 대한 대답이며, 보기 'B 你收入这么低还帮助山区学生交学费，为的是什么呀?'가 아이들을 돕는 이유를 묻고 있으므로 주어진 문장과 서로 연관성이 있음을 알 수 있다.

정답_ B

| 你不是说你以后要开车上班吗? | 당신은 나중에 운전해서 출근한다고 말하지 않았나요? |

단어 不是 búshì 통 ~이 아니다 | 开车 kāichē 통 운전하다 | 上班 shàngbān 통 출근하다

해설 주어진 문장은 '开车'에서 운전과 관련된 내용임을 알 수 있다. '운전해서 출근한다고 말하지 않았나요?'라고 묻고 있으므로 차를 몰고 출근하지 않는 이유를 말하는 문장 'D 我在训练场开得还不错，可是一上马路就害怕了'가 이어져야 자연스럽다.

정답_ D

| 你回家一定要再好好复习一遍，有什么不会的就问问同学。 | 집에 가서 꼭 다시 한 번 복습을 하고, 잘 모르는 것은 바로 친구한테 물어 봐. |

단어 回家 huíjiā 통 집으로 돌아가다 | 一定 yídìng 뷔 반드시, 꼭 | 再 zài 뷔 또 | 复习 fùxí 통 복습하다 | 遍 biàn 양 번〔처음부터 끝까지 한 동작의 과정을 세는 단위〕

해설 주어진 문장은 시험과 관련된 것으로, '你回家一定要再好好复习一遍，有什么不会的就问问同学(집에 가서 꼭 다시 한 번 복습을 하고, 잘 모르는 것은 바로 친구한테 물어 봐)'라는 말을 듣고, 'E 难道我这次又考砸了吗? (설마 제가 이번에도 시험을 망쳤나요?)'로 대답하고 있는 것을 알 수 있다. 본 문장은 시험을 망쳤기 때문에 앞으로 위와 같은 방식으로 공부를 하라고 알려 주고 있는 것이다.

정답_ E

第二部分

051-055

A 让	A 동 ràng ~하게 하다, ~하도록 시키다
B 声音	B 명 shēngyīn 소리, 목소리
C 兴趣	C 명 xìngqù 흥미
D 重要	D 형 zhòngyào 중요하다
E 关心	E 동 guānxīn 관심을 갖다, 관심을 기울이다
F 被	F 동 bèi ~당하다, ~에 의해 ~당하다

051

你还是我姐姐呢，一点儿也不 **E 关心**我。

당신은 언니면서 조금도 나에게 **E 관심을 갖지** 않네요.

단어 还是 háishi 부 그래도, 역시 | 姐姐 jiějie 명 누나, 언니 | 也 yě 부 ~도

해설 '一点儿也不~'는 '조금도 ~하지 않다'는 뜻이다. 괄호 앞 부분의 내용상 '언니이면서 조금도 ~하지 않다'라고 했으므로 괄호에는 'E 关心(관심을 갖다)'이 들어가야 자연스럽다

정답_ **E**

052

我不在乎你学得怎么样，我认为学习的方法最 **D 重要**。

나는 네가 잘 배웠든 아니든 신경 쓰지 않아. 나는 학습 방법이 제일 **D 중요하다고** 생각해.

단어 不在乎 búzàihu 동 신경 쓰지 않다, 상관없다, 개의치 않다 | 怎么样 zěnmeyàng 어떻다, 어떠하다 | 认为 rènwéi 동 여기다, 생각하다 | 方法 fāngfǎ 명 방법, 수단 | 最 zuì 부 가장, 제일

해설 문장의 의미는 '不在乎你学得怎么样乎(잘 배웠든 아니든 신경 쓰지 않다)'지만, '학습 방법이 가장 ~하다'이므로 의미상 '不在乎(상관없다)'와 반대되는 개념의 단어인 'D 重要'를 넣어야 한다.

정답_ **D**

053

他看都没看一眼，因为他对这个实在是没有 **C 兴趣**。

그는 아예 보려고도 하지 않아. 왜냐하면 그는 이것에 대해 사실 별로 **C 흥미**가 없기 때문이야.

단어 眼 yǎn 명 눈(신체의 일부) | 对 duì 전 ~에 대하여 | 实在 shízài 부 사실은, 사실상

해설 '他看都没看一眼(그는 아예 보려고도 하지 않아)'인 이유는 여기에 대해 ~이 없기 때문인데, 보기 단어 중 '兴趣(흥미)'가 가장 적절하다.

정답_ **C**

乘客没问题，只是车 **F** 被撞坏了。　　　　승객은 다치지 않았고 오직 차만 고장 **F** 나게 **되었습니다**.

단어　乘客 chéngkè 몡 승객 | 问题 wèntí 몡 문제 | 只是 zhǐshì 뷔 오직, 다만 | 车 chē 몡 차 | 撞 zhuàng 동 충돌하다 | 坏 huài 동 고장나다, 망가지다

해설　괄호 앞 단어가 '车(차)'이고, 괄호 뒷부분이 '撞坏了(부딪혀서 고장났습니다)'인 것으로 보아 괄호에 피동형을 만들어 주는 단어가 들어가야 함을 알 수 있다. '被자문'의 어순은 '주어+被+목적어+술어+부가성분'이다. 이 문장에서는 '车(주어)+被+(목적어 생략)+撞(술어)+坏了(부가 성분)'이며, 이는 차가 부딪쳐서 고장 나게 되었다는 뜻을 나타내고 있다.

정답_ F

> **Tip**　被자문
>
> 被자문은 피동의 의미를 나타낸다.
>
> ① 긍정형: 주어(동작을 받는 대상) + 被 + 목적어(동작하는 주체) + 동사 + 부가 성분
> 自行车被小偷儿偷走了。 자전거는 도둑에 의해 훔쳐졌다.
> 汉语书被她借走了。 중국어 책은 그녀가 빌려 갔다.
>
> ② 부정형: 주어(동작을 받는 대상) + 不/没 + 被 + 목적어(동작하는 주체) + 동사 + 부가 성분
> 自行车没被小偷儿偷走。 자전거는 도둑에 의해 훔쳐지지 않았다.
> 汉语书没被她借走。 중국어 책은 그녀가 빌려가지 않았다.

老师 **A** 让我们把这篇课文再读一次。　　　　선생님은 우리들 **A** 에게 이 본문을 한 번 더 읽으라고 **하셨다**.

단어　篇 piān 양 편, 장〔문장이나 종이 등을 세는 단위〕 | 课文 kèwén 몡 교과서 본문 | 读 dú 동 읽다 | 次 cì 양 번〔동작의 횟수를 세는 단위〕

해설　'让'은 사역동사로, '~에게 ~하라고 시키다'라는 의미이다. 이 문장은 '선생님은 우리들에게 이 본문을 한 번 더 읽으라고 ~'이므로 괄호에는 '让'을 넣어야 한다.

정답_ A

> **Tip**　겸어문
>
> 겸어문이란 한 문장에 두 개의 술어가 있고, 첫 번째 술어의 목적어가 두 번째 술어의 주어를 겸하고 있는 문장이다. 예를 들면 '老师让我们说汉语'는 '선생님이 우리에게 중국어로 말하라고 하셨다'이다. 이 문장의 술어는 '让'과 '说', 이렇게 두 개인데, '让' 뒤의 '我们'은 시킴을 당하는 대상이므로 '让'의 목적어가 되는 동시에 말하는 주체이며, '说'의 주어가 된다. 사역동사 '让, 叫' 등은 겸어문의 첫 번째 술어자리에 쓰여 '~로 하여금 ~하게 시키다'는 뜻을 나타낸다.
> 她让我回家。 그녀는 나에게 집에 돌아가라고 했다.
> 你让孩子学习吧。 아이에게 공부를 시키세요.
> 老师让我做作业。 선생님은 나에게 숙제를 하라고 하셨다.

056-060

A 根据	A 전 gēnjù ~에 의거하여
B 爱好	B 명 àihào 취미
C 尊重	C 동 zūnzhòng 존중하다
D 还是	D 부 háishi ~하는 편이 더 좋다
E 多么	E 부 duōme 아무리, 얼마나
F 或者	F 접 huòzhě ~이거나 혹은 ~이다

056

A: 我们明天下午出发吧。

B: 我看**D 还是**今天就走吧，早去早回。

A: 우리 내일 오후에 출발하자.

B: 내 생각에는 **D 그래도** 오늘 가는 게 낫겠어. 일찍 가서 일찍 돌아오자.

단어 明天 míngtiān 명 내일 | 出发 chūfā 동 출발하다, 떠나다 | 走 zǒu 동 걷다, 가다 | 早 zǎo 형 이르다, 빠르다 | 回 huí 동 돌아오다

해설 내일 오후에 출발하자는 상대방에 말에 대한 대답으로 '今天就走(오늘 가자)', '早去早回(일찍 가서 일찍 돌아오자)'라고 대답하고 있으므로 화자는 오늘 출발하는 편이 낫다고 생각함을 알 수 있다. 그러므로 '还是~吧 (~하는 편이 더 낫겠다)'를 넣어 바람과 희망의 어감을 나타내고 있다.

정답_ D

057

A: 长跑 **F 或者**短跑都需要好体力，我怎么行？

B: 你要是觉得不行，我们班就更没人能参加了。

A: 오래 달리기 **F 또는** 단거리 달리기 모두 좋은 체력을 요구하는데 내가 어떻게 가능하겠어요?

B: 만약 네가 불가능하다고 하면 우리 반에서는 정말 참가할 사람이 아무도 없어.

단어 长跑 chángpǎo 명 장거리 경주 | 短跑 duǎnpǎo 명 단거리 경주 | 需要 xūyào 동 필요하다, 요구되다 | 体力 tǐlì 명 체력, 힘 | 行 xíng 동 가능하다, 좋다 | 班 bān 명 반 | 更 gèng 부 더욱, 더 | 参加 cānjiā 동 참가하다, 가입하다

해설 괄호 앞뒤로 명사가 나열되어 있으므로 앞과 뒤를 이어 줄 단어가 필요하다. 또한 의미상 '오래 달리기 ~ 단거리 달리기 모두 좋은 체력을 요구한다'라고 했으므로 괄호에는 '또는, 아니면'의 의미를 가지는 단어가 들어가야 함을 알 수 있다. '或者'는 '~ 아니면 ~이다'의 뜻으로 선택 관계를 나타낸다.

정답_ F

A: 你怎么弄了这么多?

B: 这都是 **A 根据**老师的要求做的。

A: 너는 왜 이렇게 많이 만들었니?

B: 이 모두가 선생님의 요구 **A 대로** 만든 거예요.

단어 弄 nòng 동 하다, 만들다 | 多 duō 형 많다 | 要求 yāoqiú 명 요구, 요망 | 做 zuò 동 하다, 만들다

해설 '왜 이렇게 많이 만들었냐'는 상대방의 말에 '이 모두가 선생님의 요구~ 만든 거예요'라고 했으므로 '~에 의거하여, ~대로' 의 의미를 가지는 '根据'가 적합하다.

정답 _ A

A: 明天考试? 今晚我可得好好准备准备。

B: 别以为有 **E 多么**难，只是个小测验。

A: 내일 시험? 오늘 저녁에 나는 잘 준비해야 해.

B: **E 너무** 어렵다고 생각하지 마. 그저 작은 테스트에 불과할 뿐이야.

단어 准备 zhǔnbèi 동 준비하다 | 别 bié 부 ~하지 마라 | 以为 yǐwéi 동 여기다, 생각하다 | 难 nán 형 어렵다, 힘들다 | 只是 zhǐshì 부 단지, 오직 | 测验 cèyàn 동 시험하다, 테스트하다

해설 오늘 저녁에 내일 시험을 준비해야겠다는 상대방의 말에 '只是个小测验 (그저 작은 테스트에 불과할 뿐이야)'라고 대답 했으므로 앞부분은 '(너무) 어렵다고 생각하지마'라는 내용이 적절하다. 따라서 괄호에는 '多么'를 넣어야 한다. '多么'는 '아무리, 얼마나'라는 뜻을 가진 부사로써 형용사나 동사 앞에서 정도가 매우 심함을 나타낸다. .

정답 _ E

A: 男人穿这样的衣服多奇怪呀！

B: 别这么说，来到一个地方就要 **C 尊重**当地的文化。

A: 남자가 이런 옷을 입는 것은 정말 이상해.

B: 그렇게 말하지 마. 현지에 오면 현지 문화를 **C 존중해야지**.

단어 奇怪 qíguài 형 이상하다, 기이하다 | 说 shuō 동 말하다, 이야기하다 | 地方 dìfang 명 장소, 곳 | 当地 dāngdì 명 현지, 그 지역

해설 남자의 옷차림이 이상하다는 상대방의 말에 '현지 문화를 ~해야지'라고 했으므로 현지 문화를 대하는 태도를 나타내는 단어가 와야 한다. 또한 조동사 '要' 뒤에 괄호가 있으므로, 괄호에는 동사를 넣어야 하는데, 이 두 가지 조건을 충족시키 는 단어는 '尊重'이 적절하다.

정답 _ C

第三部分

061

车八点开，你要是不及时到，我们就不等了。

问：如果七点五十分到，车可能怎么样？

　✔A　等在那儿
　B　开走了
　C　正在开

차는 8시에 출발합니다. 당신이 제시간에 오지 않는다면 우리는 기다리지 않을 것입니다.

질문: 만약 7시 50분에 도착한다면 차는 어떠한가?

　A　그곳에서 기다린다
　B　떠났다
　C　출발하기 시작한다

단어 开 kāi 통 운전하다 | 及时 jíshí 부 제때에, 적시에 | 等 děng 통 기다리다 | 如果 rúguǒ 접 만약, 만일 | 怎么样 zěnmeyàng 대 어떻다, 어떠하다

해설 '车八点开(차는 8시에 출발한다)'고 했으므로 만약 7시 50분에 도착한다면 차는 출발하지 않고 그곳에서 기다릴 것임을 알 수 있다.

정답_ A

062

最重要的是看你是不是需要，不需要的话，再便宜的东西也别买。

问：买东西要看：

　A　是不是重要
　✔B　是不是需要
　C　是不是便宜

가장 중요한 것은 너한테 필요한지 필요하지 않은지를 보는 거야. 만약 필요하지 않다면 물건이 싸더라도 사지 마.

질문: 물건을 살 때 봐야 할 것은?

　A　중요한지 아닌지
　B　필요한지 아닌지
　C　가격이 싼지 아닌지

단어 最 zuì 부 가장, 제일 | 重要 zhòngyào 형 중요하다 | 需要 xūyào 통 필요하다, 요구되다 | 的话 dehuà 조 ~라면, ~하다면 | 再 zài 부 더 | 便宜 piányi 형 값이 싸다 | 东西 dōngxi 명 물건, 물품

해설 '最重要的是看你是不是需要(가장 중요한 것은 너한테 필요한지 필요하지 않은지를 보는 거야)'라고 직접적으로 언급하고 있으므로 물건을 살 때, 필요한지 아닌지 여부를 따지는 것이 제일 중요하다고 말하고 있음을 알 수 있다.

정답_ B

大学毕业生想考教师、医生和公务员的逐渐增多，可见，越来越多的人开始希望有稳定的工作。

问：从这句话可以知道什么？

　　A 教师、医生和公务员越来越多

　　B 人越来越多

✔C 希望有稳定工作的人越来越多

대학 졸업생들 중 교사 임용 시험, 의사 시험, 공무원 시험을 보려는 사람들이 점차 증가하고 있습니다. 갈수록 많은 사람들이 안정적인 직업을 갖길 바라고 있음을 알 수 있습니다.

질문: 이 말에서 무엇을 알 수 있나?

　　A 교사, 의사와 공무원이 갈수록 많아지고 있다.

　　B 사람이 갈수록 많아지고 있다

　　C 안정적인 직업을 원하는 사람들이 갈수록 많아지고 있다

단어 大学 dàxué 몡 대학 | 毕业 bìyè 몡통 졸업(하다) | 教师 jiàoshī 몡 교사, 교수 | 医生 yīshēng 몡 의사 | 公务员 gōngwùyuán 몡 공무원 | 逐渐 zhújiàn 뷔 점차, 점점 | 增多 zēngduō 통 증가하다, 많아지다 | 可见 kějiàn 젭 ~라는 것을 알 수 있다 | 越来越 yuèláiyuè 점점 더 ~해진다, 갈수록 ~하다 | 开始 kāishǐ 통 시작하다 | 希望 xīwàng 통 희망하다, 바라다 | 稳定 wěndìng 혱 안정되다

해설 '越来越多的人开始希望有稳定的工作'를 통해 갈수록 많은 사람들이 안정적인 직업을 갖길 바란다는 것을 알 수 있다. 또한 '대학 졸업생들 중 교사 임용 시험, 의사 시험, 공무원 시험을 보려 하는 사람들이 점차적으로 증가하고 있습니다'라고 언급하고 있으며, '교사, 의사와 공무원이 갈수록 많아지고 있다'라고 한 것은 아니므로 A는 답이 아니다.

정답_ C

这个比赛你最好参加，因为你比别的人更有经验。当然，如果你实在参加不了，我们也一样可以比赛，只是我们没有把握获胜了。

问：如果你不能参加会怎么样？

　　A 我们不能比赛

✔B 我们能比赛

　　C 我们能获胜

이 경기는 네가 꼭 참가해야 해. 왜냐하면 너는 다른 사람에 비해서 훨씬 경험이 많잖아. 만약 네가 참가할 수 없다면 물론 우리도 똑같이 경기를 할 수는 있겠지만 승리는 못 할거야.

질문: 만약 당신이 참가하지 못한다면 어떻게 되나?

　　A 우리는 경기를 할 수 없다

　　B 우리는 경기할 수 있다

　　C 우리는 승리할 수 있다

단어 比赛 bǐsài 몡 경기, 시합 | 最 zuì 뷔 가장, 제일 | 参加 cānjiā 통 참가하다, 가입하다 | 比 bǐ 젠 ~보다 | 别的 biéde 때 다른 사람, 다른 것 | 更 gèng 뷔 더욱, 더 | 经验 jīngyàn 몡 경험, 체험 | 当然 dāngrán 뷔 당연히, 물론 | 实在 shízài 뷔 확실히, 참으로 | 一样 yíyàng 혱 같다, 동일하다 | 把握 bǎwò 통 장악하다, 붙들다 | 获胜 huòshèng 통 승리하다, 우승하다

해설 '如果你实在参加不了，我们也一样可以比赛(만약 네가 참가할 수 없다면, 우리도 똑같이 경기를 할 수는 있겠지만)'를 통해 '네'가 참가하지 못하더라도 우리도 경기를 할 수 있음을 알 수 있다.

정답_ B

把书拿走吧，我得用多少时间才能看完那么厚的一本书啊？　再说，那种爱情小说呀，我就是不看，也知道结尾是怎么回事。

问：为什么我让把书拿走？

✔A 我没有那么多时间

B 我已经知道结尾了

C 我想看爱情小说

책 가져가. 내가 도대체 얼마나 많은 시간을 써야 그렇게 두꺼운 책을 다 볼 수 있는 거야? 게다가 나는 그런 로맨스 류의 소설은 읽지 않고도 결말이 어떻지 알아.

질문: 왜 책을 가져가라고 했나?

A 책을 읽을 시간이 많지 않아서

B 이미 결말을 알고 있어서

C 로맨스 소설을 보고 싶어서

 书 shū 명 책 | 拿 ná 동 (손으로) 쥐다, 가지다 | 得 děi 조동 ~해야 한다 | 多少 duōshao 대 얼마, 몇 | 才 cái 부 비로소, ~에야 | 看 kàn 동 보다 | 厚 hòu 형 두껍다 | 本 běn 양 권, 본(책 등을 세는 단위) | 再说 zàishuō 접 게다가 | 种 zhǒng 양 종류, 종 | 爱情 àiqíng 명 애정, 사랑 | 小说 xiǎoshuō 명 소설 | 结尾 jiéwěi 명 결말, 결미 | 怎么回事 zěnmehuíshì 어떻게 된거야?

'我得用多少时间才能看完那么厚的一本书啊? (내가 도대체 얼마나 많은 시간을 써야 이 두꺼운 책을 다 볼 수 있는 거야?)'라는 말은 '이렇게 두꺼운 책을 읽을 시간이 없다'는 뜻이다. 또한 '那种爱情小说呀, 我就是不看, 也知道结尾是怎么回事(나는 그런 로맨스 류의 소설은 읽지 않고도 결말이 어떻지 알아'는 '로맨스 소설'의 결말이 뻔하다는 뜻이지 '바로 그 소설의 결말을 안다'는 뜻은 아니므로 B는 답이 아니다.

정답_ A

> **Tip**　把자문
>
> 把자문은 어떤 사물이 동작을 통하여 '어떻게 처리되는지'를 강조할 때 쓰인다.
>
> ① 긍정형 주어 + 把 + 목적어 + 동사 + 부가 성분
> 　我把这本书看完了。 나는 이 책을 다 봤다.
> 　你把窗户关上。 창문을 닫아라.
>
> ② 부정형 주어 + 不/没 + 把 + 목적어 + 동사 + 부가 성분
> 　他没把词典带来。 그는 사전을 가져오지 않았다.
>
> ③ 다른 성분과의 결합 – 조동사, 부사 등은 모두 '把' 앞에 놓인다.
> 　他已经把电脑修好了。 그는 이미 컴퓨터를 다 수리했다.
> 　我要把今天的作业做完。 나는 오늘 숙제를 다 끝내야 한다.

我不是不想和他说话，我是真没认出来他，他减肥以后，怎么会有这么大的变化呢？

问：发生了什么事？

　　A　我不想和他说话

　　B　我不认识他

✔　C　他瘦了

나는 그와 이야기를 하고 싶지 않은 것이 아니라, 정말 그를 알아보지 못했어요. 그는 살을 뺀 후 어떻게 그렇게 많이 변했죠?

질문: 무슨 일이 있었나?

　　A　나는 그와 말하고 싶지 않다

　　B　나는 그를 모른다

　　C　그는 날씬해졌다

단어 　说话 shuōhuà 图 말하다, 이야기하다 | 真 zhēn 图 확실히, 진정으로 | 认 rèn 图 식별하다, 분간하다 | 减肥 jiǎnféi 图 살을 빼다, 다이어트 하다 | 以后 yǐhòu 圐 이후, ～ 후에 | 变化 biànhuà 圐图 변화(하다) | 发生 fāshēng 图 일어나다, 발생하다

해설 　'他减肥以后，怎么会有这么大的变化呢? (그는 살을 뺀 이후에 어떻게 그렇게 많이 변했을까요?)'를 통해 화자는 그가 살을 많이 빼서 못 알아봤음을 알 수 있다. '我不是不想和他说话 (나는 그 사람과 이야기를 하고 싶지 않은 것이 아닙니다)'라고 했으므로 A는 답이 아니고, '我是真没认出来他(나는 정말 그를 못 알아봤습니다)'라고 했으므로 B도 답이 아니다.

정답_ C

你怎么吃完饭就先去踢足球了？作业还想等到晚上再做吗？看来我的话是白说了。

问：我可能说了什么？

　　A　吃完饭以后先去踢足球

　　B　等到晚上再做作业

✔　C　先做作业再踢球

너는 왜 밥 먹고 먼저 축구를 하러 가니? 숙제는 저녁이 되어서야 하려고 하는 거야? 보아하니 내가 말을 해도 소용없는 것 같구나.

질문: 나는 무슨 말을 했나?

　　A　밥을 먹고 먼저 축구를 한다

　　B　저녁이 되어서야 다시 숙제를 한다

　　C　먼저 숙제를 하고 축구를 한다

단어 　先 xiān 圐 앞, 먼저 | 踢足球 tī zúqiú 축구를 하다 | 作业 zuòyè 圐 숙제, 과제 | 晚上 wǎnshang 圐 밤, 저녁 | 做 zuò 图 하다, 만들다 | 看来 kànlái 图 보아하니 ～하다, 보기에 ～하다 | 白说 báishuō 图 괜히 얘기하다, 얘기해도 소용 없다

해설 　마지막 문장 '看来我的话是白说了(보아하니 내가 말을 해도 소용없는 것 같구나)'를 통해 화자의 이야기를 상대방이 듣지 않는다는 것을 알 수 있다. 앞부분에서 '你怎么吃完饭就先去踢足球了？作业还想等到晚上再做吗? '라고 했으므로 화자가 한 말은 '숙제 먼저 하고 축구를 하러 가라'였음을 유추할 수 있다.

정답_ C

要是有钱，谁住在那样的地方？

问：下面哪句话是正确的？

  A 有钱人住在那儿
  ✔B 住在那儿的人没有钱
  C 住在那儿的人我不认识

만약 돈이 있다면, 누가 그런 곳에 살겠습니까?

질문: 보기 중 맞는 것은?

  A 돈 있는 사람이 그곳에 산다
  B 그런 곳에 사는 사람은 돈이 없다
  C 그런 곳에 사는 사람은 내가 알지 못한다

단어 要是 yàoshi 젭 만약 ~이라면 | 钱 qián 몡 돈 | 谁 shéi 때 누구, 누가 | 住 zhù 똥 살다, 거주하다 | 地方 dìfang 몡 장소, 곳 | 下面 xiàmian 몡 아랫부분 | 正确 zhèngquè 혱 정확하다, 올바르다

해설 '要是有钱，谁住在那样的地方？(만약 돈이 있다면 누가 그런 곳에 살겠습니까)'는 '돈이 있으면 그곳에 살지 않는다'는 의미로, '그런 곳에 사는 사람은 돈이 없다'라는 뜻과 상통한다.

정답_ B

老年人上网一方面可以了解最新的信息，另一方面也可以通过学习让他们始终保持头脑的年轻，最重要的是，这是一个打发时间的好办法。

问：老年人上网的好处不包括：

  A 了解信息
  ✔B 更年轻
  C 打发时间

노인이 인터넷을 하면 한편으로는 최신 뉴스를 알 수 있고, 다른 한편으로는 공부를 통해서 그들의 뇌를 계속 젊게 유지할 수 있다. 가장 중요한 것은 이것이 시간을 때우는 제일 좋은 방법이라는 것이다.

질문: 노인들이 인터넷을 하는 장점에 포함되지 않는 것은?

  A 뉴스를 안다
  B 더욱 젊어진다
  C 시간을 때우다

단어 老年 lǎonián 몡 노년 | 上网 shàngwǎng 똥 인터넷을 하다 | 方面 fāngmiàn 몡 방면, 부분 | 了解 liǎojiě 똥 자세하게 알다, 이해하다 | 最 zuì 뷔 가장, 제일 | 新 xīn 혱 새롭다 | 信息 xìnxī 몡 소식, 뉴스 | 另 lìng 때 다른, 그 밖의 | 通过 tōngguò 젼 ~에 의해, ~를 통해 | 始终 shǐzhōng 뷔 시종일관, 한결같이 | 保持 bǎochí 똥 유지하다, 지키다 | 头脑 tóunǎo 몡 두뇌, 머리 | 年轻 niánqīng 혱 젊다, 어리다 | 重要 zhòngyào 혱 중요하다 | 打发 dǎfa 똥 시간을 때우다 | 办法 bànfǎ 몡 방법, 수단 | 好处 hǎochu 몡 이로운 점, 장점 | 包括 bāokuò 똥 포함하다, 포괄하다

해설 본문에서는 인터넷이 노인에게 좋은 점은 최신 뉴스를 알 수 있고, 뇌를 젊게 유지할 수 있으며, 시간 때우기에 좋다는 것이라고 언급하고 있다. '另一方面也可以通过学习让他们始终保持头脑的年轻(다른 한편으로는 공부를 통해서 그들의 뇌를 계속 젊게 유지할 수 있다)'의 의미는 뇌를 젊게 유지한다는 것이지 실제로 더욱 젊어진다는 말은 아니다.

정답_ B

中国人觉得'劝菜'是一种美德，特别是一些老年妇女，觉得一定要用自己的筷子把菜亲自夹到客人的碗里才能显出她的热情和真诚。可是一些外国人却觉得很为难：首先是不能接受别人的筷子，其次是吃不了那么多的菜。

问： '劝菜'大概是什么意思?

    A 让别人用你的筷子

    B 去别人的碗里吃菜

✔C 让客人多吃菜

중국인들은 '음식을 권하는 것'을 일종의 미덕이라고 생각한다. 특히 나이가 있는 부녀자들은 자신의 젓가락으로 음식을 친히 집어서 손님의 그릇 안에 넣어주는 것이 자신의 친절과 진심을 표현하는 것이라 생각한다. 하지만 일부 외국 사람들은 오히려 난처해 한다. 첫 번째 이유는 다른 사람의 젓가락을 받아들일 수 없어서이고, 두 번째 이유는 그렇게 많은 음식은 먹을 수 없기 때문이다.

질문: '음식을 권하는 것'은 대략 무슨 뜻인가?

    A 다른 사람에게 당신의 젓가락을 쓰게 하는 것

    B 다른 사람의 그릇에 있는 음식을 먹는 것

    C 손님에게 음식을 많이 먹게 하는 것

단어 劝 quàn 图 권하다, 권고하다 | 种 zhǒng 喀 종류, 종 | 美德 měidé 喀 미덕 | 特别 tèbié 图 특별히, 아주 | 些 xiē 喀 조금, 약간, 일부 | 妇女 fùnǚ 喀 부녀자 | 一定 yídìng 图 반드시, 꼭 | 自己 zìjǐ 喀 자신, 스스로 | 筷子 kuàizi 喀 젓가락 | 亲自 qīnzì 图 손수, 친히 | 夹 jiā 图 집다, 끼우다 | 客人 kèrén 喀 손님 | 碗 wǎn 喀 공기, 그릇 | 才 图 오직 ~해야만 비로소 | 显出 xiǎnchū 나타나다 | 热情 rèqíng 喀 친절하다 | 真诚 zhēnchéng 喀 진실하다 | 外国人 wàiguórén 喀 외국인 | 却 què 图 오히려 | 为难 wéinán 图 난감하다, 곤란하다 | 首先 shǒuxiān 喀 첫째로, 먼저 | 接受 jiēshòu 图 받다, 받아들이다 | 别人 biéren 喀 타인 | 其次 qícì 喀 (순서상으로) 부차적인 것, 두 번째의 것

해설 '觉得一定要用自己的筷子把菜亲自夹到客人的碗里才能显出她的热情和真诚'을 통해 나이가 있는 부녀자들은 자신들의 젓가락으로 음식을 집어 손님의 그릇 안에 넣어 주는 것이 친절과 진심을 표현하는 것이라 생각한다는 사실을 알 수 있으며, 이는 곧 '음식을 권하는 것'이 손님에게 음식을 많이 집어 주어 많이 먹게 하는 것임을 알 수 있다.

정답_ C

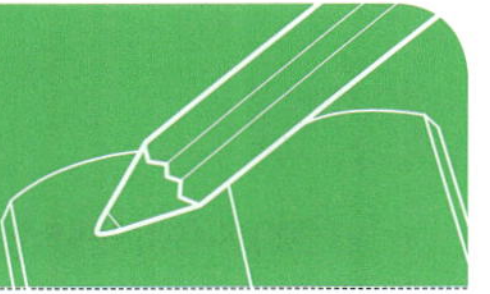

三、书写

第一部分

● 71~75번 문제

071

对　看书　躺　眼睛　着　不好	~에 / 책을 보다 / 눕다 / 눈 / ~한 채로 / 좋지 않다
답안 躺着看书对眼睛不好。	**답안** 누워서 책을 보면 눈에 좋지 않다.

단어 看书 kànshū 图 책을 보다(읽다), 공부하다 | 躺 tǎng 图 눕다, 드러눕다 | 眼睛 yǎnjing 圀 눈 | 着 zhe 图 ~하면서, ~한 채로

해설 서술어가 될 수 있는 것은 동사인 '看，躺'과 형용사의 부정형인 '不好'이다. 이런 경우 동작이 일어난 순서대로 먼저 순서를 정한다. 동태조사 '着'는 동사 뒤에 쓰이며, 동사가 여러 개 올 경우에는 '~하면서 ~하다'의 뜻으로 쓰인다. 여기서는 '책을 보면서 눕다'가 아니고, '누워서 책을 본다'라고 해야 문맥이 자연스럽다.

　躺着　＋　看　＋　书
　술어　　술어　　목적어

'对~不好'는 고정 형식으로 '~에 좋지 않다'로 사용한다. 그러므로 이 문장은 '누워서 책을 보는 것은 눈에 좋지 않다'가 된다. 이 문장에서는 '누워서 책을 보는 것'이 주어가 된다.

　躺着看书　＋对眼睛　＋　不好
　주어　　　　부사어　　　술어

072

一样　和　原来　都　一切	같다 / ~와 / 이전 / 모두 / 전부
답안 一切都和原来一样。	**답안** 모든 것은 다 이전과 같다.

단어 一样 yíyàng 圀 같다, 한가지이다 | 原来 yuánlái 圀 이전, 옛날 图 이전에, 원래, 알고 보니 | 一切 yíqiè 冏 전부, 모든

해설 'A+和+B+一样'은 고정 형식으로, 'A와 B는 같다'라는 뜻이다.

　A　＋　和　＋　B　＋　一样
　주어　　　　　부사어　　서술어

여기서 A와 B가 가리키는 대상이 무엇인지 잘 파악해야 한다. 나머지 제시된 단어는 '原来，都，一切'이므로 '모든 것이 원래(예전과) 같다'라고 해야 문맥이 이루어진다. 따라서 주어는 '一切'가 된다. 또한 '都'는 부사이기 때문에 전치사 앞에 와야 하므로 전치사 '和' 앞에 '都'를 놓아야 한다.

　一切　＋　都和原来　＋　一样
　주어　　　부사어　　　서술어

対面　住　我　在　宾馆

답안 我住在宾馆对面。

맞은편 / 살다 / 나 / ~에 / 호텔

답안 나는 호텔 맞은편에 산다.

단어 对面 duìmiàn 뗑 맞은편, 건너편 | 宾馆 bīnguǎn 뗑 호텔

해설 주어진 단어 중에 주어는 명사인 '我'가 되고, 술어는 '住'라는 것을 쉽게 찾을 수 있다.

我　＋　住
주어　　술어

'在'는 전치사로는 '~에서', 동사로는 '~에 있다', 부사로는 '마침~하고 있다'라는 뜻으로 쓰인다. 또한 동사 뒤에 결과보어로 사용할 수도 있다. 이 문장에서 '在'는 '住' 앞에서 전치사로 사용할 수도 있고, '住' 뒤에 결과보어로도 사용할 수 있는데, '~에 살다, ~에 거주하다'는 '住在+장소'로 쓴다. 여기서 장소로 오는 목적어는 '호텔 맞은편'이라는 '宾馆对面'이므로 이는 전치사인 '在' 뒤에 온다.

我　＋　住　＋　在　＋　宾馆对面
주어　　술어　　보어　　　목적어

为了　旅行　是　中国　他　来

답안 他来中国是为了旅行。

~를 위해 / 여행하다 / ~이다 / 중국 / 오다

답안 그가 중국에 온 것은 여행을 하기 위해서이다.

단어 为了 wèile 쩐 ~을(를) 하기 위하여 | 旅行 lǚxíng 뚱 여행하다

해설 주어진 단어 중에 먼저 술어동사 '来'에 대한 주어, 목적어를 찾아야 한다. 즉, 주어는 '他'가 되고 목적어는 '中国'가 된다.

他　＋　来　＋　中国
주어　　술어　　목적어

'为了'는 목적을 나타내는 전치사이며, 주어진 단어 중에서 그가 중국으로 온 목적이 여행임을 유추할 수 있다. 그러므로 우선 '为了旅行'이라는 전치사구를 만든다. 동사 '是'는 '为了'에 대한 술어로 '是为了'는 자주 함께 오는 고정 형식이다. 여기서 '그가 중국에 온 것'이 이 문장의 주어가 된다.

他来中国　＋　是　＋　为了旅行
　　주어　　　　술어　　　목적어

从来　我　没　那儿　吃　在　饭　过

답안　我从来没在那儿吃过饭。

지금까지 / 나 / (부정사) / 거기 / 먹다 / ~에서 / 밥 / ~한 적이 있다

답안　나는 지금까지 거기서 밥을 먹어 본 적이 없다.

단어　从来 cónglái 뷔 (과거부터) 지금까지, 여태껏 | 饭 fàn 명 밥 | 过 guo 조 동사 뒤에 쓰여 동작의 완료를 나타냄

해설　제시된 단어 중에 술어가 될 수 있는 것은 동사인 '吃'이다. 동태조사 '过'가 동사 뒤에 와서 '吃过'로 사용하고, '吃'에 대한 주어는 '我'이며, 목적어는 '饭'이 된다.

我　＋　吃过　＋　饭
주어　　술어　　목적어

'从来'는 일반적으로 뒤에 부정형을 동반하여 '지금까지 ~한 적이 없다'로 사용한다. '在'는 뒤에 장소가 와야 하므로 '在那儿'이 함께 쓰여야 하는데, 이때 주의해야 할 점은 '在那儿没吃过'가 아니고, '没在那儿吃过'라고 해야 한다는 것이다. 왜냐하면 '没'는 부정부사이므로 부사는 전치사 앞에 위치해야 하기 때문이다. 따라서 '没'는 전치사 '在' 앞에 와야 한다.

我　＋　从来没在那儿　＋　吃过　＋　饭
주어　　　부사어　　　　술어　　목적어

Tip　경험을 나타내는 동태조사 '过'

'过'는 동사 뒤에 쓰여서 '과거에 이런 일을 한 경험'이 있음을 나타낸다.

我去过中国。 나는 중국에 가 본 적이 있다.
我吃过这些菜。 나는 이런 음식들을 먹어 본 적이 있다.
我看过这本小说。 나는 이 소설을 읽어 본 적이 있다.

부정은 동사 앞에 '没(有)'를 붙인다.

我没去过中国。 나는 중국에 가 본 적이 없다.
我没吃过这些菜。 나는 이런 음식들을 먹어 본 적이 없다.
我没看过这本小说。 나는 이 소설을 읽어 본 적이 없다.

● 76~80번 문제

076

他的发音非常标**准**。 (zhǔn)

그의 발음은 정말 **정확합니다**.

단어 发音 fāyīn 图 발음 | 非常 fēicháng 위 대단히, 매우 | 标准 biāozhǔn 혭 표준적이다

해설 '标准'은 '표준적이다'라는 뜻의 형용사이다.

✎ 따라 써 보세요

标 准 标 准 标 准

정답_ 准

077

他买了一副新的眼**镜**。 (jìng)

그는 새 **안경**을 샀습니다.

단어 副 fù 앵 켤레, 쌍, 짝〔쌍이나 짝으로 된 물건을 세는 단위〕 | 眼镜 yǎnjìng 몡 안경

해설 '眼镜'은 '안경'이라는 뜻의 명사이다.

✎ 따라 써 보세요

眼 镜 眼 镜 眼 镜

정답_ 镜

zhù

那是一个 **著** 名的旅游地。

그곳은 **유명한** 여행지입니다.

단어 著名 zhùmíng 웹 저명하다, 유명하다 | 旅游地 lǚyóudì 몡 여행지

해설 '著名'은 '유명하다'라는 뜻의 형용사이다.

✎ 따라 써 보세요

著	名	著	名	著	名			

정답_ 著

yuán

你应该总结一下发生问题的 **原** 因。

당신은 당연히 문제 발생 **원인**을 총괄해야 합니다.

단어 应该 yīnggāi 조통 반드시(마땅히) ~해야 한다 | 总结 zǒngjié 통 총괄하다, 종결하다 | 发生 fāshēng 통 일어나다, 발생하다 | 问题 wèntí 몡 문제 | 原因 yuányīn 몡 원인

해설 '原因'은 '원인'이라는 뜻의 명사이다.

✎ 따라 써 보세요

原	因	原	因	原	因			

정답_ 原

你别把问题想得那么 **简** 单。

당신은 문제를 그렇게 **단순하게** 생각하면 안돼요.

단어 想 xiǎng 통 생각하다 | 简单 jiǎndān 형 간단하다, 단순하다

해설 '简单'은 '간단하다'라는 뜻의 형용사이다.

✎ 따라 써 보세요

简	单	简	单	简	单			

정답_ 简

Tip 자주 출제되는 어휘

① 作用 zuòyòng 명 작용, 영향, 효과

② 自己 zìjǐ 대 자기, 자신

③ 注意 zhùyì 통 주의하다

④ 知道 zhīdao 통 알다

⑤ 影响 yǐngxiǎng 통 영향을 주다

⑥ 意思 yìsi 명 의미, 뜻

⑦ 衣服 yīfu 명 옷

⑧ 相信 xiāngxìn 통 믿다, 신임하다

⑨ 习惯 xíguàn 명 버릇, 습관 통 습관이 되다

⑩ 文化 wénhuà 명 문화